만델라와 무가베
아프리카의 극과극

류광철 지음

BOOK STAR

머리말

세계 오대양 육대주 중에서 아프리카는 아직까지 영광의 세월을 맛보지 못한 유일한 대륙이다. 사하라사막 이북인 고대 이집트와 아비시니아(에티오피아의 옛 이름)에서는 한때 찬란한 문명이 발흥하기도 했지만 사하라 이남의 아프리카는 늘 미개하고 검은 대륙으로 치부되었다. 서양의 발길이 닿은 후 아프리카는 대서양 노예무역 시대와 식민지배 시대를 거치면서 황폐해졌고 지구 상에서 가장 낙후되고 비참한 곳으로 남았다. 제2차 세계대전이 끝난 후 다른 대륙에서 독립의 물결이 일어나는 것을 지켜보기만 했던 아프리카는 1957년 가나를 필두로 독립을 시작하여 1970년대에 이르면 거의 모든 국가가 독립했다. 그러나 짐바브웨와 남아공은 예외였다. 강력한 백인 정부의 통제하에 있었던 이 나라들은 흑인이 정권을 장악하는 것을 용인하지 않았다. 짐바브웨는 1980년 그리고 남아공은 1994년이 되어서야 꿈에도 그리던 흑인 독립 정부의 염원을 실현할 수 있었다.

사하라 이남 아프리카 국가들의 시련은 계속되었다. 처음 독립할 때에는 곧 경제적으로 발전할 것이라는 기대가 팽배했지만 현실은 이와 반대였다. 세계 경제의 사이클이 좋았던 시절 반짝 호조를 보였던 경제 성장은 이내 하강곡선을 그리더니 나락으로 추락하고 말았다. 아프리카는 빚더미에 올라앉았고 IMF와 세계은행이 내놓는 구조조정 프로그램을 수락하는 조건으로 겨우 연명해 나갈 수 있었다.

오랜 세월 동안 침체 속에 빠져 있던 아프리카 경제가 다시 기지개를 켜기 시작한 것은 2000년대 들어서이다. 2000년대 중반 이후 대부분 아프리카 국가들은 연 5~8%의 높은 경제성장률을 기록하면서 상승세에 있다. 아프리카가 언제까지 이와 같은 상승세를 이어갈 수 있을 것인가? 아프리카의 장래에 대해서는 아직도 낙관론과 비관론이 상충하고 있다. 낙관론자들은 아프리카가 그동안 시련을 겪을 만큼 겪었고 성숙해졌으므로 이제는 더 이상 바닥으로 추락하는 일은 없을 것이라고 한다. 아프리카는 인구, 땅, 빠른 중산층 형성 등에서 강점이 있고 급속한 디지털화와 중국의 파상적인 진출 등이 겹쳐 지구에 남은 유일한 블루오션으로서 앞으로 많은 투자를 유치하여 새로운 시장으로 변모할 수 있을 것이라고 한다. 반면 비관론자들은 아프리카의 고질적인 실정과 부패, 그리고 빈약한 경제·사회 인프라 등으로 인해 아프리카의 성장 동력은 얼마 가지 않아 멈추게 될 것으로 전망한다.

낙관론과 비관론 중 어느 견해가 맞는지는 5~10년만 지나보면 알 수 있을 것이다. 그러나 한 가지 주목할 것은 현재 아프리카에서 일어나고 있는 변화의 물결, 성장의 물결은 확실히 과거와는 다른 점이 있다는 사실이다. 우선 변화를 주도해 나가는 국가들의 규모와 참여도가 과거와는 다르다. 북부, 서부, 중부, 동부, 남부 할 것 없이 전 방위적으로 여러 국가가 투자, 생산, 소비, 무역 및 성장을 주도해 나가고 있다. 이는 분명히 아프리카에 긍정적인 영향을 미칠 것이다. 아프리카가 다원화, 다변화되어 나가고 있다는 증거이기 때문이다. 또 사회경제 인프라 구축을 위해 많은 국가가 투자 유치에 열을 올리고 있으며 아프리카 국가 간에 무역을 획기적으로 증진시키기 위한 협의도 진행되고 있다. 무엇보다 최근 아프리카 국가들의 민주화에 큰 진전이 있었으며, 선정을 베푸는 국가들이 늘어나고 있다는 점에 주목할 필요가 있다. 이제 아프리카에서도 내전이나 쿠데타는 찾아보기 어렵게 되었다.

나는 이러한 이유로 낙관론자들의 견해에 보다 동조하는 편이다. 이번만큼은 아프리카가 과거의 실패를 되풀이하지 않고 올바른 방향에서 지속적으로 발전함으로써 명실상부한 지구의 블루오션으로 등장하기를 바라는 것이다. 그러나 몇 가지 조건은 있다. 이 중 하나, 어떻게 보면 가장 중요하다고 말할 수 있는 것은 훌륭한 지도자의 존재이다. 지금까지 아프리카는 많은 지도자를 배출했으나 유감스럽게도 진정으로 존경받을 만한 훌륭한 지도자들은 그렇게 많지 않았다. 미래의 아프리카는 지금까지와는 달리 좋은 지도자들을 양산해낼 필요가 있다. 이것은 실로 아프리카의 장래가 달린 중요한 일이다.

이 책은 아프리카의 발전에서 가장 중요한 요인 중 하나인 '지도자'에 관한 것이다. 지구의 역사를 보면 비단 아프리카뿐 아니라 세계 어느 곳에서도 훌륭한 지도자를 가진 나라는 발전하고 그렇지 않은 나라는 후퇴하는 경향을 보였다. 예를 들어, 기적적인 경제 발전을 이룬 한국과 싱가포르를 논할 때 지도자의 역할은 빠뜨리지 않는 덕목이다. 아프리카에서는 지도자의 역할이 더욱 중요하다. 수백~

수천 개의 부족과 종족, 인종, 신분, 종교, 지역, 교육, 빈부 차이 등으로 왕왕 극심한 분열을 보이는 곳이 아프리카이다. 다소 과장되었기는 하나 "아프리카에서는 종족이 다르면 외국인보다 더 증오한다."라는 말이 있을 정도이다. 따라서 아프리카의 발전을 위해서는 종족과 계층 간의 분열을 막고 단합과 관용 및 화해로 이끌 수 있는 지도자가 반드시 필요하다. 이러한 측면에서 가장 모범을 보인 지도자가 남아공의 초대 흑인 대통령 넬슨 만델라이다. 만델라는 이미 더 이상 설명이 필요 없을 만큼 전 세계적으로 유명한 인물이 되었다. 이 책은 비록 짧지만 만델라의 전 생애를 다루고 있다. 그렇다고 해도 이 책이 만델라의 전기는 아니다. 이 책이 목표하는 바는 독자들이 만델라의 삶 전체를 훑어본 후, 왜 그가 영웅으로 불리는지, 위대한 인물이라는 수식어가 타당한 것인지, 만델라 없는 남아공이나 아프리카는 어떻게 되었을 것인지, 그가 아프리카에 남긴 유산은 무엇인지 등에 관해 생각하는 데 도움이 되기를 바라는 것이다.

짐바브웨의 로버트 무가베 대통령은 현재 세계에서 최고령 대통령이다. '늙은 공룡'으로 불리는 그는 짐바브웨 독립 투쟁의 영웅이었고 백인 국가였던 로디지아를 짐바브웨라는 새로운 이름으로 탄생시킨 짐바브웨의 창건자이기도 하다. 처음 10여 년간은 칭송이 자자한 영명한 지도자였던 무가베는 그러나 나라를 엉뚱한 방향으로 이끌어가기 시작했다. 이는 모두 자신의 권력을 다지려는 야심에서 비롯되었다. 무가베의 욕심과 판단 착오로 인해 한때 '아프리카의 진주'로 불렸던 짐바브웨는 추락을 거듭하여 현재는 가장 빈곤한 국가 중 하나로 남게 되었다. 짐바브웨가 자랑하던 사회경제 인프라는 낡고 노후하여 쓸모가 없거나 더 이상 작동하지 않는 지경에 이르게 되었다. '남부 아프리카의 곡창'이라던 짐바브웨가 지금은 주식인 옥수수를 외국에서 사와야 하는 곡물 수입국이며 외화가 없어 공무원과 군인의 봉급을 제때에 주지 못하는 신용 불량국으로 전락했다. 나라를 이렇게 망가뜨렸음에도 불구하고 무가베는 여전히 영구 집권을 노리고 있다. 무가베는 죽을 때까지 권력 하나만은 지킬 심산인 것 같다.

이 책을 읽는 독자들은 한때 영웅으로 추앙받았던 지도자, 영명했던 한 지도자가 어떻게 해서 나라를 망친 지도자로 전락하게 되었는지 알게 될 것이다. 그리고 지도자의 추락과 함께 그가 이끄는 국가의 추락 과정도 함께 경험하게 될 것이다. 더 나아가 아프리카가 지속적으로 발전해 나가는데 지도자의 역할이 얼마나 중요한 것인지도 피부로 느낄 수 있을 것으로 생각한다.

이 책이 나오기까지 여러 사람의 도움을 입었다. 그중에서도 특히 광문각출판사의 박정태 대표께 진심으로 감사를 드리고, 오랜 벗 윤경주에게도 감사의 말을 전한다.

2016년 9월 시골집에서

저자 **류광철**

목 차

만델라와 **무가베**

넬슨 만델라 그리고 로버트 무가베, 이 두 사람은 남부 아프리카가 배출한 가장 출중한 인물들이다. 이들은 모두 백인 정권에 저항해 독립투쟁에 나섰으며 옥고를 치루는 등 갖은 고초를 겪었으나 강철과 같은 의지와 인내심으로 끝내 목표를 이루었다. 이들은 각각 모국의 대통령으로 선출되어 국정을 장악하고 나라를 통치했다. 그러나 최고지도자로 선출된 후 두 사람의 명암은 극명하게 갈렸다.

만델라는 그의 이미지와 부합하게 화합과 관용으로 덕치를 베풀어 자칫하면 분열될 수도 있었던 남아공을 통합하고 흑백 간에 조화로운 사회를 이루었다. 그가 이룬 기반을 바탕으로 남아공은 아프리카의 강국으로 발전하고 있으며 BRICS[1]의 일원으로 세계적인 국가로 발돋움하고 있다. 2010년 아프리카 최초로 월드컵을 성공적으로 개최한 남아공은 민주적인 절차에 따라 정권 교체를 이룩하여 벌써 3대째 대통령을 배출했다. 물론 남아공의 앞날이 순탄할 것으로만 생각하기는 어렵다. 다인종, 다민족적인 사회 구조에다 흑백 간의 갈등이 이제는 흑흑 간 갈등으로 확대되는 양상을 보이고 있으며 극복해

---

1) 신흥 경제 강국들로 브라질, 러시아, 인도, 중국 및 남아공을 말한다.

야 할 과제가 산적해 있다. 만델라 이후 지도자들이 만델라만큼 사심 없이 혜안과 비전을 가지고 국가를 업그레이드해 나가고 있는 것 같지도 않다. 방만한 국정 운영, 부패와 비리, 극심한 빈부 격차, 불안한 치안 등이 남아공이 처한 사정을 대변해 주고 있다.

그러나 남아공은 발전해 나갈 것이다. 이미 민주적인 국가로 자리 잡았고, 언론의 비판과 견제가 있으며, 견실한 산업 구조를 가지고 있기 때문이다. 이 모든 것을 가능하게 만든 사람, 그가 바로 만델라이다. 백인 통치 남아공이 아닌 다수가 통치하는 남아공, 백인-흑인-인도인-혼혈이 한데 어울려 평화롭게 살아가는 남아공, 누구나 능력이 있으면 성공할 수 있는 남아공, 관용과 화해와 용서로써 다시 건국한 남아공, 이러한 남아공을 출범시키고 그 초석을 단단히 깔아 놓은 뒤에 자연인으로서 보람 있는 생을 누리다 표표히 사라진 인물이 바로 만델라이다.

반면 무가베는 어떠한가? 만델라와 무가베는 동시대 인물이다.

1918년생인 만델라가 1924년생인 무가베보다 여섯 살이 많지만 두 사람은 격동의 시대를 살아왔고 새로운 시대를 여는데 중추적인 역할을 했다. 대통령이 되기까지 두 사람은 서로 만나지 못했으나 서로에 대해 잘 알고 있었고 존경의 마음을 가지고 있었다. 두 사람 모두 같은 길을 걸어가는 투사였기 때문이다. 이러한 존경심은 무가베의 통치가 2기로 접어드는 90년대에 와서 무너졌다. 무가베는 많은 사람을 실망시키며 거의 광인과 같은 1인 독재정치를 펼쳤다. 이를 지켜보는 만델라의 실망감은 누구보다도 컸다. 그러나 만델라는 무시로 무가베에게 따끔한 충고를 할 만큼 가까운 사이는 아니었다.

| 만델라와 무가베

무가베와는 달리 1994년 대통령으로 선출된 만델라는 국민의 기대에 어긋나지 않게 선정을 펼쳤다. 이를 지켜본 무가베는 만델라를 시기하고 질투했다. 무가베의 만델라에 대한 시기심은 날이 갈수록 깊어졌다. 나이는 자신보다 여섯 살 위지만 통치 경험은 무가베가 15년이나 앞섰다. 무가베가 SADC(남아프리카 개발공동체)[2]에서 좌장의 자리를 차지하고 바야흐로 남부 아프리카의 패권을 쥐려고 하는 순간 혜성과 같이 만델라가 나타났다. 무가베는 지역적 인물에 불과하지만, 만델라는 무대에 등장하는 순간부터 세계적인 인물로 부각되었다. 무가베는 만델라를 애송이로 생각했지만 만델라는 애송이가 아니라

2) 남아프리카 개발공동체(Southern African Development Community : SADC)는 1992년 8월 17일에 창설된 남아프리카 15개국의 지역 협력체로 보츠와나 가보로네에 본부를 두고 있다. 남아프리카 개발공동체의 전신은 1980년 4월 1일에 창설된 남아프리카 개발조정회의(Southern African Development Coordination Conference: SADCC)이다.

처음부터 거인이었다. 무가베는 좌절하고 낙담했다. 한 사람이 다른 사람을 시기하고 질투하는 한 두 사람 사이가 원만할 리 없었다. 만델라는 국내에서 떨어진 인기를 콩고 내전 개입 등 국외 정책으로 만회하려는 무가베를 탐탁지 않게 생각했다. 무가베는 SADC를 콩고 내전으로 끌어들이려 했으나 만델라는 이에 반대했다. 콩고 내전을 둘러싸고 만델라와 무가베의 사이는 더 벌어졌다. 두 사람 간의 소원한 관계는 만델라가 죽을 때까지 지속되었다.

정치 신인 만델라가 5년 동안 국가의 초석을 깔고 남아공을 새로운 국가로 탈바꿈시키는 동안 무가베는 한때 아프리카 최고의 풍요로운 국가로 알려졌던 짐바브웨를 갉아먹고 있었다. 우선 만델라는 5년 임기가 끝난 1999년 81세의 나이로 깨끗하게 은퇴한 데 반해 권력에 대한 집착이 강한 무가베는 권력의 끈을 놓지 않았다. 그는 위기에 처할 때마다 도박사적인 기질을 발휘하여 승부수를 던졌다. 90년대 인기가 떨어질 때는 모잠비크 내전 종식과 콩고 내전 개입이라는 카드로 인기를 만회했으며, 1999년 헌법 개정안이 국민투표에서 부결되자 백인 농장 몰수라는 강수로 위기를 극복했다. 2008년 창기라이가 이끄는 MDC(민주변화운동 : 짐바브웨의 야당)[3]에게 선거에서 패하자 연정을 구성하여 위기를 벗어났다. 그리고 2013년 선거에서 승리하자 다시 ZANU-PF(짐바브웨 아프리카민족연맹 애국전선) 단독 정권으로 복귀하여 경제 위기를 벗어나고자 진력하고 있다. 운이 좋아서인지 전략이 뛰어나서인지 모르겠지만 무가베의 승부수는 통했고 지금까지

---

3) 1990년대 후반 들어 짐바브웨에 나타난 민심 이반을 배경으로 짐바브웨 노동조합(ZCTU) 위원장 출신인 모건 창기라이(Morgan Tsvangirai)가 창건한 야당의 이름이다. 민주변화운동은 2008년 선거에서 승리해서 거의 정권을 잡을 뻔했으나 무가베의 폭력 사용으로 일보 직전에서 물러났다.

그를 권력의 정점에 앉혀두고 있다.

그러나 국가와 국민은 어떠한가? 불행하게도 무가베의 승부수가 통할 때마다 짐바브웨 국민의 고통은 가중되었고 국가는 피폐 일로를 걸었다. 콩고 내전 개입으로 짐바브웨의 재정은 급격히 악화되었고, 이는 결국 2008년 유례없는 초인플레의 원인이 되었다. 2000년 백인 농장 몰수 사태는 짐바브웨 경제의 몰락을 초래했고 서방의 경제 제재를 자초했다. 2008년 총선과 대선에서 패한 무가베는 공권력을 총동원하여 국가를 공포와 폭력의 도가니로 몰아넣었다. 이러한 분위기에서 투표에 참가할 수 없다고 판단한 야당 당수 창기라이의 결선투표 불참으로 인해 겨우 대통령직을 유지할 수 있었던 무가베는 SADC의 도움을 얻어 창기라이와 연정을 구성함으로써 위기에서 벗어났다.

출범 시 국민들의 기대가 컸지만 연립정부는 제대로 작동하지 않았다. '적과의 동침'으로 묘사된 연정은 협력해서 국정을 꾸려가는 정부라기보다 서로 싸우고 헐뜯으며 상대방의 치적을 훼방하는 형태의 '작동하지 않는' 정부였다. 더구나 자원 민족주의를 내세워 도입한 내국민지분법으로 말미암아 외국 투자가 중단됨으로써 짐바브웨 경제는 악화 일로를 걷게 되었다. 2013년 선거에서 압승한 무가베는 자신의 마지막 임기가 될 가능성이 큰 향후 5년 동안 경제를 회생시키겠다는 공약을 내세우고 농업, 광업 및 관광업 증진과 외국 투자를 유치하기 위해 안간힘을 쓰고 있지만 그 전도는 막막한 형편이다.

무가베 통치 36년 동안 짐바브웨는 아프리카 최상위 국가에서 최하위 국가로 급전직하했다. 한때 아프리카의 곡창(breadbasket of Africa),

아프리카의 진주(jewel of Africa) 등으로 찬사를 한몸에 모으던 나라가 짐바브웨이다. 농업·광업·공업·상업·관광 등이 균형을 이루어 발전하고 전국 어디를 가든지 관광지와 좋은 휴식처가 있고 비교적 잘 발달된 교통망과 저수지 및 관개수로가 있으며 문맹률이 거의 없는 높은 교육수준을 자랑했던 나라가 짐바브웨였다.

현재의 짐바브웨는 어떠한가? 6,500여 개에 이르렀던 상업 농장이 400여 개에 불과하고 농업 생산 감소로 농작물 수출국에서 수입국으로 전락했으며, 공장 가동률은 30%에 불과하고 관광시설과 인프라가 낙후되었으나 재원이 없어 복구할 엄두도 내지 못하는 나라가 짐바브웨이다. 거의 모든 일상용품을 남아공에서 수입하여 쓰고 있으며, 2008년 초인플레로 자국 화폐인 짐달러를 포기하고 적대 국가의 화폐인 미국 달러화를 사용하고 있는 국가 또한 짐바브웨이다. 짐바브웨는 최근 극심한 달러 부족으로 급기야 군인들에 대한 급여 지급까지 연기했다. 독버섯처럼 퍼진 HIV/AIDS로 인해 평균수명이 절반으로 축소되었으며, 30~40대 연령층에 구멍이 뚫려 숙련된 노동력이 부족하고 에이즈로 사망한 젊은 부모 대신 조부모가 아이들을 돌보고 있어 학교 취학률이 떨어지고 있는 나라, 이것이 짐바브웨의 실상이다. 어느 한 분야도 발전하지 못하고 퇴보하고 있으며 외국으로부터 고립되어 투자가 막혀 있는 나라이기도 하다.

한때 밝았던 국가의 이미지가 점차 퇴색하여 지금은 우중충한 단계를 지나 시커먼 막장으로 치닫고 있다. 잘살던 한 국가가 얼마 되지 않는 기간 동안의 정치 실패로 말미암아 이렇게 몰락할 수도 있는 것인가? 한 사람의 지도자가 이렇게 중요한 것인가? 짐바브웨는

20~21세기를 살고 있는 우리들에게 경종을 울려주는 한편 중요한 교훈을 던져주고 있다. 이것이 바로 우리가 로버트 무가베를 연구하고 알아야 하는 이유 중 하나이다.

아마 사심 없이 국가와 국민을 사랑하고 국가의 토대를 세웠다는 점에서 탄자니아의 초대 대통령 니에레레 정도가 만델라와 견줄 만할 것이다. 니에레레는 만델라와는 달리 옥고를 겪거나 온갖 풍상을 경험하지는 않았다. 그러나 그는 만델라와 같이 신념과 원칙에 충실한 인물이었다. 학구적이며 정의심과 용기로 가득 찬 이 비범한 인물은 오직 자신의 철학과 신념에 따라 행동으로 나라를 이끌어나갔다. 그가 추구한 사회주의 평등사회 구현은 현실보다 이상이 앞서 실패로 끝났으나 교육, 보건 등 사회 인프라 분야에서 괄목할 만한 진전을 이룩함으로써 탄자니아가 경제적으로 발전할 수 있는 초석이 되었다.

| 니에레레(Nyerere)

여기에서 니에레레가 어떤 인물인지 잠깐 살펴보기로 하자. '므왈리무'[4]로 불리는 니에레레는 아프리카가 낳은 걸출한 철학자이며 탄자니아의 국부이다. 늘 검소한 생활을 하면서 나라의 발전에 진력했던 니에레레는 국가를 위해 헌신한 인물이었다. 그가 죽은 지 17년이 지났지만 니에레레는 탄자니아 국민의 가슴속에 살아 있으며 아프리카인의 뇌리에 각인되어 있다. 니에레레는 아프리카의 거인으로 영원히 기억될 것이다. 니에레레는 정치인이 되기 전인 1955년 탄자니아에 스와힐리어로 제대로 번역된 성경이 없는 것을 통탄하여 성경의 구약과 신약을 각각 스와힐리어로 번역할 정도로 학구적이고 신앙심이 깊은 인물이었다.

1999년 10월 14일 아프리카는 거인을 잃었다. 니에레레가 런던의 성토마스(St. Thomas) 병원에서 사망한 것이다. 탄자니아인뿐만 아니라 모든 아프리카인이 그의 죽음을 애도했다. 아마 모든 아프리카가 진심으로 죽음을 애도한 인물은 2013년 12월 사망한 넬슨 만델라와 니에레레 등 극소수밖에는 없을 것이다. 니에레레는 탕가니카(Tanganyika)를 독립으로 이끌었을 뿐 아니라 120여 개 종족으로 이루어진 탕가니카를 연합시켜 탄자니아라는 새로운 독립 국가를 창건한 인물이다. 니에레레는 그의 성실성, 정직 그리고 사회에 대한 깊은 통찰로 잘 알려져 있다. 지성인 또는 사상가로서 그는 사고와 아이디어를 실행에 옮기다가 잘못을 범하면 이를 솔직하게 인정하는 사람이었다. 그가 주창한 아루샤 성명 발표 10년 후 그는 사회주의 그리고 자

---

4) 므왈리무(Mwalimu)라는 말은 스와힐리어로 '선생님'이라는 뜻이다. 이는 탄자니아인들이 니에레레에 대한 존경심에서 그에게 붙인 애칭이다.

립이라는 두 목표를 달성하지 못했음을 솔직하게 인정했다. 이는 그만이 할 수 있는 용기 있는 행동이었다.

평생 가난한 자와 힘없는 자를 위해 일했던 니에레레는 가톨릭 교회에서 성자로 치부되고 있다. 사회적 정의를 실천하고자 했던 니에레레의 통치 기간 중 탄자니아는 정치적 망명자와 독립투사들의 천국이 되었다. 니에레레는 교육을 통해 사회적 정의를 실현코자 했으며 종족을 넘어 한 국가로서 국민의 단합을 추구했다. 정치인이자 철학자, 이상주의자 그리고 실용적 지도자로서 니에레레는 시대를 앞서가는 사람이었다. 그는 요즘 지도자들이 강조하는 "우리는 할 수 있다."라는 표어를 행동으로 보여준 사람이다. 니에레레가 동시대 지도자들과 두드러지게 다른 점은 화려하거나 치장하거나 과장하지 않았다는 점이다. 그는 소박하고 검소한 사람이었으며 결코 허세를 부리는 법이 없었다. 이러한 점이 그에 대한 존경심과 영향력을 이끌어내었다. 그리고 그의 명성은 탕가니카를 넘어 전 아프리카로 전파되었다. 니에레레는 개인 숭배를 극도로 싫어했다.

줄리어스 니에레레(Julius Kambarage Nyerere)는 1922년 3월 빅토리아 호수 동쪽 끝에 있는 부티아마(Butiama)에서 태어났다. 그의 아버지는 소수 부족 자나키(Zanaki)의 추장이었으며, 어머니 무가야(Mugaya)는 추장의 18번째 부인이었다. 그의 어머니는 니에레레가 태어난 날을 정확하게 기억하지 못한다. 니에레레가 태어난 날 비가 내리고 있었는데, 비의 정령을 따라 그의 이름을 지었다고 한다. 니에레레의 부모는 그를 학교에 보냈는데 그것은 그가 소로(soro)라는 복잡한 전통 게임에서 특별한 재능을 보였기 때문이었다. 니에레레는 무소마

(Musoma)에 있는 기숙사 학교에서 공부하면서 가톨릭에 심취하여 깊은 신앙심을 키워나갔다.

1943년 니에레레는 우간다의 마케레레(Makerere) 대학에서 공부했으며, 2년 후 교육학 학사학위를 취득하여 타보라(Tabora)로 돌아와 세인트 메리(St. Mary's) 학교에서 1949년까지 역사와 생물학을 가르쳤다. 그러다가 그는 영국 선교단체의 도움으로 에딘버러 대학으로 유학을 갔다. 그곳에서 그는 영국 역사·영어·철학·정치경제·인류학·헌법 및 경제사 등을 공부했다. 1952년 니에레레는 석사학위를 가지고 탕가니카로 돌아왔으며 다레살람 근처의 학교에서 교사 생활을 시작했다. 그리고 이듬해 탕가니카 아프리카협회(Tanganyika African Association)의 회장이 되었다.

1954년 니에레레는 25년 된 이 사회단체를 탕가니카 아프리카 민족동맹(TANU)[5]이라는 정치 단체로 개조했다. 그 뒤 니에레레는 독립 투쟁에 본격적으로 뛰어들었는데 1955년 유엔 신탁통치위원회에서 행한 증언으로 인해 영국 정부로부터 요주의 인물로 낙인찍혔다. 니에레레는 1957년 지명 케이스로 국회의원이 되었으나 원내 투쟁 끝에 4개월 후 사임했으며 명예훼손죄로 기소되어 벌금형을 선고받았다. 그러나 니에레레의 정치적 입지는 날이 갈수록 강화되었다. 1958~1959년 선거에서 TANU가 지지하는 모든 후보가 국회의원에 당선되었으며, 1960년에는 71개 의석 중 하나를 제외하고 TANU 후보들이 모든 의석을 차지했다. 니에레레는 수석장관에 임명됨으로써

---

5) 1954년 니에레레가 독립운동을 전개하기 위해 만든 단체로 니에레레 집권 이후 줄곧 여당으로 남았다. 1977년 TANU는 잔지바르의 ASP(아프로시라지당)와 합쳐져 탄자니아혁명당(Chama Cha Mapinduzi : CCM)으로 개칭되어 오늘에 이른다.

독립투쟁을 강화할 수 있었다.

마침내 탕가니카는 1961년 12월 9일 독립했으며, 니에레레가 초대 수상으로 선출되었다. 그로부터 1개월 후 니에레레는 돌연 수상직을 사임함으로써 세인을 놀라게 했다. 그가 사임한 이유는 독립 후 TANU의 역할을 강화하기 위해 TANU 조직을 재건하는 일에 전력을 기울이기 위해서였다. TANU 조직을 정비한 니에레레는 1962년 선거에서 97%의 압도적인 다수로 탕가니카 초대 대통령에 당선되었다. 이후 회교 지역인 잔지바르에서 혁명이 일어나 술탄 세력이 물러나자 니에레레는 이 기회를 놓치지 않고 발 빠르게 움직여 탕가니카와 잔지바르를 합병하여 탄자니아로 명명하였으며, 초대 탄자니아 대통령으로 선출되었다.

서방 국가들은 일찍이 잔지바르를 공산주의 세력의 교두보로 여기고 있었으므로 잔지바르를 합병하여 새롭게 태어난 탕가니카가 그 연장 선상에 놓인 것으로 간주했다. 그러나 니에레레의 노선은 공산주의가 아닌 비동맹에 치중하는 것이었다. 니에레레는 아프리카가 진정으로 독립을 향유하기 위해서는 서로 단합해서 힘을 키워나가야 하며 결코 냉전에 말려 들어가는 일은 없어야 한다고 생각했다. 따라서 니에레레는 공산-자유 진영 양측 사이에서 균형을 유지할 심산이었다. 니에레레는 국내의 빈곤, 무지, 질병 타파를 위해 노력하는 가운데 농촌을 순방하면서 자조와 자립의 중요성을 강조했다. 그는 탄자니아가 외국에게 손을 내밀면 처음에는 달콤할지 모르나 국가의 자존심이 손상되어 시간이 지날수록 자립과는 거리가 멀어지게 될 것이라고 경고했다.

니에레레는 교회 장로의 딸 마리아 가브리엘(Maria Gabriel)과 결혼하여 8명의 자녀를 두었다. 그는 은행에서 빌린 돈으로 다레살람 교외 바닷가 부근의 소박한 집에서 살았다. 탄자니아 국민이 그를 '므왈리무'라고 부른 것은 그에 대한 극도의 존경심을 표시한 것이다. 1965년 선거에서는 니에레레를 종신 대통령으로 선출하자는 의견이 팽배했다. 그러나 니에레레는 이를 단호히 거절했다. 만일 이러한 일이 벌어질 경우 탄자니아는 '술탄 니에레레 1세'를 창시자로 하는 왕정국가로 변모하게 될 것이라고 경고했다.

독립 후 니에레레는 독자적인 노선을 택했다. 이것은 그가 외국의 원조에 의존하지 않고 자유롭게 탄자니아를 통치하려고 했기 때문이다. 그는 동독과의 관계 단절을 조건으로 막대한 원조를 제공하겠다는 서독의 제의를 뿌리쳤다. 니에레레는 오히려 1965년 발생한 로디지아 사태를 빌미로 아프리카단결기구(OAU)[6]의 결정에 순응하여 영국과 외교 관계를 단절했다. 이로써 영국이 지원을 약속한 750만 파운드가 날아갔으나 그는 아랑곳하지 않았다. 니에레레의 꿈은 식민주의 종주국인 영국이나 프랑스의 영향으로부터 자유로운 진정한 독립 아프리카 국가를 세우는 것이었다.

1964년 탕가니카는 잔지바르와 합쳐져서 탄자니아라는 새로운 이름으로 탄생했다. 그전까지 잔지바르와 부속 섬인 펨바(Pemba)는

---

6) OAU(Organization of African Unity)는 '아프리카 문제는 아프리카에 의해서'를 기치로 내걸고 1963년 아프리카 38개국이 결성한 국제기구이다. 설립 목적은 아프리카 국가들 간의 협력과 단결 촉진, 비동맹주의 노선 하에서 아프리카 국가들 간의 정책 및 계획의 통합과 조정, 아프리카 국가들의 독립과 주권 수호 등이다. OAU는 또한 아프리카 국민의 생활 향상, 내정 불간섭, 분쟁의 평화적 해결, 영토 보전, 파괴 활동의 금지, 비독립 지역의 해방운동 지지 등을 강령으로 내세웠다. 2001년 잠비아에서 열린 마지막 정상회담에서 OAU를 AU(아프리카연합)로 대체키로 결정한 후 2002년 7월 해체되었다.

아랍 술탄의 땅이었다. 탄자니아를 탄생시킨 주역은 물론 니에레레였다. 탄자니아공화국이 직면한 가장 어려운 일은 언어적, 문화적으로 상이한 두 지역의 본질을 유지하는 가운데 인종 충돌이 일어나지 않도록 하는 것이었다. 이로써 종족주의 해체(detribalization)라는 엄청난 과제가 니에레레의 어깨 위에 놓여졌다. 1964년 전까지 잔지바르는 아랍 술탄의 땅이기는 했으나 실제로는 아랍인과 아프리카인 간의 통혼으로 인해 아랍 국가인지 아프리카 국가인지 그 구분이 모호했다.

니에레레가 국가 통합을 위해 사용한 무기는 언어였다. 그것은 아랍인과 아프리카인이 스와힐리어[7]를 공유하고 있었기 때문이다. 니에레레는 스와힐리어를 국가 공용어로 채택하고 이의 사용을 적극 장려했다. 곧 스와힐리어는 학교, 신문, 방송 등에서 광범위하게 사용되기 시작했다. 니에레레는 모든 학교에서 스와힐리어로 수업을 진행토록 했으며 의회에서의 토론도 스와힐리어로 행해졌다. 니에레레는 대부분의 연설을 스와힐리어로 했다. 곧 스와힐리어는 방송과 신문 등 언론매체에서 주요 언어로 등장했으며, 엘리트 계층은 스와힐리어로 대화하는 것을 자연스럽게 생각하게 되었다. 해안지대와 도시에서 주로 쓰이던 스와힐리어는 차차 내륙과 시골로 전파되었으며 많은 고전이 스와힐리어로 번역되었다. 니에레레 자신은 셰익스

---

7) 스와힐리어는 아프리카 동부에서 널리 쓰이는 반투어의 일종으로 아랍어의 영향을 많이 입었다. 남부 소말리아에서 모잠비크 북부까지 동아프리카 해안을 따라 1,500킬로미터에 이르는 넓은 지역에서 쓰이고 있다. 스와힐리어는 탄자니아의 잔지바르에서 기원한 것으로 알려져 있다. 스와힐리어는 탄자니아, 케냐, 우간다의 공용어이며, 콩고민주공화국의 4대 법적 언어 중 하나이고 르완다, 부룬디, 소말리아, 마요트, 코모로, 모잠비크, 말라위 등의 일부 지역에서 쓰이고 있다. 아프리카연합은 2004년 영어, 프랑스어, 아랍어, 포르투갈어, 스페인어에 이어 스와힐리어를 6번째 공식어로 지정했다.

피어의 《줄리어스 시저》와 《베니스의 상인》을 스와힐리어로 번역했다. 니에레레가 스와힐리어 보급에 힘쓴 것은 그의 문화에 대한 뚜렷한 주관 때문이었다. 그는 문화가 국가를 단합시키고 부강하게 만든다고 믿었다. 그리고 풍성한 문화를 창달하기 위해서는 우선적으로 언어의 통일이 있어야 한다고 생각했다.

> **"자생적인 언어가 없는 민족은 장래가 없다."**

이것은 늘 니에레레가 되뇌이는 말이었다.

니에레레는 국가 통합을 위해 종족을 뛰어넘어 인재를 다양하고 균등하게 등용했다. 케냐의 초대 대통령 케냐타가 키쿠유족, 그 뒤를 이은 모이 대통령은 칼렌진족을 주로 등용하고 우간다의 오보테와 이디 아민 대통령도 자신들의 출신지인 북부인을 주로 등용했음을 상기할 때 니에레레의 이와 같은 정책은 상식을 뛰어넘는 것이었다. 다행히 탄자니아에 종족은 많았으나 압도적으로 다수인 종족은 없었다. 니에레레 자신은 소수 종족인 자나키족에 속했다. 많은 각료들이 니에레레의 종족과는 다른 종족 출신들이었다. 니에레레의 이러한 탕평 정책으로 말미암아 탄자니아에서는 대통령이 종족이 아니라 종교에 따라 순환하는 전통이 수립되었다. 1985년 니에레레가 하야한 후 뒤를 이은 므위니(Ali Hassan Mwinyi)는 잔지바르 무슬림이었고 그 뒤를 이은 음카파(Mkapa)는 기독교도, 그리고 그다음 대통령은 다시 무슬림인 키퀘테(Jakaya Mrisho Kikwete)였다.

니에레레의 염원은 함께 일하고, 함께 먹고, 함께 소유하는 사회주의 무계급 사회를 이루는 것이었으나 현실은 이상에 미치지 못했다. 1967년 아루샤 성명에서 발표한 '우자마' 운동은 사회주의 이념을 바탕으로 한 자립과 자조에 기초했다. 그리고 이를 실현하기 위해 일당 통치가 지속되었다. 니에레레는 다당주의가 아프리카의 전통에 맞지 않는 것이라고 하면서 이를 배척했다. 지나치게 이상적인 정책과 이를 실현하기 위한 공동체 운동으로 인해 경제는 추락했으나 교육과 보건 등 사회 인프라 분야에 있어서 탄자니아는 크게 발전했다. 그리고 놀랍게 개선된 사회적 인프라 구축으로 인해 탄자니아는 나중에 경제적으로 발전할 수 있는 기반을 가지게 되었다. 우자마 운동은 결과적으로 탄자니아 국민의 통합에 기여했다. 우자마 운동은 니에레레가 심혈을 기울인 공동체 운동이었다. 농촌을 사회주의 공동체로 만들겠다는 이 운동은 아루샤 성명[8]의 발표와 함께 즉각 시행되었다.

1단계 조치는 1969~73년 사이에 이루어졌다. 1974년이 되면 전체 농촌 인구의 20%인 250만 명이 5,000여 개의 우자마 마을에서 살았다. 1976년에는 모든 마을이 등록되었고 1,300만 명에 이르는 농촌 인구가 우자마 마을에서 살았다. 그러나 함께 일하고 공동으로 판매하고 균등하게 나누자는 원래의 목표는 달성하기 어려웠다. GDP는 계속해서 하락했으며 정책과 프로그램은 실패를 거듭했다. 1967~73년간 연평균 5.2%에 달했던 GDP 성장률은 1974~78년에는 2.5%, 1979~81년에는 2.1% 그리고 1982~84년에는 0.6%로 하락했다. 수출

---

8) 니에레레가 자신의 사회주의 이상을 실천하기 위해 1967년 발표한 성명이다. 이 성명은 모든 노동자와 농민이 국가의 사회적, 경제적, 정치적 발전에 적극 참여토록 격려하였으며 국내 모든 산업체와 사업체를 국유화하였다. 이 선언에 따라 집단 농촌 개발 프로젝트인 우자마 운동이 전개되었다.

성장률도 마찬가지였다. 1967~73년간 연평균 3.6%에 달했던 수출 성장률은 1974~78년 -6.8%, 1979~81년 -7.1% 그리고 1982~84년에는 -16.7%를 기록했다.

아루샤 선언 10년 후인 1977년 니에레레는 탄자니아가 처한 현실에 대해 자평했다. 그는 아루샤 선언 선포 30년 후에는 탄자니아가 사회주의 국가를 건설할 수 있을 것으로 믿었다고 했다. "그런데 10년이 지난 지금 형편을 보니 탄자니아는 사회주의 국가도 아니고 자립을 이룩하지도 못했다. 우리가 세운 목표는 보이지도 않는다."라고 고백했다. 이는 탄자니아가 처한 암담한 현실을 직시한 발언이었다. 그럼에도 불구하고 니에레레는 포기하지는 않았다. 그는 자신의 신념을 쉽게 포기하는 사람이 아니었다. "씨를 뿌릴 때가 있고 거두어들일 때가 있다. 우리는 여전히 씨를 뿌리고 있다."라고 언급한 것이다.

경제 분야에서 참담한 실패에도 불구하고 성과는 있었다. 1967년에는 탄자니아산 목화를 가지고 국내에서 의류를 생산하는 곳이 하나도 없었으나 1975년에는 의류 공장이 8개가 생겼다. 교육 분야에서의 성과는 괄목할 만했다. 초등학교 진학률은 두 배로 높아졌으며 성인 문자 해득률이 급상승했다. 인구의 3분의 1이 문맹을 면하기 위해 성인 학교에 등록했다. 시골의 보건소 숫자는 3배로 증가했다. 가난은 여전했지만 소득 불균형은 크게 개선되었다. 그러나 전반적으로 농촌 소득이 크게 저하했다는 점에서 우자마 운동은 명백한 실패작이었다. 1인당 농촌 소득은 1976~83년 사이에 절반으로 축소되었다.

사실 니에레레가 우자마 운동을 일으킨 배경에는 급속도로 증가하는 인구가 있었다. 탄자니아의 인구는 1967~1988년 사이에 두 배가 되었으며, 1967~2002년 사이에는 세 배로 증가했고, 1948~2002년 사이에는 무려 다섯 배가 되었다. 이렇게 급증하는 인구를 먹여 살리고 일자리를 제공하기 위해서는 무슨 특단의 조치가 필요했으며, 니에레레는 이를 사회주의 공동체 운동에서 찾으려 했던 것이다.

니에레레는 세네갈의 셍고르[9]와 함께 아프리카를 대표하는 지성인이었다. 니에레레는 영어권 아프리카를 대표하는 인물이었고, 셍고르는 불어권 아프리카를 대표하는 인물이었다. 서양인은 이 두 인물들을 통해 서양 문화가 아프리카에 올바르게 정착했다는 자부심을 가졌다. 니에레레에게는 운도 있었다. 니에레레가 탕가니카를 통치하는 것은 다른 지역의 지도자들에 비해 쉬운 일이었다. 니에레레는 탕가니카를 통치하기 위해 가나의 은크루마[10]나 우간다의 오보테[11]가 늘 모략을 꾸며야 했던 것과는 달리 단순한 정치만 구사해도 되었

---

9) 레오폴드 세다르 셍고르(Leopold Sedar Senghor)는 1906년 프랑스령 서아프리카(현재 세네갈)에서 태어나 2001년 95세를 일기로 사망했다. 셍고르는 세네갈의 초대 대통령, 시인 및 교사, 정치가 등으로 넓게 활동했으며 아프리카 연방체 구성과 아프리카의 문화적 긍지를 주창했다. 셍고르는 정계 은퇴 후 프랑스에서 지내면서 주로 문인으로서의 삶을 살았다. 셍고르는 아프리카의 대표적 지성인으로 알려져 있다.

10) 콰메 은크루마(Kwame Nkrumah)는 1909년 골드코스트(지금의 가나)에서 출생하여 가톨릭계 학교를 졸업하고 교사가 된 뒤 미국과 영국에서 수학했다. 1947년 통일골드코스트(UGCC)의 서기장으로 추대되어 귀국하였으며 1949년 회의인민당(CPP)을 조직, 반영(反英) 활동을 벌이다 투옥되었다. 1951년 신헌법 제정 후 실시된 총선에서 옥중 출마하여 당선되었으며 1952년 골드코스트 총리가 되었다. 1957년 골드코스트가 최초로 가나로 독립한 후 초대 대통령으로 선출되었으나 1966년 외국 출장 중 쿠데타로 실각했다. 1972년 망명처인 루마니아에서 사망했다. 은크루마는 아프리카 독립의 아버지로 불린다.

11) 밀턴 오보테(Apollo Milton Obote)는 1960년 우간다인민회의(UPC)를 결성한 후 국방장관과 외무장관을 거친 후 1966년 쿠데타로 정권을 장악했다. 그러나 1974년 이디 아민의 쿠데타로 축출되어 탄자니아로 망명했다. 1978~79년 탄자니아와의 전쟁으로 아민이 실각하자 오보테는 1980년 귀국한 후 선거에서 승리하여 다시 대통령이 되었다. 굴곡이 심한 정치 역정을 계속하던 오보테는 계속되는 게릴라의 공격과 정부군과의 충돌로 인한 혼란 속에서 결국 1985년 실각하여 정계를 떠났다.

다. 탕가니카에서 종족 간의 갈등은 다른 지역에 비교하면 매우 약했고 전통적으로 권위를 존중하는 관습이 있었다. 식민주의 시대 때도 탕가니카의 민족주의는 다른 나라에 비해 그렇게 강하거나 과격하지 않았다. 탕가니카 사람들은 온건한 투쟁을 벌이는 것에 익숙해 있었으며 따라서 니에레레의 리더십에 순종했다.

니에레레는 정치판은 쉽게 흙탕물이 될 수 있는데 그 시초는 정권 쟁탈이며 이는 다당제로부터 비롯된다고 생각했다. 그는 다당제를 채택할 경우 정치인들이 정권을 잡기 위해 진실을 왜곡하고 중상모략과 비방이 난무하며 국회에 들어가서도 이러한 행태가 지속될 것으로 생각했다. 그래서 탄자니아는 1965년 선거 시 단일 정당 내에서 경선하는 방식을 택했다. 경선자들이 같은 당 출신이므로 최소한 중상모략이나 비방과 같은 진흙탕 싸움은 하지 않을 것으로 생각했던 것이다.

니에레레는 매우 독창적인 지식인이었으며 아이디어를 실행에 옮기는 용기가 있었다. 니에레레는 기회 있을 때마다 아프리카 국가의 자급자족이 필요함을 역설하면서 서방 원조에 대한 의존도를 줄인 유일한 지도자였다. 니에레레는 동시대 인물인 말라위의 해스팅스 반다[12] 대통령과는 달리 추상적인 사상가가 아닌 실용적이고 실천적인 인물이었다. 그는 자신의 정책을 논리적으로 잘 옹호했으며 통찰

---

12) 해스팅스 반다(Hastings Banda)는 니아살랜드 출신으로 영국과 미국에서 수학한 후 영국, 가나 등지에서 의사로 활동했다. 1958년 귀국한 반다는 정계에 투신하여 말라위회의당(MCP) 지도자가 되었으며 1959~60년에는 로디지아와 니아살랜드 연방화 반대 투쟁으로 투옥되었다. 1963~64년 니아살랜드 총리를 지낸 반다는 1964년 7월 니아살랜드의 독립과 동시에 다시 총리에 취임하였으며 1966년 말라위 공화국의 초대 대통령으로 선출되었다. 반다는 권위주의적인 일당 독재 체제를 수립하여 무소불위의 권력을 휘둘렀으며 1971년에는 종신 대통령으로 추대되었으나 복수정당제가 도입된 후 최초로 실시된 1994년 선거에서 패배하여 정계에서 은퇴했다.

력과 앞을 내다보는 혜안이 있었다. 니에레레는 아시아의 시대가 다가오고 있음을 예언했다. 아시아가 정치·경제적으로 발전하여 남남협력을 이끌어갈 것으로 생각했던 것이다. 니에레레의 예언은 중국이 비약적으로 성장하여 아프리카의 모든 지역에 파상적으로 진출함으로써 현실이 되었다.

니에레레는 간디의 비폭력적 저항이 아프리카에 전파되어 아프리카의 독립에 기여할 것으로 예측했는데 이것도 맞아떨어졌다. 간디의 평화적 저항 정신은 노벨평화상 수상자들인 알버트 루툴리, 데스몬드 투투, 넬슨 만델라, 왕가리 마타이 등을 통해 전수되었으며 그 전통이 면면히 이어지고 있다. 애초에 친서방이었던 니에레레는 집권 후 경제적 민족주의자로 변모했다. 그 이유는 독립 초기 서방으로부터 많은 원조를 받아 국가의 토대를 건설할 수 있을 것이라는 희망이 무너졌기 때문이었다. 니에레레는 자신의 온건함으로 인해 서방이 오히려 자신을 얕본다고 생각했다. 사실 서방은 그의 온건함에 찬사를 보냈을 뿐 실질적인 원조는 제공하지 않았다. 그는 서방의 이러한 태도에 크게 실망했다. 그러나 니에레레는 결코 마르크스주의자는 아니었다. 그는 공산주의가 아프리카의 전통이나 실정에 맞는다고 생각하지 않았다. 니에레레는 스스로의 성찰을 통해 자생적인 사회주의자로 변모한 인물이다.

탄자니아는 블랙 아프리카에서 가장 성공적인 정당을 정착시켰다. TANU(Tanganyika African National Union) 그리고 뒤에 이를 승계한 CCM (Chama Cha Mapinduzi)은 케냐의 KANU(Kenya African National Union)나 나이지리아의 NPN(National Party of Nigeria)에 비해 훨씬 성공한 정당이었

다. 니에레레는 신생 독립국인 탄자니아에서 레닌과 같은 존재였다. 두 사람 사이에 차이가 있다면 레닌이 소비에트 혁명 후 6년 동안 집권했지만 니에레레는 25년간 집권했다는 점 정도이다. 니에레레는 1984년 집권당 탄생 30주년 기념 연설에서 이상과 현실 간의 괴리를 개탄했다. 그는 탄자니아의 발전 속도가 너무 느리다는 점을 지적했다. 그는 자신이 세운 목표를 달성하지 못했으며 목표 자체가 잘못되어 있었다는 점도 인정했다. 실수와 실패를 자인하는 것은 니에레레의 특징 중 하나이다. 그는 아루샤 선언 후 사회주의를 이룩하겠다는 그의 열망이 실패했음을 깨끗이 인정했다.

평등한 사회를 이루는 것은 니에레레의 평생의 꿈이었다. 그는 경제 발전을 희생하더라도 보다 평등한 사회를 이룩하려고 했다. 그는 공무원에게 1년의 기간을 주면서 그동안 가지고 있는 재산을 신고하고 이자 수입이 있으면 이를 포기토록 종용했다. 공무원이 특혜를 누리는 것은 사회주의 평등 사회 건설에 암초라는 생각 때문이었다. 이러한 지시를 어기는 사람은 공무원을 그만두어야 했다. 1968년 3월 니에레레는 자신과 부인이 재산을 정리했다고 발표했다. 부인은 다레살람에 있는 가축농장을 사회 발전 단체에 기증했으며, 니에레레는 다레살람에 있는 땅을 정리하고 은행에서 융자를 얻어 지은 조그만 집에 살았다. 니에레레는 솔선수범해서 근검절약의 미덕을 보여주려고 했다.

니에레레는 학생들이 공무원 봉급에 대해 항의하자 스스로 봉급을 삭감하고 장관들과 다른 공무원들에게도 자발적으로 봉급을 삭감할 것을 요청했다. 이 결과 니에레레의 봉급은 그가 총장으로 있는 동아프리카 대학(University of East Africa) 평교수들의 봉급보다도 낮은 수준으로 감축되었다. 니에레레는 공무원의 겸직을 엄격하게 금지했다. 그는 고위 공무원이 민간 회사에서 어떠한 형태의 봉급이나 수당도 받지 못하도록 했으며 더 나아가 국회의원들에게도 겸직 금지의 의무를 준수토록 했다. 니에레레는 부패를 엄격히 통제하려 했다. 그는 국가의 적으로 가난·질병·무지 그리고 부패 4가지를 들었다. 그는 반역이 국가에 대해 가장 큰 범죄라면 부패는 사회에 대해 가장 큰 범죄라는 논리를 폈다. 어떤 공무원이 수상한 재산을 보유하고 이 재산이 부패로 인해 획득한 것이 아님을 증명하지 못할 경우 이 공무원은 기소되어 5년형에 처해질 수 있었다.

정부가 근검절약하는지를 감시하는 기능은 주로 언론이 담당했다. 호화로운 파티나 고급 차량, 호사스러운 물품 구입은 모두 언론의 따가운 비판 대상이 되었다. 당 기관지 〈The Nationalist〉 그리고 후에 정부 기관지가 되는 〈The Standard〉 등은 정부기관이나 국영기업이 주최하는 호화 파티를 자주 비판했다. 언론의 비판이 잦아지자 장관들이 벤츠를 타고 다니는 모습이 사라졌고 정부가 주최하는 리셉션의 규모가 축소되었다. 정부 건물에서는 보다 단순하고 소박한 가구나 집기를 사용했다.

니에레레가 행한 부패 척결과 근검절약 정책은 오늘날 기준으로 봐도 손색이 없을 정도로 투명하고 강도 높은 것이었다. 그러나 당시 기준으로 봐서는 지나치게 이상적인 정책이기도 했다. 당연히 니에레레가 집권하는 동안 탄자니아에서는 부정부패가 사라졌다. 이것은 니에레레가 앞장서서 모범을 보인 덕분이었다. 그러나 니에레레가 물러나자 탄자니아에서는 기다렸다는 듯이 다시 부정부패가 판을 쳤다. 따라서 결과적으로 니에레레의 부패 척결 정책은 실패한 셈이 되었다. 이는 이상과 현실 간의 괴리가 너무 컸기 때문이다. 니에레레가 물러난 후 집권당은 느슨해졌다. 당원을 마구잡이로 늘리고 당원에 대한 통제도 별로 없었다. 이러한 상황에서 부정부패는 점차 확대되었다. 규율이 사라진 당과 정부에서 부패를 막을 수 있는 장치는 없었다.

니에레레라는 거인이 모범을 보여 만들어 놓은 깨끗한 체제는 그만이 운영할 수 있는 체제였다. 다른 사람이 들어서자 이 체제를 지탱하는 것이 불가능해졌다. 도덕적으로 너무 뛰어난 사람이 물러난 후 그가 세운 체계가 허망하게 무너질 수 있다는 본보기가 탄자니아에서 일어났다. 니에레레는 스스로 대통령직에서 물러남으로써 평화적 정권 교체의 모범을 보였다. 서부 아프리카의 셍고르와 함께 두 지도자들은 선각자들이었다. 이들은 자신이 국가를 위해 필수적인 존재라는 사실을 스스로 부인했다. 니에레레는 권력 교체의 모범을 보였으나 그의 비전을 전파하는 데에는 실패했다. 권력이 교체되고 그의 비전이 계승되었더라면 탄자니아는 다른 모습으로 나타났을지도 모른다. 그러나 니에레레의 비전은 계승되지 않았고 그의 죽음과 함께 묻히고 말았다. 그리고 탄자니아는 계속 빈곤한 아프리카 국가로 남았다.

PART **1**

넬슨 만델라

1

대통령이 된 **죄수**

27년간 감옥살이를 한 만델라가 1990년 석방된 후 1994년 75세의 나이로 대통령에 취임한 것은 남아공 역사뿐 아니라 아프리카 역사에서 신기원을 이룬 일대 사건이다. 만델라는 무력 투쟁에 나서기로 결심한 후 체포되어 1964년 6월 45세의 나이에 무기징역을 선고받았다. 만델라는 케이프타운으로 옮겨진 후 앞바다에 있는 로벤 섬(Robben Island)으로 이송되었다. 죄수번호 466/64를 받은 만델라는 석회석 광산에서 노동을 하거나 비료에 쓰이는 해조류를 채취하거나 또는 아프리칸스어를 공부하면서 지냈다.

남아공 내 소요가 지속되면서 국내외에서 만델라를 석방하라는 목소리가 커지자 남아공 정부는 만델라를 로벤 섬에서 케이프타운 근처에 있는 폴스무어(Pollsmoor) 감옥으로 이송했다. 그러나 만델라의 존재에 대한 국제사회의 관심은 점점 더 커졌다. 만델라 석방의 싹이 보인 것은 1989년 9월 데클레르크(F. W. de Klerk)가 보타를 대신해서 남아공 대통령이 된 후이다. 데클레르크도 투철한 아파르트헤이트 지지자였으나 그는 보다 실용적이고 변화에 순응하는 사람이었다. 당시 소련에서는 마침 고르바초프가 개혁과 개방에 나서고 있었다. 공산주의 종주국인 소련이 공산주의를 놓아 버리자 소련과 소련의 대변인 격인 쿠바는 정책을 바꾸어 그동안 깊이 개입하고 있었던 아프리카 내 분쟁으로부터 손을 떼기로 결정했다. 1988년 12월 쿠바군이 앙골라로부터 철수하는 대신 남아공군도 앙골라로부터 철수하여 사막 국가인 나미비아를 독립시키기로 합의가 이루어졌다. 소련의 지원이 축소되자 모잠비크의 좌익 전선 프렐리모[1]도 1989년 마르크스-레닌주의를 포기하고 모잠비크를 다당제 국가로 선언했다. 남아공에서는 공산 진영의 아프리카민족회의(ANC)에 대한 지원이 중단됨에 따라 ANC가 집권할 경우 남아공이 소련의 전진기지가 될 것이라는 우려도 사라졌다.

이러한 일련의 변화에 따라 남아공 백인의 성향도 바뀌기 시작했다. 백인 신세대들은 남아공이 아파르트헤이트로 국제사회에서 부랑국가로 취급받고 고립되는 것을 싫어했다. 남아공 경제인들은 인종 분리보다는 고립에서 벗어나 자유로운 비즈니스를 원했다. 남아공 백인들은 데클레르크에게 ANC의 합법화와 만델라의 석방을 권고했다. 이러한 환경 변화에 따라 데클레르크는 마침내 1990년 2월 ANC를 합법화하고 만델라를 석방한 것이다. 데클레르크 자신은 잘하면 백인과 ANC가 공동으로 정권을 창출할 수 있을 것으로 계산했는지 모르지만 그러한 계산이 들어맞지는 않았다.

만델라는 1994년 5월 19일 남아공의 최초 흑인 대통령으로서 역사

---

1) 모잠비크 해방전선(Liberation Front of Mozambique) 또는 FRELIMO(프렐리모)는 1962년 포르투갈령 동아프리카(현재 모잠비크)의 해방을 위해 설립된 정치적, 군사적 단체이다. 프렐리모라는 이름은 '모잠비크 해방전선'이라는 뜻의 포르투갈어에서 따온 것이다. 모잠비크는 1975년 포르투갈에서 벌어진 카네이션 혁명에 의해 독립을 쟁취하게 되었고 프렐리모는 독립 당시에는 유일 정당으로 그리고 이후에는 다당제 의회의 다수당으로 현재까지 줄곧 정권을 장악하고 있다.

넬슨 만델라

| 넬슨 만델라

적인 취임식을 가졌다. 이 취임식에는 전 세계 170여 개국에서 몰려든 정상과 귀빈들이 그의 취임을 축하했다. 27년간 감옥살이를 하면서도 꿈을 버리지 않았던 만델라는 마침내 아프리카의 신화가 되었다. 그러나 국제사회에서 만델라의 이름이 높아지는 것을 모두 좋아한 것은 아니다.

짐바브웨의 무가베는 만델라를 신출내기로 생각했다. 그는 만델라가 대통령이 되었을 때 이미 15년간 집권하고 있었으며, 스스로를 짐바브웨뿐만 아니라 남부 아프리카에서 가장 영향력 있는 지도자로 생각하고 있었다. 남아공의 쓰라린 과거사를 법으로 다스리지 않고 진실 및 화해위원회를 설치하여 평화와 관용으로 다스린 만델라에게 국제사회는 큰 기대를 걸고 아프리카의 어려운 문제에 대한 개입을 요청했다. 그가 난제들을 평화롭게 해결해줄 것으로 기대했기 때문이다. 그러나 만델라는 국제 관계에서는 기대에 미치지 못했다. 자이르의 모부투 대통령을 하야시키는 과정에서 만델라는 카빌라에게 유혈 사태를 그치도록 요청했으나 거절당했다. 카빌라는 모부투와 협상할 것을 원하는 만델라의 요청을 거절하고 오히려 군대를 킨샤사로 진군시킴으로써 많은 희생자를 낳았다. 만델라는 그의 명성에도 불구하고 유혈 사태를 중지시킬 수 없었으며 이로써 그의 영향력에 한계가 있음이 드러났다.

50여 년간의 피나는 투쟁 끝에 75세의 나이로 집권한 만델라를 기다리고 있는 것은 순탄한 평야가 아니라 험준한 산맥이었다. 만델라는 스스로 "높은 산꼭대기에 올랐는데 가서 보니 더 높은 봉우리가 첩첩이 쌓여 있었다."라고 고백했다. 산적한 문제 중에서도 흑백 간의 격차는 심각한 문제였다. 남아공의 백인만으로 국가를 이룰 경우 국민소득이 세계 24위를 차지하는 데 반해 흑인만으로 국가를 이룰 경우에는 레소토나 베트남보다 낮은 123위를 기록할 정도로 격차가 컸다. 인구의 13%에 불과한 백인이 전체 소득의 61%를 차지했고 민간인이 소유한 자산 중 불과 2%만이 흑인 소유였다. 교육·위생·수도·전기 등 모든 사회경제 분야에서 흑인은 다른 아프리카 국가들과 다를 바 없는 수준에 있었다. 아프리카에서 규모가 가장 큰 경제에다 최고의 인프라를 자랑하고 있다고는 하나, 정부의 재정 적자는 늘어나고 빚에 허덕이고 있는 것이 남아공의 실정이었다. 공식 실업률이 33%에 달하고 경제성장은 1~2%대에 머물고 있었다.

만델라는 외국 투자를 유치하기 위해 동분서주했으나 외국 투자자들은 ANC의 오랜 국유화 전통에 심각한 우려를 갖고 있었다. ANC가 정권을 잡는 데 조력한 노동조합은 강경한 입장을 고수하며 자신의 요구 조건만을 내세우고 있었다. 그뿐만 아니라 오랫동안 투쟁 일변도로 지내온 역사로 인해 이곳저곳에서 데모와 소요가 일어났다. 시민들은 요구 사항이 있으면 으레 거리로 나서는 것이 습관화되어 있었다.

거함 남아공을 이끄는 지도자가 된 만델라가 분열된 사회를 하나로 묶기 위해 동원한 전술은 화해와 단합이었다. 만델라는 과거 백인

지도자들과 융화하는 모습을 보였으며 아프리칸스어를 자주 구사했다. 만델라는 1995년 럭비 월드컵 개막식에 나타나 그때까지 백인의 전유물이었던 럭비를 남아공의 국가 스포츠로 탈바꿈시켰다. 남아공 팀이 결승에서 뉴질랜드에게 극적으로 승리하자 흑백을 불문하고 모두 거리로 나와 축제 분위기를 이루었다.

과거사를 정리하기 위해 1995년 논란 끝에 설립된 '진실과 화해 위원회'는 순전히 만델라의 작품이었다. 이 위원회는 범법자를 처벌하기 위한 목적이 아니라 과거사에 대한 진실을 밝히기 위한 목적으로 설립되었다. 비밀경찰의 살인과 고문 행위가 계속해서 밝혀졌으나 관련자들은 모두 사면되었다. 전 대통령 데클레르크도 위원회에 3차례 출석했다. 데클레르크보다 죄과가 훨씬 큰 전임 대통령 보타는 여러 번 참석 요청에도 불구하고 끝내 증언을 거부했다. 위원회에서는 아파르트헤이트 정권의 폭력뿐만 아니라 ANC의 폭력에 관해서도 증언이 행해졌다. 위원회는 아파르트헤이트 당국뿐 아니라 ANC도 폭력과 인권 침해에 책임이 있다고 판결했다. 예상했던 대로 백인은 위원회 활동을 좋아하지 않았으며 과거의 진실을 묻어 버리기 원했다. 백인은 70% 이상이 위원회가 흑백 간 인종 갈등을 오히려 악화시켰다고 평가했다. 그러나 흑인은 대체적으로 위원회의 활동과 결과를 지지했다.

아파르트헤이트 종식으로 가장 혜택을 본 사람은 흑인 중산층이었다. 이들은 지금까지 접근할 수 없었던 영역에 자유롭게 접근할 수 있었다. 흑인들은 곧바로 기업 내 관리자층의 10%를 차지할 정도로 급성장했다. 기술과 자격을 갖춘 흑인이 진출할 수 있는 분야는 매우 다양했다. ANC 정부는 흑인 중산층의 기업 진출을 장려하기 위해 이들에 대한 우대 정책을 시행했다. 이 결과 이번에는 흑흑 간의 격차가 깊어졌다. 흑인 정치인, 정부 관리, 기업인, 경영인, 기술자 등이 전에 없이 성장하면서 풍요로운 삶을 누리는 반면 나머지 흑인들은 깊은 나락으로 떨어졌다. 흑인 인구의 약 5%만이 부를 누리는 중산층에 해당했다. 나머지 95%는 극심한 가난에 시달렸다.

만델라는 대중과 잘 어울리고 소통하는 정치인이었다. 그는 계층을 가리지 않고 대화하고, 같이 사진 찍고, 늘 함께 하는 모습을 보여주었다. 만델라는 대중에게 가장 친근한 대통령이 되었다. 만델라의 후임 음베키는 사회 개조에 역점을 두었다. 그는 흑백 간에 심각한 빈부 격차가 존재하는 한 진정한 화해는 있을 수 없다고 믿었다. 그는 좌절한 수백만 흑인이 자포자기 끝에 폭발하는 것을 남아공 사회의 가장 위험한 변수로 생각했다.

| 음베키(Mbeki)

음베키는 만델라와는 스타일이 크게 달랐다. 만델라가 대중적이고 소통하는 지도자라면 음베키는 뒷방에 앉아서 정책을 구상하는 스타일이었다. 음베키는 흑인을 중앙정부, 지방정부, 국영기업 등의 취업에서 우선적으로 배려했다. 이 때문에 수천 명의 숙련된 백인들이 자리에서 물러났고 흑인의 공직 취임은 ANC 정책의 한 축이 되었다. 10년 동안 약 75만 명

넬슨 만델라

의 백인이 흑인 우대, 높은 범죄율, 공직의 사유화 등을 이유로 남아 공을 떠났다. 음베키는 또한 주변에 순종하는 아첨꾼들을 배치하고 반대하는 사람은 숙청하는 독재자적인 기질을 드러냈다. 음베키는 짐바브웨의 독재자 무가베를 무조건 지지하는 모습을 보임으로써 국제사회의 빈축을 샀다. 음베키는 무가베의 백인 농장 몰수나 선거 폭력, 인권 침해 등에 대해 일체 비판하지 않았으며 늘 '조용한 외교'를 강조했다. 어떻게 보면 그는 무가베의 입장을 반복하는 앵무새와 같았다. 음베키는 무가베를 남부 아프리카의 좌장으로서 존중했다. 음베키의 명성은 그의 고위 관료들이 심각한 부패에 연루된 사실이 밝혀짐으로써 더욱 손상되었다. 음베키는 그의 각료들이 무기 거래에서 3억 달러 이상의 뇌물을 받았다는 사실이 밝혀졌음에도 불구하고 시종일관 이를 부인하였으며 치부를 덮으려고만 하였다.

만델라가 시작한 남아공 흑인 정부의 좋은 전통이 음베키를 거치면서 손상되었고, 그 뒤를 이은 주마(Jacob Zuma) 때에 와서도 지속되고 있다. 주마는 부패와 강간, 사기 등 여러 가지 범법 혐의에도 불구하고 2009년 대통령으로 선출되었고 2014년에 재선되었다. 그의 재임 중 공금 유용 등 스캔들이 끊임없이 이어지고 있다. 아프리카의 희망으로 떠오른 남아공은 그동안 이룩한 경제 성장과 사회 안정에도 불구하고 심각한 빈부 격차, 지역 격차, 치안 악화 및 부패 등으로 인해 장래가 밝은 것만은 아니다. 남아공을 차로 여행하다 보면 '이 나라가 과연 20여 년 전 아파르트헤이트 체제를 해체하고 자유민주주의 국가로 돌아선 나라가 맞는가?'라는 의구심이 든다. 인종차별적인 생활공간이 그대로 존속하고 있기 때문이다. 대부분의 마을은 성냥갑을 쌓아 놓은 것과 같은 작고 볼품없는 타운하우스로 되어 있고 이곳에서 사는 사람들은 물론 흑인이다. 마을에서 도시까지는 개발되지 않은 황무지의 연속이다. 흑인들은 마을에서 도시까지 포장되지 않은 길을 걸어 다니거나 또는 승객으로 가득 찬 낡은 미니버스를 타고 다닌다. 50년대 제정되었던 그룹 지역법(Group Areas Act)의 망령이 아직 그대로 남아 있다. 소득 불균형과 범죄에 대한 불안이 흑백 간 격리를 더 부추기고 있으며 빈민 지역에 물, 전기, 주택을 공급하기 위한 정부의 노력은 오히려 인종 갈등을 더 조장하고 말았다. 흑인들이 더 나은 곳을 찾아 떠나지 않고 원래 살던 곳에 주저앉았기 때문이다.

남아공 정부는 이 '공간적 아파르트헤이트(spacial apartheid)'를 제거하기 위해 노력하고 있다. 서로 다른 인종들이 사는 지역을 연결하고 집과 직장 간의 거리를 좁히는 것이 목적이다. 만델라가 한때 살았던 조벅(요하네스버그)의 알렉산드라 흑인 타운과 백인 부자 지역인 샌톤(Sandton)을 보행자 교량으로 연결하는 프로젝트는 이러한 노력의 일환이다. 이미 하루 1만여 명이 걸어서 통행하는 알렉산드라-샌톤 지역에 보행자 전용 다리가 설치될 경우 보다 활발히 인적 교류가 이루어지고 지역 간 격차가 줄어들 것으로 전망하고 있다. 조벅시가 추진하고 있는 '자유의 회랑(Corridors of Freedom)' 계획은 버스 루트를 획기적으로 확대하고 보행자 및 자전거 전용도로를 확충하는 방안을 포함하고 있다. 남아공에서 교통은 결코 간단한 문제가 아니다. 저소득층은 소득의 20% 이상을 집-직장 이동을 위한 교통 요금으로 사용하고 있다. 과거 노예와 같았던 흑인들은 직장으로 가는 기차나 버스

넬슨 만델라

를 타기 위해 꼭두새벽에 일어나야 했다. 지금은 사정이 다르지만 교통 제약으로 인해 흑인들이 겪고 있는 불편은 여전히 작은 것이 아니다. 면적이 넓은 남아공에서 주택, 교통, 통신 등 인프라를 만족할 만한 수준으로 끌어올리려면 앞으로도 많은 시간과 노력이 필요할 것이다. 그러나 이러한 인프라가 갖추어지지 않을 경우 진정한 탈아파르트헤이트는 불가능할 것이라는 관측이 중론이다.

로벤 섬은 케이프타운 항구로부터 11킬로미터 떨어진 곳, 남쪽에서 불어오는 바람으로 늘 높은 파도가 이는 얼음같이 찬 물 속에 자리 잡고 있다. 수백 년 전부터 로벤 섬은 포르투갈이나 영국 식민 통치자들에 의해 나병 환자의 유배지나 형무소로 사용되었다. 해적과 탈주한 노예, 정신병자, 알코올 중독자, 매춘부, 정치범들이 삼엄한 경비망 속에 억류되어 있었고 당국의 허가 없이는 일체 출입이 금지

| 로벤 섬(Robben Island)

되었다. 죄수들이 그냥 놀고먹는 것은 아니었다. 많은 사람이 인근 채석장에서 중노동을 하다가 고통스럽게 죽어 갔고, 평생 헤어나지 못할 병마에 시달리기도 했다. 이 섬에 유배된 죄수들 중에 세계적으로 유명한 인물이 둘 나왔다. 이들은 해리 데어 슈트란트로이퍼와 넬슨 만델라이다. 이들이 유명한 이유는 슈트란트로이퍼는 400년이 넘는 로벤 섬 역사상 탈출에 성공한 유일한 인물이었고, 만델라는 말할 필요 없이 가장 유명한 죄수였기 때문이다. 종신형을 선고받고 로벤 섬으로 송환된 만델라는 간수들로부터 '멍청한 검둥이', '개새끼', '원숭이 새끼' 등과 같은 욕설을 들어야 했다. 그러나 백인들이 동물과 같이 다루었던 만델라가 오랜 유배 생활을 마치고 다시 자유인으로 대륙 본토에 복귀했을 때 그는 남아공 역사상 가장 저명한 인물이 되어 있었으며, 곧 최초의 흑인 대통령으로 선출되었다.

만델라와 같은 코사족 출신 중에서 일찍이 로벤 섬에 유배된 지도 자들이 있었다. 그중 한 사람이 마카나(Makana)이다. 전사와 예언자를 합쳐 놓은 것과 같은 마카나는 왼손으로 칼을 휘둘렀으므로 '은셀레(Nxele)'라고 불렸다. 1819년 마카나는 1만 명의 병력을 이끌고 코사족 영토를 침입한 영국군을 공격했다. 이들의 목표는 영국군을 압박하여 바다로 몰아넣는 것이었다. 그러나 화력에서 우세한 영국군에게 압박 작전은 통하지 않았다. 4개월 후 마카나는 스스로 영국군 진영에 자수했다. 동족들이 더 이상 살해당하는 것을 막기 위함이었다. 종신형을 선고받은 마카나는 포트엘리자베스[2]에서 배를 타고 로벤

---

2) 포트엘리자베스(Port Elizabeth)는 남아공 이스턴케이프 주의 도시이다. 케이프타운에서 동쪽으로 770킬로미터 떨어진 곳에 위치하고 있으며 '바람의 도시'라는 별칭을 가지고 있다. 남아공 수상 스포츠의 명소 중 하나이다.

넬슨 만델라

섬으로 이송되었다. 수감된 지 1년 후 마카나는 죄수들을 규합하여 탈출을 모색했다. 이들은 감옥으로부터 빠져나와 미리 준비해둔 어선에 몸을 싣고 5킬로미터 떨어진 가장 가까운 육지를 향해 노를 저었다. 그러나 어선은 대서양의 거센 풍랑을 견디지 못하고 해변 근처에서 전복되고 말았다. 마카나는 숨이 끊어질 때까지 동료들이 헤엄쳐 해변에 상륙할 수 있도록 격려했다. 코사족은 마카나의 죽음을 믿지 않았다. 이들은 마카나가 언젠가 다시 돌아올 것으로 믿었다.

코사족이 낳은 가장 위대한 지휘관으로 알려진 마코마(Maqoma)도 로벤 섬과 인연이 깊었다. 1850년대 영국군과의 전투에서 연전연승을 거두었던 마코마는 두 번이나 로벤 섬으로 끌려갔다. 11년에 걸친 첫 번째 수형 기간 중 그에게는 부인과 아들을 대동하는 것이 허용되었다. 그러나 73세의 나이로 두 번째 수형 생활을 시작했을 때 그의 주변에는 아무도 없었다. 누구와도 어울리거나 대화할 상대가 없었던 마코마는 외로움에 울부짖다가 숨을 거둔 것으로 알려지고 있다. 만델라는 어려서부터 코사족 전사들의 무용담을 들으며 자라났다. 그는 이들의 용기에 깊은 감명을 받았다. 만델라는 특히 차가운 섬에서 온갖 시련을 견뎌야 했던 마카나와 마코마의 이야기를 가슴 깊이 새겨두었다.

만델라가 등장하기 전까지 남아공은 백인의 독무대였으며 흑인은 노예에 불과했다. 1652년 화란동인도회사(Dutch East India Company)[3]는

---

3) 화란동인도회사는 1602년 네덜란드가 동양 무역 활성화를 위해 세운 회사이다. 화란동인도회사는 동인도의 여러 섬을 정복하고 특산물을 강제로 재배하게 한 뒤 이를 헐값에 사들이는 등 제국주의적 수탈을 자행했다. 화란동인도회사는 17세기 초반까지 영국과의 경쟁에서 우위를 점하면서 당시 세계 최대의 무역회사로 성장했다. 그러나 네덜란드가 영국과의 전쟁에서 패하면서 화란동인도회사의 세력은 점차 축소되었으며, 18세기 후반 주력이었던 향신료 무역까지 부진을 면치 못하자 1799년 해산되었다.

아프리카의 남서쪽 해안 끝에 최초 정착지를 만들었다. 유럽과 인도를 오가는 선박들에게 보급품을 제공하기 위한 목적이었다. 이어서 유럽으로부터 계속 이민이 들어왔다. 1688년 프랑스에서 위그노(Huguenot)[4] 난민이 이곳으로 왔으며 이어 독일 이민이 들어왔다. 후에 아프리카너(보어인)[5]라고 부르는 정착자들은 주로 이 3개 그룹의 백인이 합쳐진 결과였다. 서부 케이프(Western Cape)에는 코이코이(Khoikhoi) 또는 호텐토트(Hottentots)라고 부르는 목축 민족이 살고 있었는데, 이들은 화란 동인도제도로부터 온 말레이 노예 및 다른 유색인들과 합쳐져 칼러드(Coloreds)라고 불리는 새로운 혼혈 인종을 형성했다. 반면 산(San)족과 같은 토착민들은 백인에 의해 거의 멸절되었다.

1860년대에 들어서자 백인은 인도인 노동자를 데려왔다. 이들은 처음에는 나탈에 있는 사탕수수 농장에서 일했는데 점차 숫자가 늘어나면서 독자적인 인종 그룹을 형성했다. 1830년경 아프리카너들은 영국의 케이프 통치에 큰 불만을 가지게 되었는데 주된 이유는 영국 정부가 노예제도를 폐지했기 때문이었다. 백인들은 그동안 노예 노동을 바탕으로 대규모 상업 농장을 운영할 수 있었는데 이제 노동력을 구할 수 없게 된 것이다. 불만에 찬 아프리카너들은 'Great Trek'으로 알려진 대장정을 떠났다. 흑인의 땅인 동북쪽을 향해 무작정 떠난 것이다. 새로운 땅으로 들어온 백인들은 말과 총을 무기로

---

4) 위그노(huguenot)는 종교개혁부터 프랑스 혁명에 이르는 시기의 프랑스 칼뱅파 신도를 말한다. 가톨릭교도들이 칼뱅파 신도에 대한 경멸의 뜻으로 사용하기 시작했다. 1562년부터 시작된 신구교 간의 전쟁으로 인해 많은 위그노들이 국외로 망명했다. 남아공은 위그노의 망명지 중 하나였다.
5) 아프리카너(Afrikaner)는 네덜란드 이민자를 중심으로 프랑스의 위그노와 독일의 개신교도 등 종교의 자유를 찾아 유럽에서 남부 아프리카로 이주한 민족집단을 일컫는 말로서 보어인(Boer)이라고도 한다. 보어는 네덜란드어로 농민을 뜻하며 아프리카너의 모국어는 네덜란드어에서 유래한 아프리칸스어(Afrikans)이다.

삼아 저항하는 흑인을 제압한 후 독립국을 세웠다. 이로써 남아공 전체가 백인의 손으로 들어갔으며, 영국인이 지배하는 지역과 아프리카너가 지배하는 지역으로 나뉘게 되었다. 줄루족의 고향인 나탈주는 1845년 영국의 손에 들어갔다. 이때 보어인이 세운 2개의 독립국가가 중부의 오렌지 자유국(Orange Free State)과 북부의 트란스발 공화국(Transvaal)이다.[6] 이후 영국이 이 두 국가의 통치에 개입하려 하자 전쟁이 벌어졌다. 이것이 제1차 보어전쟁이다. 이 전쟁에서 영국이 패하여 1881년 보어인과 평화협정을 맺었다.

그러는 동안 1871년 오렌지 자유국과 인접한 케이프 지역에서 다이아몬드가 발견되었고 1886년에는 트란스발에서 대규모 매장량을 가진 금광이 발견되었다. 그러나 금광 발견은 분쟁의 빌미를 제공했다. 금을 유럽으로 가져가려는 영국에 대해 아프리카너들이 강하게 반대했기 때문이다. 아프리카너들은 자신이 생산한 금이 탐욕스러운 유럽 금융 자본가의 배를 불려주도록 할 생각은 전혀 없었던 것이다. 이렇게 해서 1899년 영국과 보어인 사이에 제2차 보어전쟁이 발발했다. 이 전쟁 발발 시까지 둘로 갈라진 남아공은 형식적으로는 세력 균형을 이루고 있었다. 영국이 통치하는 케이프와 나탈 식민지, 그리고 보어인의 공화국인 오렌지자유국과 트란스발 공화국이 서로 견제하고 경쟁하는 관계에 있었기 때문이다. 그러나 실제적으로는 대국

---

6) 1820년부터 영국인이 남아프리카로 이주해 오기 시작하면서 영국인과 보어인의 관계는 악화되었다. 1834년 영국 정부가 노예제도를 폐지하면서 노예 노동에 의존하여 농장을 운영하던 케이프 지역 보어인들의 불만은 극에 달했다. 보어인들은 이주를 결심하고 1835년 북동쪽으로 이주를 시작했는데 이를 대이주(Great Trek)라고 부른다. 내륙으로 이주한 보어인은 원주민을 정복한 후 발(Vaal) 강 이북과 오렌지(Orange) 강 이북에 두 개의 정부를 수립했으며 이들은 이후 영국으로부터 독립적인 지위를 인정받게 된다. 이로써 1852년 오렌지자유국, 그리고 1854년 트란스발공화국이 각각 수립되었다.

영국에 비해 아프리카너의 힘은 미약했다. 따라서 전쟁은 금방 끝날 것으로 예상되었다.

그러나 아프리카너가 예상외로 선전하면서 혈투를 벌였던 제2차 보어전쟁은 1902년이 되어서야 영국의 승리로 끝났다. 보어전쟁은 많은 희생자를 낳았으며 특히 영국이 설치한 집단 수용소에서 많은 사람이 사망했다. 열악한 위생시설로 인해 질병이 발생하여 총 2만 6,000명에 이르는 아프리카너 부녀자와 아이들이 사망한 것이다. 보어전쟁에서 치른 희생은 전후에도 깊은 상처로 사람들의 가슴에 남았다. 골이 깊은 상처 때문이었는지 전쟁 후에도 아프리카너들의 내셔널리즘은 소멸되지 않았다. 1910년 남아공 독립 시 체결된 유니언법(Act of Union)에 따라 모든 백인들 간에는 차별이 철폐되었다. 그러나 흑인, 인도계 및 혼혈에 대해서는 차별이 지속되었다. 불행의 씨앗이 잉태된 것이다.

1913년 인종차별주의의 모태가 된 원주민 토지법(Natives Land Act)이 제정되었다. 이 법은 백인에게 영토의 87%, 그리고 흑인에게 13%의 소유권을 허용했다. 소수인 백인이 대부분의 땅을 차지하고 다수인 흑인은 좁은 땅만 제한적으로 소유토록 강제한 것이다. 흑인이 백인의 이러한 횡포에 무기력하게 당한 것만은 아니었다. 흑인 지식층을 중심으로 향후 80여 년간 남아공 내 흑인 투쟁의 중심이 될 아프리카민족회의(ANC)가 1912년 결성되었기 때문이다. ANC의 오랜 투쟁은 만델라라는 거인과 함께 전개되어 마침내 그 결실을 거두게 되었다.

전국 곳곳에서 산발적으로 연대한 사람들이 흑인과 유색인종의 생활 여건 개선을 위해 투쟁에 나섰다. 한동안 남아프리카에 살면서 백인들의 학대에 시달려야 했던 마하트마 간디의 아들 마니날 간디도 이 투쟁에 함께 참여했다. 훗날 노벨상을 받은 데스몬드 투투 대주교 역시 용기 있는 사람 중 하나였다. 또 억압당하는 노동자들의 권리 확보에 힘쓴 남아공 공산당도 같은 편이었다. 그러나 백인의 압제와 불의에 대항하는 시위를 벌이고 흑백 간 평등을 관철시키려 한 세력 중 가장 강력한 집단은 ANC였다.

1944년 넬슨 만델라는 당시 사업 파트너인 올리버 탐보와 함께 ANC에 가입했다. 그는 훗날 회고록을 통해 다음과 같이 밝히고 있다.

> "더 이상은 침묵할 수도 분노를 억누를 수도 없었다. 내 안에서 반항의 기운이 커졌고 마치 감옥처럼 우리 민족을 감금하는 정치 체제에 맞서 싸우고 싶은 열망이 치솟았다."

당시 흑인은 동물처럼 취급되었다. 광산 노동자들은 머리와 어깨만을 내어놓도록 한 마대자루를 입고 일했다. 이들에게는 늘 식량이 부족했으며 추운 겨울날 변변히 덮을 것도 없이 시멘트 바닥 위에서 자야 했다. 이들은 새벽 4시부터 석양이 질 때까지 쉴 새 없이 일해야 했다. 이들은 지저분한 자루 위로 하루 한 차례씩 던져주는 옥수수떡을 더러운 손으로 주워먹으면서 생존했다. 백인 고용주들은 병든 사람을 치료하지 않고 버려두었다. 잘못을 저지른 자는 거꾸로 나무에 매달려 죽을 때까지 두들겨 맞았으며, 고용주들은 목말라 물을 달라고 하는 사람의 입에 뜨거운 물을 부었다. 흑인은 동물과 다를 바 없었다. 백인 정부는 공공장소에 "원주민과 개는 출입 금지"라는 팻말을 자랑스럽게 붙여 놓았다.

#2
복합적인 만델라

도대체 인생의 황금기에 1만 일을 감옥에 있었던 사람이 다시 세상에 나와 그 지긋지긋한 아파르트헤이트의 망령을 깨고 대통령에 당선될 수 있을까? 이것이 과연 동화 속의 이야기가 아니고 현실일까?

이러한 전무후무한 동화 같은 이야기를 현실로 엮어낸 사람이 만델라이다. 그는 이러한 기적을 만들어낸 사실 하나만으로도 20~21세기에 활동했던 가장 위대한 인물 중 하나로 존경받을 수 있다. 단순하게 말해, 만델라가 위대한 이유는 그가 책임감이 있고 도덕적인 사람이라는 데 있다. 이것이 그가 대부분 아프리카 지도자들과 현저히 다른 점이다. 통상 아프리카 지도자들은 극도의 빈곤과 상실감 속에서 지내다가 운 좋게 갑자기 지도자가 되었다. 이러한 사람들의 특징은 한 번 권력을 잡으면 놓지 않는다는 점, 그리고 쉽게 부패한다는 점이다. 그러나 만델라는 달랐다. 그는 그가 잡은 권력이 자신을 부패시키고 도덕심에 손상을 입히는 것을 용납하지 않았다.

반아파르트헤이트의 맹렬한 투사인 만델라는 권력 남용, 부정부패, 그리고 독재에 대해서도 마찬가지로 맹렬한 투사였다. 그는 동료 아프리카 지도자들이 부패하거나 비민주적으로 행동하는 경우 이들과의 유대관계를 단절할 정도로 단호했다. 만델라와 그의 동지가 이끈 ANC는 반아파르트헤이트 투쟁을 도덕과의 투쟁으로 승화시켰다. 만델라, 탐보, 시술루 등 만델라 세대의 ANC 지도자들은 모두 도덕심이 뛰어난 사람들이었다.

불행하게도 이러한 ANC의 전통은 승계되지 않았다. 뒤를 이은 음베키나 주마와 같은 지도자는 이러한 도덕심을 갖추지 않았다. 한때 지도자로 떠올랐던 ANC 청년동맹 의장 말레마(Julius Malema)는 파퓰리즘으로 말미암아 축출되었다. 특히 도덕적으로 흠결이 많은 주마가 ANC 의장으로 선출된 것은 ANC가 내부로부터 타락하고 있다는 사실을 드러내었다. 음베키와 주마의 통치하에서 인권위원회와 같은 감시 기구들은 정부를 비판할 경우 인사상의 불이익을 당하고 자금줄이 끊길 것이라는 협박을 받아야 했다. 주마는 국가 안보를 핑계로 자신에게 불리한 정보를 차단하는 법을 제정했다.

흑인을 빈곤에서 벗어나게 하는 방법에 대해 만델라와 현세대 지도자들 간에는 근본적인 견해 차이가 있었다. 만델라는 빈곤을 극복하는 방법으로 교육과 기술 습득을 선호했다. 그러나 현재 ANC 지도자들은 흑인의 세력 확장(empowerment)을 통해 부를 재분배하는 방법을 선호한다. 그들은 교육과 기술 증진 등과 같은 근본적이면서 시간이 많이 걸리는 방법에 대해서는 관심을 기울이지 않는다. 현세대 지도자들의 방식이 위험한 이유는 너무 정치적이기 때문이다. 1940~1950년대 ANC와 ANC 청년동맹은 민주적인 공개경쟁 방식으로 지도자를 선출했다. 지혜, 성실 그리고 지적 수월성 등이 이 당시 지도자의 덕목이었다. 이 때문에 만델라, 윌리엄 은코모(William Nkomo), 시술루, 탐보, 음다(A.P. Mda), 렘베데(Anton Lembede) 등과 같은 뛰어난 인물들이 동시대에 존재할 수 있었으며 이들이 이끄는 ANC는 모범적인 조직으로 작동할 수 있었다.

이에 반해 현세대 ANC 지도자들은 매우 협소한 도당에서 인기몰이로 선출되어 형식적으로 전당대회에서 인준될 뿐이다. 지도자의 덕목은 그들이 가진 우수한 자질이 아니라 얼마나 파당적 이익을 잘 대변하는지이다. 만델라 시절 ANC와 ANC 청년동맹 지도자들은 의사, 변호사, 신문사 편집인 등 대부분이 전문직업인이었다. 예를 들어 만델라와 탐보는 조벅 중심지에서 최초의 흑인 로펌을 운영했다. 오늘날 ANC 당원으로 정부에 들어간 사람들 중에 전문직업인 출신을 찾기는 쉽지 않다. 태반이 정치꾼들이다. 그들은 갑자기 낙하산을 타고 내려와 복잡한 정부 조직이나 국영기업에서 수백 명의 직원을 거느리는 것이 일반이다. 그 결과는 물어볼 필요도 없이 뻔하다. 경험도 실력도 없는 이들이 방대한 조직을 운영하는 것은 그야말로 참사다.

만델라 시절 지도자들은 그들 자신과 당, 그리고 지지자들에 대해 정직했다. 이에 반해 현세대 지도자들은 근면, 정직, 품위 및 이타적인 봉사 등 과거 지도자들이 중요시했던 덕목에 대해서는 무관심하다. 만델라, 루툴리, 탐보, 시술루 등에게 있어서 품위, 공손, 타인에 대한 배려 등은 기본적인 자질이었다. 이에 반해 주마는 청중이 누가 되었든 그가 원하는 메시지를 강요하는 것으로 악명이 높다. 만델라의 가장 가까운 친구 올리버 탐보는 만델라를 이렇게 평가한다.

"그는 정열적이고 감정적이며 민감한 성격이다. 그는 차별에 즉각 저항하며 모욕을 당하면 반드시 보복한다. 그에게는 자연적인 권위가 있다. 만델라는 청중을 마법과도 같이 끌어당긴다. 그는 크고 잘 생긴 풍모로 청중을 사로잡으며 젊은 층을 신뢰하고 젊은이로부터 신뢰를 얻는다. 그것은 만델라가 젊은이의 성급함에서 젊은 시절 자신의 모습을 찾기 때문이다. 그는 여성에게 인기가 있으며 헌신적이고 두려움을 모르는 인물이다. 만델라는 타고난 대중 지도자이다."

만델라도 다른 평범한 사람들과 마찬가지로 복합적인 인물이다. 그는 다소 뻔뻔한 것처럼 보이나 내심 쉽게 상처를 입는 타입이며, 다른 사람의 감정에 대해 예민하나 주변에 있는 사람에 대해서는 무관심하다. 그는 돈에 대해 별 관심이 없고 관대하나 팁을 줄 때는 매우 야박한 면도 있다. 그는 곤충을 밟아 죽이지 않으려고 조심하는 사람이지만 한편 ANC의 군사 지휘자이기도 했다. 그는 보통 사람들과 잘 어울리지만, 명사들에 둘러싸이는 것을 즐기는 사람이기도 하다. 그는 부엌에 있는 모든 사람과 반갑게 악수하지만 보디가드의 이름을 모두 기억하지는 못한다. 그는 아프리카의 왕족과 영국의 귀족을 합쳐 놓은 것 같은 인물이다. 그의 태도는 신사적이고 공손하나 매우 치밀하고 까다로운 면도 있다. 그는 그라샤 마셀과 재혼하기까지 그의 킹사이즈 침대의 한쪽은 그대로 비워 놓았으며 새벽에 일어나면 집에서든 호텔에서든 꼭 침구를 꼼꼼하게 정돈했다.

만델라는 냉정할 정도로 침착한 사람이었다. 앉아 있거나 남의 이야기를 들을 때 그는 미동도 하지 않았다. 마치 석고상과 같았다. 그는 사랑받고 존경받는 것을 좋아했으며 사람을 만날 때는 그를 매료시키기 위해 최선을 다했다. 그는 가족에게는 엄격하고 남에게는 부드러운 사람이었다. 만델라는 결코 성자와 같은 사람이 아니다. 그는 대체로 인자했지만 항상 그런 것은 아니었다. 그는 존경받기도 했고 두려움의 대상이기도 했다. 그는 때때로 독재적이었고 그가 가진 권위를 일방적으로 휘둘렀다. 감옥이 그를 성숙하게 만들었지만 그는 때때로 젊은 시절의 비성숙한 면모를 드러냈다. 그는 완고했고 급한 성격을 드러냈다. 그는 동트기 전 일어나서 오랜 시간 산보를 했다. 이 시간은 그에게 자양분을 제공하는 중요한 시간이었다. 산보가 끝나면 신문을 탐독하고 동료들에게 전화를 걸었다. 그는 매우 부지런한 사람이었다. 끝없이 계속되는 회의, 면담, 공식 행사 등에도 불구하고 학생들이나 일반 시민의 초청을 거절하는 법이 없었다. 모르는 사람의 전화에도 응대해 주었으며 시민들과 함께 스냅사진을 찍었다. 그는 이와 같이 일반 시민과의 접촉을 즐기면서도 한편으로 부유하고 저명한 사람들과의 교류를 중요시했다. 그는 이러한 사람들의 영향력을 충분히 인식하고 있었다.

만델라의 역정을 훑어보면 온갖 종류의 고난과 박해로 점철되어 있다. 그가 구치소에서 받은 비인간적인 대우, 이가 득실득실하고 지저분하기 짝이 없는 침구, 열악하기 짝이 없는 급식, 간수들의 적대적이고 혐오스러운 태도, ANC를 말살시키려고 작정한 듯한 검찰과 판사들, 영장도 없이 새벽에 주택에 침입하여 강제 연행해가는 경찰 수사관 등은 고난의 대표적인 예이다. 그러나 만델라가 만난 백인들이 모두 사악한 것은 아니었다. 언제 어디서나 그가 만난 백인 중에는 좋은 사람들이 있었다. 이들은 선한 양심을 가진 사람들이었으며 인종에 대한 편견을 갖지 않고 법을 준수하려는 사람이었다. 이들은 아파르트헤이트라는 극한적인 인종 차별 정책과 인간의 선한 양심 사이에서 고민하는 사람들이었다. 만델라는 사람을 미워하지 않았다. 그에게 미운 것은 제도와 체제이지 백인이 아니었다. 만델라가 사람을 미워했더라면 그가 권력을 잡은 후 어떤 형태로든 백인에게 보복했을 것이다. 그러나 그는 그러지 않았다. 오히려 관용과 덕을 베풀었다. 이러한 만델라에게 세상은 갈채를 보냈다.

#3
만델라의 **리더십**

만델라는 인생에서 여러 스승을 만났으나 그중 가장 좋은 스승은 감옥이었다. 27년 동안의 감옥 생활에서 만델라는 성숙한 사람으로 변모했다. 만델라는 18년간 외딴 고도인 로벤 섬 감옥에 있었다. 감옥은 그를 단련시켰고 그에게 인내와 자제 그리고 집중하는 법을 가르쳤다. 45세에 투옥될 때만 해도 만델라는 감정적이고 성급하며 지나치게 예민한 사람이었지만 27년 후 그는 완숙한 사람으로 변모했다. 그는 감옥에서의 긴 시간을 결코 헛되이 보내지 않았다.

그렇다고 해서 그가 오랜 세월 동안 투쟁과 정책만을 구상한 것은 아니었다. 그는 스스로 지도자가 되는 법, 올바르게 행동하는 법, 남자가 되는 법을 배웠다. 만델라는 미적미적하는 사람이 아니다. 그는 '노'라고 말하는 것을 좋아하지 않지만, 그래야 할 때에는 단호하게 '노'라고 말하는 법을 안다. 그는 사람을 실망시키고 싶지 않지만 '노'라고 말하지 않음으로써 사람에게 헛된 희망을 심어주어 일을 그르치는 것을 늘 경계한다. 그의 인생에서 중요한 '노'는 여러 번 있었다. 그는 ANC 청년단체에 가담했을 때 공산주의자를 회원으로 맞아들이는 것을 단호하게 거부했으며, 반역죄로 체포되어 재판을 받을 때 결코 혁명적인 행동을 부인하지 않았다. 그는 데클레르크가 그를 사면해 주는 조건으로 백인 통치를 계속하고자 했을 때 결코 이를 용납하지 않았다. 감옥에 오래 있었던 만델라는 많은 일이 시간이 흐름에 따라 저절로 해결된다는 사실을 경험으로 알고 있었다. 그래서 그는 어떤 일의 결정을 지연할 경우 오히려 잘될 수 있을 것이라는 느낌이 들면 그렇게 했다. 그러나 지연으로 해가 미칠 것이라고 판단되면 결코 결정을 미루지 않았다. 그는 때에 따라 '예스'와 '노'를 늘 분명히 했다.

만델라는 감옥에서 인생을 길게 보는 법을 배웠다. 젊어서의 성급함은 사라지고 만사를 늘 길게 보고 판단했다. 현대인이 빠른 결정을 내리고 빠른 반응을 보이는 것과는 정반대로 만델라는 결코 빠른 결정을 내리거나 성급한 반응을 보이지 않았다. 그는 긴 게임(long game)을 치르는 선수와 같았다. 그는 결정에서 속도보다는 방향을 더 중시했다. 신속한 결정을 내리고 빠른 행동을 취하는 것이 박력 있게 보이고 용감하게 생각될지 모르지만 궁극적으로 좋은 결과를 가져올 것으로는 생각하지 않았다. 그는 감옥에서 후배들과 토론할 때에도 늘 길게 볼 것을 주문했다. 감옥은 만델라에게 마라톤을 뛰는 법을 가르쳐 주었다.

만델라는 만사를 역사에 비추어 생각했다. 그는 사람이 역사를 만드는 것이 아니라 역사가 사람을 만든다고 믿었다. 역사가 흘러 중요한 때를 가져오고 그때가 인물을 만든다는 것이다. 만델라는 사람을 볼 때 그의 인생 전반의 역정과 활동을 보고 판단했다. 그는 어떤 사람이 어떤 특별한 상황에서 어떻게 행동했는지 보고 그를 판단하지는 않았다. 반드시 전체를 보고 판단했다. 만델라는 감옥 밖에서 지도자로 평가받는 사람이 감옥 안에서는 실망스러운 사람으로 전락하는 것을 보았고, 반면 감옥 밖에서 별 볼 일 없던 사람이 감옥 안에서는 매우 인상적인 사람으로 변화하는 것도 보았다. 이러한 일이 거듭되면서 그는 사람을 평가할 때 인생 전반을 보고 평가해야 한다는 사실을 깨닫게 된 것이다.

만델라는 매우 완고한 사람이다. 그가 한 번 내린 결정을 바꾸게 하기는 매우 어렵다. 그러나 만델라는 스스로 결정이 잘못되었다는 것을 깨닫거나 또는 이 결정이 부정적인 결과를 가져올 것으로 판단하는 경우에는 과감히 이를 수정했다. 선거를 앞두고 만델라는 18세 이하에게 선거권을 부여하는 나라가 있는지 알아보도록 했다. 남아공 인구의 절반은 18세 미만이었고 그중 대다수는 흑인이었다. 쿠바, 니카라과, 북한, 인도네시아, 이란 등이 이에 해당했다. 어느 날 만델라는 TV에 출연해서 투표 연령을 14세로 낮추는 방안을 제안했다. 이에 대해 각처에서 강한 반대 의견이 있었다. 반발이 거세지자 만델라는 두말하지 않고 이 제안을 철회했다. 그는 굴복해야 할 때라고 생각하면 서슴지 않고 굴복했다. 이것이 그만의 실용주의적인 스타일이다.

만델라는 언제나 침착, 냉정했다. 결코 서두르는 법이 없었고 항상 방법을 생각하고 전략을 세웠다. 그의 운전사가 차를 급하게 몰 때마다 만델라는 "침착하라!"라고 말했다. 만델라는 출감한 후 그의 고향 근처 트란스케이(Transkei)[1]에 있는 집에서 지냈다. 만델라는 늘 새

---

1) 트란스케이는 남아공 남부, 즉 이스턴케이프 주 동부에 있는 옛 홈랜드(흑인자치구)이다. 케이강과 콰줄루나탈 주 사이에 있으며 중심 도시는 움타타이다. 넓이는 4만 3,798평방킬로미터이며 목우 및 옥수수 재배 등이 주요 산업이다. 코사족이 주민의 다수를 차지하고 있다.

넬슨 만델라

벽 4시 반이면 일어나 5시~5시 반쯤 되면 어김없이 집에서 나와 산보를 했다. 그는 보통 3~4시간 동안 계속해서 걸었다. 길에서 만나는 모든 사람에게 친절하게 인사를 하면서 걸었다. 그는 이 산보 시간을 체력 단련과 함께 명상의 시간으로 삼았다. 하루는 산보 후 아침 식사를 하고 있는데 인근의 이스트 런던(East London) 럭비팀이 그를 방문했다. 만델라는 전에 이 럭비팀의 멤버들과 일일이 악수를 하겠다고 약속한 바 있었다. 그가 막 악수를 시작했을 때 전화벨이 울렸다. 그에게 걸려온 전화는 ANC의 2인자이며 군사 지도자인 하니(Chris Hani)가 살해되었다는 소식이었다. 순간 만델라의 얼굴은 잿빛이 되었으나 그는 곧 평상으로 돌아왔다. 머릿속에서는 천만 가지 생각이 오가고 있었으나 그는 태연함을 잊지 않고 미소를 띠고 농담을 해가면서 계속해서 모든 럭비 선수와 악수를 나누었다. 럭비팀이 돌아가고 난 후 비로소 만델라는 그의 측근들에게 전화를 걸어 곧 조벽에 올라가서 TV 기자회견을 할 것이니 준비하라고 지시했다.

1993년의 남아공은 혼란스러운 상태에 있었다. 만델라는 백인 정부를 상대로 헌법 개정과 선거를 협상하고 있었는데 이에 반대하는 세력의 힘이 만만치 않았다. 반대 세력을 이끄는 주도자가 바로 하니였다. 하니는 좌파 과격분자로서 ANC의 군사 조직을 맡고 있었는데 무력으로 백인 정부를 타도하고 아파르트헤이트 세력에 대해 복수해야 한다는 주장을 내세우고 있었다. ANC 내부에서는 보수적이고 백인 정부와 타협하는 만델라 대신 51세로 젊고 급진적인 하니가 ANC를 이끌어가야 한다고 생각하는 사람들도 많았다. 만일 과격한 하니가 ANC를 장악할 경우 흑백 간에 내전이 발생할 가능성이 높았다.

남아공은 위기에 처해 있었다. 이러한 상황에서 하니가 갑자기 암살을 당한 것이다. 하니 암살 사건 후 언론은 만델라가 거의 공황상태에 빠졌다고 보도했다. 그러나 만델라는 전혀 당황하지 않았다. 그는 얼음처럼 차가운 이성을 유지하면서 냉철하게 사건을 분석하고 대책을 강구했다.

만델라는 데클레르크 대통령과 함께 TV에 출연했다. 이 프로에서 만델라는 이 사건이 미칠 파장을 우려하면서도 국민에게 희망을 불어넣었다. 국민을 안심시키는 사람은 데클레르크가 아니라 만델라였다. 방송 직후 남아공 경찰은 살인 용의자로 폴란드계 백인을 체포했다고 발표했다. 사건을 목격한 아프리카너 백인 여성이 차량 번호판을 기억하고 있다가 경찰에 신고한 것이었다. 만델라는 즉시 성명을 발표하면서 남아공 국민의 자제를 요청했다. 그는 하니가 군인정신으로 뭉친 절도 있는 인물이었다고 하면서 남아공 국민도 절제심을 발휘해줄 것을 요청했다. 만델라는 곧 민주 선거를 실시할 것을 요청했으며, 백인 정부는 이 요청을 수락할 수밖에 없었다. 만델라는 이

| 올리버 탐보(Oliver Tambo)

사건을 통해 자칫하면 내전으로 비화할 뻔했던 위기를 기회로 전환시키는 수완을 발휘했다. 이 모든 것은 그의 침착성에서 비롯된 것이었다. 하니가 죽은 후 정확히 2주 후 만델라의 분신과도 같았던 오랜 동지 올리버 탐보가 뇌졸중으로 사망했다. 정적과 막역지우가 둘 다 앞다투어 세상을 뜬 것이다.

넬슨 만델라

만델라의 연설은 흔히 지루하다는 평을 들었다. 그는 긴 연설문을 단조로운 목소리로 장시간 읽어나갔다. 사람들의 비판에 대해 그는 "나도 젊었을 때는 자극적이고 선동적인 연설을 했다. 그러나 지금은 아니다. 나는 국민에게 가급적 진실을 정확하게 전달하려고 노력한다."라고 말했다. 만델라는 자신의 연설이 조금 지루하더라도 내용이 있고 신뢰를 얻을 수 있도록 하는 데 더 집중했다.

만델라는 젊어서 자신이 저지른 실수가 모두 성급하고 과격한 행동에서 비롯되었다는 것을 깨달았다. 그래서 그는 감옥에 있는 동안 자신의 이러한 약점을 보완하고 시정했다. 그는 성급하여 실수하는 쪽보다는 느리더라도 실수하지 않는 쪽을 택하는 신중한 사람으로 바뀐 것이다. 만델라는 리더는 항상 솔선수범해야 한다고 생각했다. 리더는 앞에서 지휘를 하는데 그쳐서는 안 되며, 지휘하는 것이 피부로 느껴져야 한다는 것이 그의 소신이었다. 이러한 소신에 따라 만델라는 감옥 시절 모든 일에 앞장섰다. 그는 자신이 해야 할 일을 철저하게 했을 뿐 아니라 다른 죄수들의 일을 자기 일처럼 도왔다. 아픈 죄수의 변기통 청소를 도맡아 했으며 꼭 자신이 해야 할 일이라는 판단이 서면 어떤 일이든지 이를 과감히 실천했다. 남의 눈치를 보는 일도, 남과 상의하는 일도 없었고 스스로의 판단으로 모든 일을 솔선수범했다.

로벤 섬에서 18년간 복역한 후 만델라는 1982년 폴스무어 감옥으로 이관되었다. 폴스무어는 케이프타운 교외에 자리 잡고 있다. 폴스무어의 여건은 로벤에 비하면 훨씬 나았다. 입구에서 감옥에 이르는 도로 옆에는 잘 손질된 정원과 화단이 있었다. 폴스무어에는 장점과 단점이 모두 있었다. 로벤 섬과 달리 자연을 맛볼 수 없다는 단점이 있는 반면 가족들을 보다 자주 면회할 수 있었고 음식의 질도 훨씬 좋았다. 만델라는 월터 시술루 등 ANC 동료 4명과 큰 방 하나를 함께 썼다.

1985년쯤 되자 남아공 내에서 반아파르트헤이트 투쟁은 보다 격렬해지고 확대되었다. 남아공을 통치가 불가능한 지역으로 만들려는 ANC의 캠페인으로 인해 많은 마을이 전투 지역으로 변모했다. 만델라의 이름과 이미지는 전 세계에 알려졌고 반아파르트헤이트 운동의 상징이 되었다. 그해 만델라는 전립선비대증으로 케이프타운에 있는 폴크스(Volks) 병원에서 수술을 받았는데 병원 측이 꽃으로 장식된 독방을 마련해 줄 정도로 환대를 받았다. 수술 후 회복을 위해 입원해 있는 만델라를 코에체(Kobie Coetsee) 법무장관이 방문했다. 이것은 예상치 못한 일이었다. 그전에 만델라는 ANC와 백인 정부 간의 관계에 관한 일을 협의하기 위해 코에체와의 면담을 여러 번 신청했으나 아무런 답변도 얻지 못했다. 그러던 코에체가 병원에 누워 있는 만델라를 직접 방문한 것이다.

사실 그동안 남아공의 사정은 날이 갈수록 악화되고 있었다. 국제사회의 경제 제재는 남아공의 발목을 잡아 외국으로부터 융자를 받을 수 없게 했으며 외채는 점차 쌓여만 갔다. 남아공의 랜드화는 가치가 거의 3분의 1이 저하했고 백인의 생활수준은 눈에 띄게 하락했다. 이에 대한 남아공 정부의 옵션은 거의 소진되고 없었다. 남아공 정부로서는 무언가 획기적인 방법을 강구해야만 할 상황이었다. 이렇게 되자 보타 대통령은 마지막 남은 만델라 카드를 써 보기로 결심

넬슨 만델라

했다. 보타는 코에체 법무장관에게 지시하여 병원으로 만델라를 찾아가도록 했던 것이다. 병원에서의 처음 만남에서 코에체는 만델라에게 좋은 인상을 가졌으며, 그를 말이 통하는 사람으로 생각했다. 코에체가 만델라와의 면담 결과를 보타에게 보고하자 보타는 만델라를 다른 ANC 간부들과 함께 거처하고 있는 곳으로 돌려보내지 않기로 결정했다. 이들은 계속해서 만델라와 은밀히 만날 수 있는 장소를 필요로 했기 때문이다. 이후 만델라와 코에체 간의 면담은 폴스무어 감옥 내 내빈실에서 지속적으로 진행되었다. 병원에서 퇴원한 만델라를 마중 나온 사람은 교도소 간부 먼로(Munro)였다. 먼로는 만델라가 폴스무어로 돌아가면 독방에서 지내게 될 것이라고 말했다. 만델라가 자신을 특별 대접하는 이유를 묻자 먼로는 어깨를 으쓱하면서 프리토리아의 지시라고만 대답했다.

만델라는 로벤 섬 기준으로는 궁궐과 같이 큰 독방에 수감되었다. 동료들과 함께 지내던 4층에서 1층 독방으로 내려온 것이다. 만델라에게는 침실, 서재, 체육실 등 방 세 개와 별도 화장실이 주어졌다. 이로써 지내는 데 불편함은 없었으나 동료들과 분리되고 정성스레 가꾸던 텃밭과 헤어지게 된 것은 아쉽고 섭섭한 일이었다. 그러나 한편으로 보면 이제 그에게 진정한 자유가 주어진 셈이었다. 만델라는 이 기회를 활용키로 했다. 독방에서 홀로 지내면서 곰곰이 생각한 끝에 만델라는 남아공 정부와 대화를 해보기로 결심한 것이다.

지난 수십 년 동안 ANC는 아파르트헤이트 법을 폐지하고 정치범을 모두 석방할 때까지 백인 정부와 어떠한 대화도 거부해 왔다. 그러나 이제 시대가 변한 것은 확실했다. 만델라는 백인과 대화를 시작할 때가 도래한 것으로 판단했다. 그는 ANC가 무력으로 백인 정권을 종식시키는 것은 불가능하며 오직 교섭을 통해서만 가능한 일로 생각했다. ANC가 강경일변도로 나갈 경우 수천 명 아니 수만 명의 목숨이 사라질지도 모를 일이었다. 이와 같은 결심은 그만의 것으로서 누구와도 사전에 협의하거나 상의한 것이 아니었다. 사실 이것은 매우 민감한 문제였다. ANC 내에서는 백인 정부와의 대화 자체를 허약함과 배신의 상징으로 간주하고 있었다.

한편, 백인 정부는 ANC를 공산주의자 또는 테러리스트로 간주하면서 공산주의자나 테러리스트와는 대화하지 않는다는 원칙을 세워놓고 있었다. ANC는 집단이 통치하는 기구이므로 의사결정은 늘 컨센서스로 이루어졌다. 이제 만델라는 이러한 ANC의 룰을 바꾸기로 결심한 것이다. 그해 1월 남아공의 보타 대통령은 만델라가 정치적 수단으로서 폭력을 포기할 경우 그를 석방하겠다고 공개적으로 제의했으나 만델라는 이를 단호하게 거절한 적이 있었다. 그러나 이번의 경우는 달랐다. 이제 백인 정부와 대화를 시작하기로 한 것은 그의 독자적인 생각이었고 스스로가 주도한 제안이었다.

만델라는 감옥에서 코에체 법무장관에게 백인 정부와의 대화를 원한다는 편지를 보냈다. 그러나 남아공 정부의 반응은 생각보다 미온적이었다. 실망하지 않고 만델라는 계속해서 편지를 보냈다. 처음 편지를 보낸 후 첫 대화가 이루어지기까지 거의 2년이 걸렸다. 보타는 그의 전임자들인 페르부르트나 포르스테르와 마찬가지로 고집이 세고 권위주의적인 지도자였다. 그는 반대 의견을 용납하지 않았으며 백인 우월주의에 대한 그의 신념은 전임자들보다 더했으면 더

했지 결코 덜하지 않았다. 그러나 그는 전임자들과는 달리 국정 운영에 있어서 실용주의적인 입장을 취했다. 그의 목표는 아파르트헤이트 체제가 보다 효율적으로 운영되도록 시대의 변화에 맞게 수정하는 것이었다. 12년간 국방장관을 지냈던 보타의 이러한 입장은 군부와 기업인의 지지를 받았다. 군부는 국가를 수호하기 위해 그리고 기업인은 자신의 이익을 보호하기 위해 아파르트헤이트 체제의 현대화를 원했다. 보타는 전임자들이 세운 흑인 집단 거주 지역 폐쇄 계획을 무기 연기시켰다. 그는 흑인과의 관계를 개선하기 위해 조벽의 흑인 집단 거주 지역인 소웨토를 방문하여 '우리는 모두 남아공 국민'이라고 선언하는 연설을 했다. 보타는 소웨토를 방문한 최초의 국가 원수였다.

1985년 10월 나소(Nassau)[2]에서 열린 영연방 정상 회의에서 정상들은 남아공에 대한 국제사회의 제재에 동참하는 것에 의견 일치를 보지 못했다. 영국 수상 마가렛 대처가 강력히 반대했기 때문이다. 그 대신 이들은 저명인사를 남아공에 보내 실상을 파악함으로써 경제 제재가 과연 아파르트헤이트를 종식시키는데 적절한 수단인지 여부를 알아보도록 합의했다. 이에 따라 저명인사 그룹(Eminent Persons Group)이 구성되었으며, 이 그룹 대표로 전 나이지리아 대통령 오바산조와 전 호주 수상 프레이저(Malcolm Fraser)가 진상 조사차 남아공에 도착했다.

1986년 5월 이들과 만델라의 면담이 이루어졌다. 면담에는 코에체

---

2) 쿠바 북쪽 바하마제도 뉴프로비던스 섬의 북동 해안에 위치한 도시이다. 과거 명칭은 찰스타운이었는데 1695년 도시 재건 시 영국 왕 윌리엄 3세의 이름을 따 '나소'로 개칭되었다.

법무장관과 윌리엄스(Willemse) 교도청장이 배석했다. 이 회의에서 만델라는 공식적인 ANC 지도자는 루사카에 있는 올리버 탐보라는 전제하에 그리고 자신의 개인 견해라는 전제하에, 이제 ANC가 백인 정부와 대화를 시작할 때가 되었다는 자신의 견해를 밝혔다. 그는 백인 정부가 군대와 경찰을 도시로부터 철수할 경우 ANC는 대화를 위한 전제조건으로 무력 투쟁을 중단할 수 있을 것이라고 말했다. 1986년 7월 만델라는 케이프타운을 방문한 윌리엄스에게 코에체와의 면담을 요청했다. 윌리엄스는 만델라에게 법무장관을 만나려는 이유를 물었다. 만델라는 'ANC와 정부 간 대화에 관한 문제를 협의하기 위해서'라고 대답했다. 그러자 윌리엄스는 지금 코에체가 케이프타운에 와 있다고 하면서 즉시 만델라를 코에체가 있는 곳으로 안내했다. 코에체와의 대화는 진지했다. 코에체는 어떤 해결책을 원하고 있는 것이 분명했다.

만델라는 코에체에게 보타 대통령과의 면담 주선을 요청했다. 사실 그동안 만델라가 코에체를 몇 번 만나기는 했지만 그는 보타 대통령을 만나기 위한 통로에 불과했다. 만델라가 보타와의 직접 대화를 요청하자 백인 정부는 이 문제를 다루기 위한 별도 위원회를 구성했다. 위원회와의 협상은 만델라가 보타 대통령을 만나기 위한 전 단계였다. 코에체가 위원장이 되고 윌리엄스 교도청장, 반 데르 멀리(Fanie van der Merwe) 감옥 관리처장, 그리고 바나드(Niel Barnard) 정보부장 등이 위원에 포함되었다. 주로 감옥과 관련된 인사들을 위원회에 포함시킨 이유는 혹시 비밀이 누설되더라도 언론에는 수감 환경 개선 문제를 토의했다고 둘러대기 위한 것이었다.

만델라와 위원회 간 회합이 최초로 개최된 것은 1988년 5월이었다. 이후 만델라는 이들과 자주 만났다. 이들과 만나는 가운데 느낀 것은 백인 정권이 ANC에 대해 너무 왜곡된 정보를 가지고 있다는 사실이었다. 이들은 모두 경찰과 정보부가 제공한 부정확한 정보에만 의존하고 있었다. 만델라는 이들에게 ANC의 실상을 알려주기 위해 온갖 노력을 다했다. 그러나 보타와의 면담은 쉽게 이루어지지 않았다. 보타 스스로가 망설였기 때문이다. 그는 자신의 개혁 조치에도 불구하고 국제 여론이 점점 더 악화되어 가는 것에 위기를 느꼈지만 만델라를 만나 그와 정치 개혁에 관한 담판을 벌일 생각은 없었다. 그는 ANC가 공산주의자의 조종을 받는 단체라는 확신을 가지고 있었다. ANC와 소련 및 여타 공산국가들과의 협력관계, 그리고 ANC가 이제 좌파의 손으로 떨어진 앙골라와 모잠비크로부터 적극 지원을 받고 있다는 사실에 비추어 ANC와의 대화를 꺼려했다. 보타는 ANC가 공산주의자와의 관계를 끊고 무력 투쟁을 포기한다는 조건하에서만 만델라를 만나려고 했다. 그는 만델라로부터 이러한 약속을 얻어낸 후 그를 석방할 심산이었다. 그러나 만델라는 달랐다. 그는 아무 조건 없이 보타를 만나 ANC의 합법화와 동료들의 석방을 요청하고 정치 개혁에 관해 논의하기 원했다. 만델라와 위원회 간의 협의는 ANC의 무력 투쟁 포기, 공산주의자와의 관계 청산, 그리고 다수에 의한 통치 등 세 가지 사안에 집중되었으나 진전은 없었다. 만델라는 보타와의 면담을 전제로 한 어떤 조건도 받아들이지 않았다.

1988년 12월 만델라는 폴스무어로부터 북동쪽으로 60km 떨어진 빅토르 페르스테르(Victor Verster)에 있는 한 안가로 옮겨졌다. 백인 정부가 이런 조치를 내린 것은 만델라와 위원회 간 협상을 강화하기 위해서였다. 코에체가 오후에 와인 한 박스를 들고 이곳을 방문했다. 그는 "이곳이 만델라가 자유의 몸이 되기 전까지 마지막으로 머물게 될 장소"라고 덕담을 했다. 빅토르 페르스테르로 옮긴 만델라는 이제 감옥이 아닌 독처에서 머무는 셈이 되었다. 만델라에게는 조용한 성품의 아프리카너 요리사가 배치되었다. 만델라는 그에게 영어를 가르쳐주는 대신 아프리칸스어를 배우는 식으로 교환하면서 지냈다. 요리사가 영어로 말을 걸면 만델라는 아프리칸스어로 응답하는 식이었다.

그러는 동안에도 바깥세상은 계속 변하고 있었다. 1989년 1월 보타는 가벼운 뇌졸중으로 쓰러진 후 국민당 당수직에서 사임했다. 그러나 그는 대통령직은 계속 유지했다. 남아공 내 반정부 단체 연합체인 통일민주전선(UDF)은 남아공 노동조합(COSATU)과 연합하여 대중민주운동(MDM)을 창설하고 아파르트헤이트 담당 기관에 대해 저항하는 운동을 전개했다. 올리버 탐보는 영국 및 소련 정부와 연쇄회담을 가졌으며 1987년 1월 워싱턴에서 조지 슐츠 국무장관을 만났다. 미국은 ANC를 남아공 문제 해결에 있어서 필수불가결한 요소로 간주했다. 이러한 가운데 보타 대통령과의 면담 시기는 점점 다가오고 있었다.

한동안 시간이 흐른 후 만델라는 시술루를 비롯한 감옥 내 동료들과 만나 남아공 정부와 접촉하려는 그의 계획을 설명했다. 이들은 대부분 만델라의 계획에 대해 극구 반대했다. 루사카에 있는 ANC 의장 올리버 탐보는 만델라의 움직임에 극도의 우려를 표명하면서 그에게 해명을 요청하는 편지를 보냈다. 만델라는 자신의 행동에 대해 ANC 간부들이 반대할 것이라는 사실을 미리 예측하고 있었으나 이들의 반대는 예상보다 더 거셌다. 아니나 다를까 대부분 ANC 간부들은 만델라가 동료를 배신한 것으로 간주했다. 어떤 사람들은 대놓고 만델라를 배신자로 불렀다. 그러나 만델라는 이에 굴하지 않았다. 만델라는 컨센서스를 추구하는 ANC 같은 기구에서는 누군가 독자적으로 일을 저지르는 사람이 있어야만 변화가 가능할 것으로 생각했다. 그리고 그런 역할을 할 수 있는 사람은 자신밖에 없다고 믿었다. 만일 그가 남아공 정부를 접촉하기 전에 이 문제를 동료들과 상의했더라면 그들의 거센 반대에 부딪혀 시작도 해보지 못하고 끝났을 것이다. 만델라는 이러한 점을 염두에 두고 있었고 이것이 바로 모든 일을 비밀리에 혼자서 진행한 이유였다. 만델라도 컨센서스를 좋아하지만 여의치 않을 경우에는 독자적인 행동을 취하는 것도 주저하지 않았다. 이것이 그가 다른 ANC 지도자들과 다른 점이었다.

1999년 그는 대통령직에서 물러나면서 남은 인생을 조용히 지내겠다고 선언했다. 그러나 그 당시 남아공을 강타했던 HIV/AIDS 문제를 그의 후계자인 음베키 대통령이 잘못 다루는 것을 보고 그는 분연히 나섰다. 그는 "에이즈로 수많은 사람이 죽어가는데 논쟁만 하고 있을 때가 아니다."라고 하면서 "지금은 행동을 취해야 할 때"라고 말했다. 음베키는 기분이 나빴지만 만델라의 말에 수긍하지 않을 수 없었다. 이렇게 해서 한발 물러난 음베키는 이후 에이즈 문제에 관해 다소 전향적인 태도를 취하게 되었다.

만델라 리더십의 요체는 스스로 권력을 포기한 것이다. 1994년 대통령에 당선되었을 때 그는 원하면 재선은 물론 종신 대통령으로 지낼 수도 있었다. 그러나 그는 그렇게 하지 않았다. 대통령이 된 지 1년 후인 1995년 4월 만델라는 "1999년이 되면 80세가 되므로 더 이상 정치에 관여하지 않겠다."라고 말했다. 재선에 출마하지 않겠느냐는 질문에 대해 그는 단호하게 "그렇다."라고 답했다.

수감 생활을 했던 인물이 대통령이 된 경우는 아프리카에 흔히 있다. 가나의 은크루마, 케냐의 케냐타, 짐바브웨의 무가베 등이 그 예이다. 그러나 자발적으로 대통령직에서 물러난 경우는 매우 드물다. 만델라와 비슷한 연배인 짐바브웨의 무가베가 나이 90세가 넘어 아직도 자리를 지키고 있는 것과는 대조적이다. 만델라는 아프리카인도 국가를 잘 경영할 수 있다는 사실을 세계에 보여주려고 했다. 그는 또한 아프리카에도 민주주의가 확립될 수 있다는 사실을 입증하려 했다. 이를 위해서 그는 모범을 보였다. 만델라는 여러 측면에서 미국의 초대 대통령 조지 워싱턴과 흡사하다고 한다. 조지 워싱턴은 두 차례 대통령을 지낸 후 자발적으로 은퇴했다. 많은 사람이 종신 대통령이 될 것을 권유했으나 그는 그렇게 하지 않았으며, 이후 이는 미국 정치에서 중요한 전통이 되었다. 만델라도 스스로 권력을 내려놓음으로써 남아공 정치에서 하나의 전통을 수립했다.

만델라의 아버지는 코사족 종진타바(Jongintaba) 섭정의 자문관이었는데 섭정은 만델라도 커서 대를 이어 왕의 자문관이 되기를 원했다. 만델라는 어려서 종진타바의 모습을 보고 크게 감명을 받았다. 섭정은 남의 말을 귀담아듣고 컨센서스를 추구하는 신중한 스타일이었는데 만델라는 자연스럽게 이러한 모습을 배웠다. 섭정은 강한 의지를 가졌으나 그의 뜻을 강요하지 않았고, 다른 사람들이 자신의 의견에 무조건 따르도록 강제하지도 않았다. 섭정은 남의 의견을 듣고 종합한 후에 절충안을 마련하여 사람들이 이를 자발적으로 이행토록 하는 스타일이었다. 만델라는 이러한 스타일을 배웠는데 이것이 그가 말하는 '뒤에서 이끄는 리더십'이다.

이러한 스타일이 몸에 밴 만델라는 나중에 대통령이 되었을 때 늘 모든 반대 의견을 충분히 들은 후 결정을 내렸다. 그는 항상 맨 나중에 말했으며 그의 발언은 누구보다 더 간결했다. 만델라는 서구 사회를 개인의 야망을 달성하는 것을 미덕으로 삼는 사회로 생각했다. 서로 경쟁하여 앞서는 사람은 앞으로 나가고 처지는 사람은 뒤에 남게 된다는 것이다. 이와 반대로 아프리카의 미덕은 상호 간에 협력을 통해 공통 목표를 이루어가는 것, 사람이 사람으로부터 힘을 얻고 용기를 얻게 하는 것으로 보았다. 만델라는 반대 의견을 끝까지 인내심 있게 경청하는 것으로 유명하다. 그는 자신을 비판하는 어떤 목소리에도 차분하게 귀를 기울인다. 그리고 맨 마지막에 이에 대한 자신의 견해를 밝힌다. 만델라는 논쟁을 완화시키는 가장 좋은 방법은 반대 의견을 끝까지 들어주는 것이라는 사실을 잘 알고 있었다.

만델라는 내용은 물론이고 스타일을 중시하는 사람이었다. 그는 사람의 외형적인 됨됨이를 중시했다. 그는 사람의 옷차림을 보면 그 사람을 대충 알 수 있다고 생각했다. 이러한 습관은 어릴 적에 아버지가 그에게 사람들이 깔보지 않을 만한 옷을 입혀 주려고 노력한 것으로부터 비롯되었다. 만델라는 어려서 섭정의 피후견인이 되었을 때 섭정의 옷을 다림질하는 일을 맡았는데 옷이 구겨지지 않도록 정성을 다했다. 이러한 것이 습관이 되어 만델라는 자신의 옷은 스스로 다려 입었다. 그가 젊은 변호사로서 처음 성공을 거두었을 때 맨 처음에 한 일은 재단사를 찾아가서 몸에 잘 맞는 옷을 만들어주도록 부탁한 것이었다. 그의 동료 변호사들은 누구나 흑인이 맞춤 양복을 입은 것은 만델라가 처음이었다고 기억하고 있다.

만델라는 언제나 상황에 맞는 옷을 입으려고 노력했다. 학생 때는 늘 정돈되고 깔끔한 옷을 입었고, 변호사 때는 말끔한 신사복을 입었으며, 지하에서 투쟁할 때는 작업복을 입고 수염을 길렀다. 그는 대통령이 된 후에는 아프리카식 문양을 넣은 실크 셔츠를 입었다. 이 셔츠는 곧 그의 트레이드마크가 되었으며 사람들은 이를 '만델라 셔츠'라고 불렀다. 이 셔츠가 상징하는 것은 '아프리카, 토착적인 힘,

그리고 자신감'이었다. 만델라가 로벤 섬 감옥에 있을 때 첫 투쟁의 대상으로 삼은 것도 옷에 관한 일이었다. 당시 흑인 죄수들은 반바지를 입어야 했고 반면 인도계나 혼혈 죄수들은 긴 바지를 입었다. 만델라는 이를 용납하지 않고 교도소 당국을 상대로 강하게 저항했다. 그가 보타 대통령을 만났을 때 그는 죄수복 대신 교도소에서 특별히 준비한 신사복을 입고 있었다. 만델라가 동등한 조건에서 대통령을 만나겠다고 주장했기 때문이었다.

당시 감옥에서는 급식도 인종에 따라 달랐다. 흑인, 인도계, 혼혈 모두 아침에는 같은 양의 식량이 배급되었으나 인도계와 혼혈에게만 별도로 설탕이 주어졌다. 저녁에도 배급되는 식사량은 같았으나 인도계와 혼혈에게는 4온스 빵이 주어졌다. 그 이유는 설탕이나 빵이 기본적으로 백인의 기호식품이므로 흑인에게는 줄 필요가 없다는 것이었다. 물론 백인에게는 이들보다 훨씬 질 높은 식품이 주어졌다. 감옥은 피부색에 따라서 식품 색깔도 구분했다. 백인에게는 흰 빵과 흰 설탕이 주어졌고 인도계와 혼혈에게는 갈색 빵과 갈색 설탕을 배급했다. 교도소 내에서 변호사가 피의자를 집단으로 면담할 때에도 인종 구분은 엄격했다. 교도소 당국은 방 안에 철창을 만들어 백인과 흑인 및 남성 피의자와 여성 피의자가 신체적인 접촉을 할 수 없도록 구분했다. 지금 생각하면 일종의 코미디와 같은 상황이었다.

만델라는 몸매를 관리하는 데에도 정성을 들였다. 그는 군살 없는 마른 몸매를 평생 유지했다. 오랜 감옥 생활은 오히려 그의 건강을 증진시켰다. 채소와 곡물 위주로 된 단순한 식단과 규칙적인 운동, 그리고 일찍 자고 일찍 일어나는 생활습관은 그가 젊음을 유지하는

데 큰 도움이 되었다. 만델라는 권투할 때 들인 습관대로 달리기와 근력 키우기에 주력했다. 만델라는 월요일~목요일 아침에 매일 45분간 제자리 뛰기를 한 다음 200번의 윗몸일으키기와 100번의 팔굽혀펴기를 했다. 이러한 규칙적인 운동으로 인해 그는 강건한 신체를 유지할 수 있었다. 만델라는 운동을 신성시했다. 그는 운동이 비단 몸의 건강을 지켜줄 뿐만 아니라 마음의 평화를 유지시켜 준다고 믿었다.

만델라는 무슨 일에서든지 늘 기선을 잡았다. 그는 기선을 잡아야 권위를 유지할 수 있다고 믿었다. 정치적 또는 사회적 행사에서 만델라는 늘 가장 먼저 자리에서 일어나 박수를 치고 참가자들과 늘 먼저 악수를 나누었으며 늘 먼저 승자에게 축하 인사를 건넸다. 그는 사람들에게 먼저 인사했으며 크고 작은 모든 행사에서 빠짐없이 연설했다. 그리고 그는 절대 편파적인 모습을 보이지 않으려 노력했다. 축구 시합 같은 곳에서 그가 함께 걸어가는 사람은 늘 흑인이 아닌 인도계나 혼혈인이었다.

만델라는 이미지를 중시하는 사람이다. 그래서 그는 사진 찍기를 좋아했으며 사진을 잘 활용했다. 링컨과 같이 만델라는 기회 있는 대로 사진을 찍었다. 샤프빌(Sharpeville) 소요 후 신분증을 태우는 모습, 복싱 링에서 가슴을 내놓고 있는 모습, 로벤 섬에서의 수형 생활 등 그는 자신의 기록을 사진으로 남겼다. 만델라는 이미지가 대중에게 미치는 힘을 이해하고 있었다. 사진 속의 만델라는 늘 미소 짓는 모습이다. 아프리카 사람들은 전통적으로 겸손하고 유순한 모습을 좋아한다. 이들에게 단순한 표정 대신 미소를 짓는 것은 이례적이다.

종종 진지함이 없는 것으로 간주될 수 있기 때문이다. 그러나 만델라에게 미소는 따뜻함과 지혜 그리고 힘과 아량 및 자신감과 같은 것들을 의미한다. 그의 미소에는 복합적인 의미가 담겨 있다. 흑백 간 갈등과 인종 충돌 같은 복잡한 요소들이 얽힌 남아공에서 만델라의 미소는 관용과 용서 그리고 화합을 상징한다. 만델라는 실제로 그의 미소를 통해 남아공을 단결시켰다. 그는 이 미소를 가지고 아파르트헤이트 신봉자, 그에게 반기를 들었던 군 지도자, 교도소 간수 등을 만났으며 그들의 등을 두들겨 주었다. 만델라는 미소로써 남아공에는 복수 대신 용서, 분열 대신 화합이 있다는 점을 보여주었으며 그가 무지개국가(rainbow nation)[1]의 창건자라는 사실을 입증했다.

그러나 그의 미소 뒤에는 그가 겪은 고통스러운 감정이 남아 있다. 만델라는 그의 가족이 겪은 고통, ANC 내부 정적들이 꾸민 음모, 교도소 간수와 남아공 정부 관리들이 그에게 행한 냉대 등을 모두 기억하고 있다. 그러나 그는 미소로써 이 모든 것을 묻어 버리고 새로운 시대를 열겠다는 의지를 나타내었다. 감옥은 만델라에게 사람을 증오하도록 가르치지 않았다. 그의 백인에 대한 혐오는 감옥 생활 중 오히려 줄었다. 그가 정말로 증오한 것은 시스템이었다. 만델라는 이 시스템을 부서뜨리기 원했다. 만델라의 목표는 결코 남아공을 파괴하는 것이 아니었다. 백인을 증오한 만큼 그들을 쫓아낼 경우 나라가 거덜 날 것이라는 사실을 잘 알고 있었기 때문이다. 그는 새 시대로 가는 길목에 놓여 있는 남아공에서 백인은 공포에 사로잡혀 있고 반

---

1) 남아공은 흑인, 백인, 혼혈, 아시아계 등 다양한 인종이 섞여 산다고 해서 '무지개 국가'로 불리고 있다. 남아공에는 공식 언어만 11개가 있을 정도로 인종과 종족이 다양하다. 투투 대주교가 화합과 공존의 의미로 처음 사용한 후 남아공의 현실과 꿈을 상징하는 말로 성장했다.

대로 흑인은 희망을 품고 있음을 알았다. 따라서 해결책은 이들 가운데서 중간 접점을 찾는 것이었다.

로벤 섬 감옥에서 만델라는 텃밭을 가꾸었다. 간수와 동료 죄수들은 처음에는 만델라의 농사에 대해 회의적이었으나 그가 열심히 채소를 기른 후 수확물을 간수와 동료들에게 나누어 주자 나중에는 자발적으로 만델라를 도왔다. 만델라는 텃밭 가꾸기를 통해 심신을 단련하고 외부 세계와의 절연으로 인한 스트레스를 이겨냈다. 무슨 일이나 무섭게 집착하는 그의 특성이 텃밭 가꾸기에서도 잘 드러났다.

1982년 폴스무어 감옥으로 이관해서는 텃밭 가꾸기에 보다 몰두했다. 감옥 3층에 있는 테라스에 밭을 만들어 토마토, 가지, 상추, 오이 등을 심고 키웠다. 매일 아침 운동 후 2시간 그리고 오후에도 그의 텃밭 가꾸기는 계속되었다. 폴스무어에서 만델라의 텃밭은 로벤 섬의 것보다 규모가 훨씬 커졌다. 만델라는 농업과 원예에 관한 책을 사서 읽고 공부하면서 거의 전문가가 되어갔다. 텃밭 가꾸기는 그에게 단순한 취미나 소일거리 차원을 넘어 머리를 정리하고 재충전하는 시간이었다. 텃밭 가꾸기는 만델라에게 남이 모르는 자유를 허용했다. 씨를 뿌리고, 물과 거름을 주고, 씨앗이 자라서 식물이 되고, 하는 과정을 지켜보는 것은 만델라에게 큰 기쁨이었으며 이 일을 하는 동안 그는 진정한 자유를 느낄 수 있었다. 이러한 텃밭 가꾸기가 끝난 것은 1985년이었다. 그가 전립선비대증으로 수술을 받은 후 1층 감옥으로 옮긴 때문이다. 만델라는 석방될 때까지 아끼던 정원을 몹시 그리워했다.

5

전략가 만델라

만델라는 전략가이며 전술가이다. 그의 전략은 주로 감옥에서 길러진 것이다. 그는 감옥에서 젊은 날의 감정적인 결정과 행동을 깊이 반성하고 후회하면서 전략가로서의 냉철한 판단력을 키웠다. 감옥에서 나온 만델라는 결코 옛날의 만델라가 아니었다. 그의 흉중에는 깊은 전략이 들어 있었다. 그러나 그는 이를 겉으로 드러내지 않았다. 만델라는 어려서 추장의 아들로서 성장했으므로 백인의 인종차별주의에 접할 기회가 없었다. 그가 사는 지역에는 백인의 발길이 거의 닿지 않았다. 만델라는 큰 자존심을 가지고 성장했다. 그가 차별을 처음 경험한 것은 기숙사 학교 시절이었다. 특히 큰 도시에 있는 학교에서 추장의 아들이 아닌 가난하고 무지한 보통 흑인과 같이 취급되었을 때 그는 사회의 벽과 차별을 절실히 느낄 수 있었다. 자존심이 약한 사람이 부당한 취급을 받으면 스스로를 돌아보고 순응하지만, 자존심이 강한 사람이 같은 취급을 받으면 마음속에 깊은 상처를 입는다. 만델라의 경우가 그러했다. 그는 학교에서의 차별 대우에 깊이 분노했다. 이때부터 만델라의 뇌리에 자리 잡은 분노는 반세기 이상 지속되었으며 결국 그의 일생을 지배했다.

만델라는 원칙을 지키는 사람이다. 그의 이러한 습관은 젊어서부터 길러졌다. 만델라는 종진타바 섭정의 후원으로 남아공 내 유일한 흑인 대학인 포트헤어(Fort Hare)에 입학했다. 이 대학의 정원은 150명으로 흑인 귀족 가문의 자제들이나 고등학교에서 두각을 나타낸 우수한 학생들로 구성되어 있었다. 아프리카의 각지에서 온 수재들로 구성된 포트헤어는 아프리카의 캠브릿지 또는 하버드 격이었다. 이 대학 출신들은 나중에 부족의 지도자나 혁명가들이 되었다. 만델라가 평생 동지 올리버 탐보를 만난 것도 이 학교에서였다.

당시 교장은 알렉산더 커(Alexander Kerr)라는 스코틀랜드인으로 학교에 대한 자부심이 대단했다. 또 이 학교에는 마탄지마(Matanzima)라는 만델라의 조카가 있었는데 만델라보다 나이가 많고 상급생이었다. 키가 크고 리더십이 뛰어난 마탄지마는 당시 만델라의 우상이었다. 한때 만델라의 우상이었던 마탄지마는 그러나 나중에 국민당 정부의 골수 조력자가 됨으로써 만델라의 적이 되고 말았다. 서부 템부랜드(Western Tembuland)의 대추장이 된 마탄지마가 ANC를 배척하고 아파르트헤이트 법을 받아들이기로 결정했기 때문이다. 1976년 10월 백인의 꼭두각시인 홈랜드 트란스케이에서 대통령으로 선출된 마탄지마는 아파르트헤이트 정부를 공개적으로 지지했다. 포트헤어 시절 만델라는 열심히 공부하여 학사학위를 받은 후 사회에 진출하여 아버지 시절에 누리던 가문의 부와 명예를 되찾아 어머니와 동생들을 잘 부양하려는 꿈을 꾸었다. 그러나 만델라의 꿈이 이루어지려는 순간 예기치 않은 사건으로 말미암아 그의 인생 여정이 바뀌게 된다. 이는 타협하지 않고 원칙을 존중하는 그의 성격 때문이었다.

기숙사에서 주는 학교 급식에 불만을 품은 학생들은 학생회 임원 선거를 보이콧하기로 결정했다. 그러나 몇몇 학생들이 선거에 참가했고 만델라는 원하지 않았음에도 불구하고 6명의 학생회 임원 중 한 명으로 선출되었다. 6명의 임원이 모두 사표를 제출하자 이를 일단 수리한 커 교장은 교묘한 꾀를 써서 모든 학생이 모인 가운데 재선거를 실시토록 하여 6명의 임원 선출을 기정사실로 했다. 투표에 실제로 참여한 학생들은 1차 선거 때와 마찬가지로 소수에 불과했으므로 만델라는 이번에도 임원 전부의 사퇴를 주장했으나 나머지 5명은 만델라의 의견에 반대했다. 그러자 커 교장은 외톨이가 된 만델라에게 학생회 간부 취임을 종용하면서 그렇지 않을 경우 학교를 떠날 것을 명했다.

　만델라는 마탄지마와 이 문제를 상의했는데, 그의 의견은 교장이 무어라고 하든지 원칙을 지키라는 것이었다. 만델라는 진로를 놓고 심각하게 고민했으나 자신의 꿈이 사라지더라도 원칙을 지켜 임원직 사퇴를 고수하는 쪽으로 결심했다. 이 일은 정말 사소한 일이었고 만델라도 포트헤어 졸업장이 앞으로 그의 인생에서 큰 자산이 될 것이라는 점을 잘 알고 있었으나 그는 한번 정한 원칙을 고수했다. 만델라의 뇌리에는 어머니와 누이동생들 그리고 후견자인 종진타바의 모습이 어른거렸고 몰락한 가문을 일으켜 세워야 한다는 의무감이 그를 압박했으나 스스로의 완고함을 꺾을 수 없었다. 만델라는 사소한 문제로 추장직을 박탈당했던 아버지의 완고함을 그대로 물려받았다. 커 교장은 만델라의 입장이 완강한 것을 알고 1년 유예 기간을 주면서 만델라가 임원직을 맡는 것을 조건으로 1년 후에 다시 학교로 돌아오는 안을 제시했다. 그러나 만델라는 이를 일축하고 고향으로 떠나버렸다. 이는 젊어서 일어난 작은 사건이지만 원칙주의자 만델라의 모습을 잘 보여주는 사건이다.

고향으로 돌아온 만델라는 얼마 후 종진타바 섭정의 아들 저스티스(Justice)와 함께 조벅으로 떠났다. 조벅에서 그의 초기 생활은 소설과 같았다. 광산의 야간 경비원으로 일하다가 해고되고 전기가 없는 빈민촌에서 지내는가 하면 하숙집 주인으로부터 장래가 없는 쓰레기 취급을 받기도 했다. 그러다가 그는 평생 지기가 되는 시술루를 만났다. 시술루는 당시 시내에서 부동산 사무소를 운영하고 있었으며, 그의 사무실은 트란스케이 출신 사람들의 모임 장소로 사용되고 있었다. 시술루는 다른 사람들을 잘 도와주는 사람으로 알려지면서 점차 명성을 쌓아가고 있었다.

시술루는 정부 관리였던 백인 아버지와 흑인 하녀인 어머니 사이에서 태어났으며 이모와 외삼촌들의 보살핌 속에서 자랐다. 어려서

| 월터 시술루(Walter Sisulu)

부터 백인에게 반감을 드러냈던 시술루는 자신의 갈색 피부 색깔에 대해 불만이 많았다. 기초 교육만을 마친 채 16세에 고향 트란스케이를 떠난 시술루는 조벅에 온 후 광산, 공장 등을 전전하며 힘든 삶을 살았다. 코사족의 역사에 남다른 관심을 가진 시술루는 코사족 모임에 가담한 후 1940년 ANC의 일원이 되었다. 시술

넬슨 만델라

루는 만델라가 자신을 소개하는 이야기를 듣고 금방 이 젊은이의 진가를 알아보았다. "높은 이상을 가진 비상한 젊은이를 만났다."라고 시술루는 만델라와의 처음 대면을 회상하고 있다.

시술루의 소개로 만델라는 조벅에 있는 조그만 유대계 로펌의 사환으로 일하게 되었다. 시델스키(Sidelsky)라는 이름의 유대인이었는데 만델라의 진가를 알아보았는지 사환으로 일하면서 방송통신과정으로 남아프리카 대학[1]을 졸업할 수 있도록 도와주었다. 만델라에게 예기치 않은 행운이 도래한 것이다. 두 사람은 오래 교우하면서 서로 존경하는 관계로 발전했으며 깊은 우의를 나누었다. 이곳에서 일하면서 만델라는 위트워터스랜드 대학(University of Witwatersrand) 법학과에 등록했다. 그에게 법률 공부는 일종의 도피구였다. 변호사가 되는 것은 그에게 세상으로 나아가는 길을 열어주는 도구였기 때문이다. 변호사가 된 만델라는 나중에 ANC 의장이 되는 올리버 탐보와 함께 법률사무소를 열었다. 이것이 남아공 최초의 흑인 로펌이다.

만델라는 자신의 주고객인 아파르트헤이트 피해자를 구제하기 위해 법정에서 맹렬히 뛰었다. 변호사로 활동하면서 만델라는 남아공 법은 ANC가 추구하는 자유를 위한 투쟁을 억압하기 위해 만들어진 법이라는 사실을 절실히 깨달았다. 지성인으로서 그리고 피끓는 청년으로서 ANC에 가입하여 활동하던 젊은 만델라가 직면한 문제는 ANC가 단순히 비폭력 투쟁만을 계속할 것인가 아니면 무력

---

1) 남아공의 수도 프리토리아에 위치한 남아프리카 대학교(UNISA : University of South Africa)는 아프리카 대륙에서 가장 큰 대학으로 학생 수가 30만 명이 넘는다. 포트헤어를 자퇴한 만델라는 1942년 방송통신과정으로 UNISA에서 학사 학위를 취득했으며, 이후 만델라는 변호사가 되기 위해 계속해서 위트워터스랜드 대학 법학과에 등록했다.

투쟁으로 노선을 변경해야 할 것인가의 문제였다. 1912년에 결성된 ANC는 평화주의자인 간디로부터 깊은 영향을 입어 수십 년간 비폭력 투쟁만을 지속해왔다. 그러나 백인 정부가 흑인 소요를 무력으로 진압하는 것을 보면서 만델라는 ANC도 노선을 변경할 때가 왔다고 생각했다.

1961년 만델라는 나탈(Natal)에 있는 ANC 의장 루툴리(Chief Albert Luthuli)를 찾아갔다. 흑인 추장 출신인 루툴리는 비폭력 투쟁을 주도하여 1960년 노벨평화상 수상자로 선정된 사람이었다. 만델라는 루툴리에게 ANC가 무력 투쟁으로 노선을 전환해줄 것을 요청했다. 루툴리의 답은 물론 "노"였다. 그러나 만델라는 실망하지 않았다. 루툴리는 비폭력 투쟁을 원칙에 관한 문제로 생각했지만 만델라는 이를 전략에 관한 문제로 생각했다. 비폭력이 원칙이라면 바꾸기 어렵지만 전략이라면 바꿀 수 있는 것이었다. 이 점이 두 사람 간의 차이였다. 루툴리뿐 아니라 간디의 영향을 입은 인도계 ANC 멤버들도 모두 무력 사용에 반대했다. 그러나 만델라는 무력을 사용한 게릴라전이 아니고는 결코 아파르트헤이트를 종식시킬 수 없다고 생각했다. 만델라의 고집은 꺾이지 않았다. 만델라는 현실을 직시하고 있었으며 목표를 달성하기 위해 가장 효과적인 수단으로 무력을 택했다. 이것이 그의 전략이었다.

1950년대 만델라는 낮에는 변호사로 일하고 밤에는 아마추어 복서로 활동했다. 그는 조벅의 흑인 지구인 올란도(Orlando)에 있는 한 체육관에서 늘 체력을 단련했다. 그는 권투에서 챔피언을 원한 것이 아니라 엄격한 체력 훈련을 선호했다. 복싱 코치는 만델라에게 권투에서 승리하기 위해서는 민첩하고 강해야 할 뿐만 아니라 상대방을 잘 알아야 한다고 가르쳤다. 이 가르침은 그로부터 만델라의 좌우명이 되었다. 만델라는 권투와 정치가 비슷하다고 생각했다. 정치에 있어서도 승리하기 위해서는 적의 강점과 약점을 잘 파악해야 하기 때문이었다.

1962년 44세가 되었을 때 만델라는 ANC의 군사 조직인 '국가의 창(Spear of the Nation : MK)'을 조직하는데 핵심 인물로 가담했다. MK가 여러 군사시설을 폭발물로 공격한 후 만델라는 지하로 잠적했으며 경찰이 찾는 1급 수배자가 되었다. 백인 신문에서는 그를 블랙 핌퍼넬(Black Pimpernel)이라고 불렀다. 그는 수염을 기르고 점퍼를 입고 베이스볼 모자를 쓰고 차를 몰고 다녔다. 사람들이 그를 운전사나 정원사로 여기도록 하려는 목적에서였다. 본격적으로 무력 투쟁을 결심한 만델라는 《손자병법》을 비롯한 동서양의 여러 군사 서적을 탐독했다. 한 가지 특이한 것은 그가 이때 아프리칸스어를 배우기 시작했다는 사실이다. 아프리칸스어는 백인의 언어이며 적의 언어이다. 동료들은 만델라가 아프리칸스어를 공부하는 것을 의아하게 생각했다. 그러나 만델라는 생각이 달랐다. 그는 적을 알기 위해서는 먼저 그들의 언어를 알아야 한다고 생각했다.

만델라는 나아가 먼 장래를 생각했다. ANC가 투쟁에서 승리한다고 하더라도 백인들을 바다로 내몰 수는 없었다. 나라를 지키기 위해서는 백인과 협상을 통해 화합하고 공조하는 수밖에 없었다. 협상이 시작될 때 아프리칸스어는 유익한 도구가 될 것임에 틀림없었다. 아프리칸스어는 백인 다수는 물론이고 많은 혼혈인이 사용하는 남아공 내 주요 언어 중 하나이기 때문이다. 만델라는 "당신이 아프리칸스어를 사용할 경우 백인의 마음에 직접 닿을 수 있다."라고 말했다. 그는 머리로 하는 협상보다는 마음으로 하는 협상을 더 선호했다. 마음으로 협상할 경우 상대방의 언어를 아는 것은 필수이다. 이러한 이유로 만델라는 무력 투쟁을 시작하면서 한편으로 아프리칸스어를 배우기 시작했던 것이다. 만델라가 잠적해서 아프리칸스어를 배우기 시작한 수개월 후인 1962년 어느 날 만델라는 그의 움직임을 파악하고 있던 남아공 경찰에 체포되었다. 이후 복잡한 과정을 거치면서 1년여의 재판 끝에 만델라와 그의 동지들은 무기징역을 선고받고 로벤 섬으로 이송되었다.

로벤 섬으로 온 후 만델라는 아프리칸스어 공부에 보다 몰두했다. 그는 방송통신반에 들어갔으며 아프리칸스어 문법책을 늘 지니고 다녔다. 만델라는 주로 간수들과 대화하면서 아프리칸스어를 익혔다. 간수들은 백인 하층계급 출신으로 교육 정도가 높지 않았고 대부분 아프리칸스어를 사용했다. 반면 그들의 영어는 조잡한 수준이었다. 만델라가 간수들과 아프리칸스어로 대화를 시작한 후 그들은 만델라에게 마음을 열었다. 몇 사람은 그를 자주 방문하여 교도소 내 죄수들의 처우에 관한 문제를 허심탄회하게 털어놓기도 했다. 만델라는 단순히 대화를 위해 아프리칸스어를 익힌 것이 아니라 아프리칸스어로 된 시를 외우고 문화와 역사를 공부했다. 아프리카너들은 조상의 아프리카 개척 역사와 군사적인 업적에 대해 자부심이 대단했다.

만델라는 보어전쟁 때 활약한 아프리카너 장군들의 이름을 외웠고 그들의 업적을 상세히 기억했다. 나중에 만델라가 남아공 정부와 협

넬슨 만델라

상할 때 백인들은 만델라가 아프리카너 장군들의 이름을 열거하면서 그들이 승리한 전투에 대해 언급하는 것을 보고 경악을 금치 못했다. 이것이 협상의 성공에 도움이 되었음은 말할 필요도 없다. 만델라는 백인의 역사를 남아공 역사의 일부로 받아들였다. 그는 백인을 이해하고 존경심을 가지기 위해서는 그들의 역사를 알고 그들의 언어를 말할 수 있어야 한다고 생각했다.

1989년 7월 만델라가 보타 대통령을 처음 만났을 때 그는 이미 보타에 대해 많은 공부를 한 후였다. 만델라는 그가 말해야 할 것을 미리 준비했으며, 불같은 성격을 지닌 보타가 시비를 걸어올 경우 정면으로 싸울 준비도 갖추고 있었다. 보타의 별명은 큰 악어(the Great Crocodile)였다. 보타는 그만큼 공격적인 인물로서 흑인 지도자와 대화하려 하기보다는 일방적으로 지시하려는 사람이었다. 만델라는 만일 보타가 그러한 태도로 나올 경우 즉시 대화를 중단하고 돌아올 생각이었다.

| 보타(P.W. Botha)

만델라와 보타의 면담은 역사적인 의미를 지녔다. ANC는 70년 동안 투쟁해왔으나 그동안 ANC 지도자 중 누구도 남아공 대통령과 만난 사람은 없었다. 만델라와 보타의 면담 결과에 따라 ANC가 평화적인 길을 걸을 것인지 아니면 내전이 확대될 것인지 결정될 판국이었다. 그뿐만 아니라 이 면담이 잘못될 경우 만델라는 그의 동료들로부

터 영원히 따돌림당할 위험성도 있었다.

면담은 케이프타운에 있는 보타의 관저에서 이루어졌다. 코에체 법무장관과 바나드 정보부장이 만델라와 동행했다. 만델라와 처음 대면한 보타는 만면에 미소를 띠고 손을 내밀었다. 만델라는 악수에 응하면서 아프리칸스어로 인사를 했다. 보타도 아프리칸스어로 응답했다. 보타는 차를 손수 따라주면서 대화 분위기를 친근하게 만들려고 했다. 만델라는 차를 마시면서 보타에게 자신이 아프리카너의 역사 특히 보어전쟁의 역사를 잘 알고 있다고 소개하면서 당시 아프리카너 장군들의 이름과 기억할 만한 전투에 대해 언급했다. 보타는 이를 매우 흥미 있게 경청했다. 아프리카너들은 전통적으로 독일과 가까웠다. 이들은 제2차 세계대전 중 영국에 우호적인 남아공 정부가 독일에 대해 선전포고하자 강력히 항의했다. 제1차 세계대전 때는 더 심했다. 일부 아프리카너들이 당시 친 영국 정부의 군대에서 반란을 일으켜 군인 100여 명을 살해한 것이다.

만델라는 여기까지 말한 후, 그럼에도 불구하고 반란 지도자들은 체포 1년 후 모두 석방되었음을 상기시켰다. 만델라는 당시의 아프리카너나 현재의 ANC나 비록 반란에 가담했지만 모두 남아공 국민임을 상기시킨 것이다. 그러면서 월터 시술루의 석방을 요청했다. 보타는 즉석에서 이에 동의했다. 백인 정부는 지금까지는 시술루의 석방에 강력히 반대하고 있었다. 만델라는 또 모든 정치범의 조건 없는 석방을 요청했다. 보타는 이에 대해서는 동의할 수 없다고 했다. 보타와의 면담에서 어떤 구체적인 성과는 없었으나 두 사람은 이 면담을 성공적인 것으로 평가했다. 그들은 우호적인 분위기에서 허심탄회하게 대화했으며 서로를 대화할 수 있는 사람으로 평가했다. 만델라는 편안한 마음으로 면담장을 떠났다.

그러나 보타와의 만남은 이것이 처음이자 마지막이었다. 이로부터 한 달 후인 1989년 8월 보타는 대통령직 사임을 발표했다. 보타는 사임 시 내각의 배신과 불충성을 비난했으며 각료들이 ANC의 손에 놀아나고 있다고 비난했다. 보타의 사임으로 혼미한 정세를 수습하기 위해 차기 대통령 데클레르크는 흑인 정치범 석방을 단행했다.

1989년 10월 데클레르크는 시술루, 믈라바(Raymond Mhlaba), 카트라다(Ahmed Kathrada : 흔히 Kathy라는 애칭으로 불림), 믈랑게니(Andrew Mlangeni) 등 만델라의 로벤 섬 동지 8명의 석방을 발표했다. 12월이 되자 만델라는 보타를 만났던 장소에서 데클레르크를 만날 수 있었다. 보타 때와 마찬가지로 이번에도 코에체와 바나드 등이 동석하고 있었다. 대화하는 가운데 만델라는 데클레르크가 자신의 말을 주의 깊게 듣고 있다는 사실을 깨달을 수 있었다. 이는 데클레르크가 절실히 변화를 원하고 있다는 징조였다. 만델라는 데클레르크에게 ANC를 비롯한 모든 정치 단체의 합법화, 비상사태 해제, 정치범 석방 및 국외 망명자의 무사 귀환을 요청했다.

만델라는 만일 백인 정부가 변화하지 않는다면 비록 그를 풀어준다고 해도 그는 체포 당시의 상태로 다시 돌아갈 것이라고 경고했다. 만델라의 아프리칸스어 능력과 그의 아프리카너 역사에 관한 지식은 보타 그리고 데클레르크와의 대화에 있어서 큰 힘을 발휘했다. 만델라는 아프리카너 역사를 공부하면서 이들이 이미 아프리카인의 일부가 되었다는 사실을 절실히 깨달았다. 수백 년 전 네덜란드와 독일을 비롯한 몇몇 유럽 국가로부터 아프리카로 건너온 이들은 이미 깊숙이 아프리카화했기 때문에 돌아갈 곳이 없었다. 이들의 신세는 마치 남미에서 건너왔으나 남부 아프리카의 상징이 된 자카란다(Jacaranda)[2] 나무와 비슷했다. 만델라는 또한 아프리카너와 토착 흑인 간에는 많은 유사점이 있음을 알게 되었다. 두 그룹 다 늘 불안한 상황 속에서 시달려 왔으며 둘 다 영국 식민주의자로부터 열등한 대접을 받았다. 아프리카너는 물론 흑인보다는 훨씬 더 높은 계층이었으나 그들도 차별 대우를 받기는 마찬가지였다.

오랫동안 로벤 섬에 갇혀있던 만델라는 폴스무어 감옥으로 이관되었는데 이곳에서 그는 독방을 쓰고 보다 좋은 대접을 받았으나 문제가 도사리고 있었다. 그것은 반 시테르트(Major Fritz Van Sittert)라는 교도소장 때문이었다. 반 시테르트는 일반 죄수만 다루어본 사람으로 만델라와 같은 정치범은 처음이었는데 그는 죄수를 특별 대우하는 것을 혐오하는 사람이었다. 반 시테르트는 특히 흑인이 특별 대우를 받는 것에 눈살을 찌푸렸다.

만델라는 반 시테르트와 대화의 문을 열기 위해 이모저모로 그를 연구했다. 반 시테르트는 아프리카너의 국가 스포츠인 럭비에 심취해 있는 사람이었다. 흑인들은 럭비가 아프리카너의 난폭성을 상징하는 스포츠라고 해서 이를 싫어했다. 이들은 럭비 경기가 있을 때 아프리카너팀을 응원하는 대신 상대 팀을 응원했다. 이들은 아프리카너팀이 질 때 환호성을 질렀다. 그러나 만델라는 럭비를 반 시테

---

2) 자카란다는 원래 남미가 원산지인데 스페인 정복자들에 의해 옮겨져 아프리카, 북미, 호주 등으로 퍼졌다. 환상적인 색깔의 보랏빛 꽃으로 유명하다. 자카란다 꽃으로 뒤덮인 거리를 거닐면 꿈속으로 착각할 만큼 아름답다.

넬슨 만델라

르트와 가까워질 수 있는 매개체로 생각했다. 그는 럭비에 대해 공부했다. 아프리카너팀 선수들의 이름을 외우고 그들의 성적을 기억했다. 반 시테르트는 평소에는 거의 만델라와 대화를 나누지 않았으나 만델라가 아프리칸스어로 럭비에 관해 이야기를 꺼내자 반응을 보였다. 두 사람은 럭비 이야기를 나누면서 점차 서로에 대한 이해도를 높였다. 아프리칸스어는 백인과의 대화 시 유익한 무기가 되었고 럭비는 흑백 화합을 위한 중요한 도구가 되었다. 아프리카너 극우파는 흑백 화합에 강력히 반대하면서 무력 투쟁을 전개하려고 했다. 이들을 잘못 다루면 내전이 일어날 가능성도 있었다.

만델라는 화합을 위해 스포츠를 도구로 사용키로 했다. 만델라가 대통령이 되기 전까지 ANC는 남아공 럭비 국가대표팀인 스프링복스(Springboks)[3]의 국제 대회 참가를 방해하여 스프링복스는 국내에서만 경기를 하고 있었다. 만델라는 이러한 제한을 철폐하고 럭비 월드컵을 남아공으로 유치했다. 그는 스프링복스 주장인 피에나(Francois Pienaar)와 가깝게 어울렸으며 여러 번 대표팀을 방문했다. 1995년 5월 스프링복스가 뉴질랜드팀과 결승전에서 맞붙게 되었을 때 만델라는 대표팀을 방문하여 최선을 다해 싸워줄 것을 당부하면서 흑백을 막론하고 모든 국민이 스프링복스를 한마음으로 응원하고 있다고 말했다. 만델라는 결승전이 열리는 조벅의 엘리스 파크(Ellis Park) 경기장에서 스프링복스 유니폼과 모자를 착용하고 주장을 포옹했다. 백인이 대부분인 경기장은 "넬슨! 넬슨!"을 외치는 연호로 가득 찼다. 백인

---

3) 스프링복은 조그만 영양으로 '껑충껑충 뛰는 숫사슴'이란 뜻이다. 흥분하면 공중으로 펄쩍 뛰어오르기 때문에 그런 이름이 붙었다. 75센티미터 밖에 안 되는 자기 키의 몇 배까지 뛰어오를 수 있다. 백인 지배 시절 스프링복은 백인 스포츠팀의 애칭으로 널리 사용되었다.

과 흑인이 한마음이 되는 순간이었다. 흑인들은 해방 투쟁이라는 것이 '흑인을 굴레로부터 해방시키는 것이 아니라 백인을 공포로부터 해방시키는 것'이라는 사실을 깨달았다. 만델라는 럭비를 통해 백인의 마음을 얻고 남아공을 관용과 화해의 나라로 이끌어나갔다.

#6
만델라의 **인간관계**

　순진하다고 할지 모르지만 만델라는 어떤 사람이든 종래 악인으로 판명되지 않는 한 좋은 사람으로 여겼다. 그는 본질적으로 성선설에 입각한 인간관을 가지고 있었다. 만델라는 사람을 욕할 줄 몰랐다. 어떤 사람에 대한 그의 최악의 평가는 "자신의 이익을 위해서 일한다."라는 정도였다. 그는 누구든 좋은 점이 있으므로 그 좋은 점을 부각시키고 북돋워주면 반드시 좋은 결과를 빚을 수 있다는 신념을 갖고 있었다. 평생을 학대와 편견 속에서 시달려온 만델라가 사람에 대해 이러한 긍정적인 생각을 가졌다는 것은 사실 놀라운 일이다.

　친나치스적이며 아파르트헤이트 정책을 강화시켰고, 만델라와 그의 동료들을 처형하지 않은 것을 내내 후회한 악명 높은 대통령 존 포르스테르(John Vorster)에 대해서도 만델라는 "그는 교양 있는 사람이다. 그는 공손했고 우리들을 대할 때 점잖은 언어를 사용했다."라고 말했다. 이것은 사담 후세인이 동물에게 친절하다고 해서 그를 칭찬하는 것과 비슷한 말이었으나, 만델라가 사람의 좋은 면만을 들여다보고 이를 말로써 표현한다는 사실을 여실히 드러낸다. 그는 마치 자신이 어떤 사람을 칭찬해 주면 그 사람이 정말 칭찬한 대로 좋은 일을 행할 것처럼 생각하는 것 같았다.

만델라는 자신을 교수형에 처하려 했던 사람에 대해서도 부정적으로 이야기하지 않았다. 만델라가 로벤 섬에 있을 때 교도소장 중 바덴호스트(Colonel Piet Badenhorst)라는 사람이 있었다. 이 당시 감옥에서는 구타와 가혹 행위가 늘 행해졌고 이러한 사실이 외부에는 전혀 알려지지 않았다. 바덴호스트는 전형적인 백인 교도소장으로 흑인을 동물과 같이 생각하는 냉정하고 잔혹한 사람이었다. 그는 정치범을 테러리스트로 간주했으며 그중 만델라를 우두머리로 생각했다.

만델라는 그때까지 교도소장이 부임할 때마다 면담을 신청하여 그에게 ANC 활동의 진지성을 일깨워주면서 신임 소장의 성격을 파악하곤 했다. 바덴호스트는 만델라의 이러한 면담 신청을 거부한 유일한 소장이었다. 바덴호스트는 만델라와 동료들이 지금까지 투쟁을 통해 얻어온 권리를 모두 말살시키려 했다. 바덴호스트 부임 후 만델라를 잘 아는 오래된 간수들은 모두 다른 곳으로 떠나고 감옥은 바덴호스트와 가까운 젊고 사나운 간수들로 채워졌다. 바덴호스트는 시곗바늘을 거꾸로 돌려 로벤 섬을 1960년대 초로 되돌려놓으려 했다. 자유를 억압하고 식사의 질이 낮아지면서 검열과 수색이 강화되었다. 바덴호스트는 로벤 섬에 군기를 잡으러 온 서슬이 퍼런 사람이었다. 그는 자신의 목적을 달성함에 있어서 만델라를 가장 큰 골칫거리로 생각했다.

만델라와 시술루는 끈질기게 요청을 거듭한 끝에 마침내 죄수 대표로 바덴호스트를 면담할 수 있었다. 이들은 바덴호스트의 가혹 행위가 지속될 경우 파업, 지업, 단식 투쟁 등 모든 가능한 수단을 다해 항거할 것이라고 말했다. 바덴호스트는 냉혹한 태도로 들은 내용을 참고하겠다고만 말했다. 그러나 만델라 일행은 바덴호스트의 말을 듣고 자신들의 승리가 다가와 있음을 느꼈다. 만델라와 동료들은 이미 외부에 바덴호스트의 행적을 알려 그를 다른 곳으로 전출시키도록 압력을 넣고 있었다. 바덴호스트는 ANC의 이러한 행동에 겁을 집어먹고 있는 것이 분명했다. 이러한 일이 있은 직후 몇 명의 판사들로 구성된 조사단이 교도소를 방문했다. 이들의 목적은 교도소 내에서 가혹 행위가 일어나고 있는지를 조사하는 것이었다. 죄수들은 만델라를 대표로 세워 그들이 겪은 가혹 행위를 조사단에게 전달키로 했다. 조사단은 만델라를 만난 자리에서 이 자리에 바덴호스트를 참석시키지 않을 것이니 자유롭게 보고해달라고 말했다. 그러나 만델라는 오히려 바덴호스트를 참석시켜 줄 것을 요청했다.

만델라는 바덴호스트의 면상에서 감옥 내 가혹 행위를 하나씩 하나씩 지적했다. 바덴호스트는 펄쩍 뛰면서 만델라에게 가혹 행위를 직접 보았느냐고 물었다. 이에 대한 만델라의 답은 물론 "아니다."였다. 그러자 바덴호스트는 손가락으로 만델라를 가리키며 "경고하는데 당신이 직접 보지 않은 것을 말하지 말라. 당신에게 엄중한 일이 생길 수 있다."라고 협박했다. 잠깐 동안 침묵이 흐른 후 만델라는 조사단에게 말했다. "우리가 어떤 교도소장 밑에 있는지 알 수 있겠지요? 조사단이 있는데도 이렇게 협박을 하는데 조사단이 없으면 어떨지 짐작이 갑니까?" 조사단은 고개를 끄덕이며 만델라의 말에 수긍했다.

이러한 바덴호스트에 대해서도 만델라는 "그가 생각한 것만큼 사악한 사람은 아니었다."라고 말하고 있다. 조사단 방문 후 백인 정부의 감옥 관리 책임자인 스테인(General J. C. Steyn)이 로벤 섬을 방문해서 바덴호스트 입회하에 만델라에게 감옥에서 일어난 불법행위를 말해주도록 요청했다. 만델라는 자기가 알고 있는 사실을 변호사답게 일목요연하게 설명했다. 답변을 듣고 있던 스테인은 곧 바덴호스트를 교체하겠다고 말했다. 이에 대한 바덴호스트의 반응은 의외였다. 그는 만델라에게 "당신과 동료들의 행운을 빈다."라고 말했다. 이 말을 듣고 만델라는 바덴호스트가 자신들이 생각했던 만큼 악인이 아니라는 사실을 깨달았다고 한다.

만델라는 어떤 사람이든지 처음부터 악인은 없다고 생각했다. 편견을 가진 사람, 인종차별주의자, 사악하게 보이는 사람들도 처음부터 그런 것은 아니고 환경과 과정을 통해 그렇게 만들어진 것으로 생각했다. 악인이 아파르트헤이트를 만든 것이 아니라 아파르트헤이트가 사람을 사악하게 만든 것으로 본 것이다. 만델라에게 있어서 바덴호스트는 바로 이러한 범주에 속하는 사람이었다. 바덴호스트는 조사단 방문 3개월 후 교체되었다.

로벤 섬에는 또 쉐플러(Reverend André Scheffler)라는 교목이 있었다. 쉐플러는 네덜란드 개신교 소속 목사였는데 '흑백의 분리는 신의 뜻'이라고 믿는 골수 아파르트헤이트 옹호자였다. 쉐플러는 만델라와 그의 동료들을 범죄자로 규정하여 매우 경멸하고 천시했다. 모든 죄수들은 쉐플러를 싫어했으며 그와 함께 있는 시간을 고역으로 생각했다. 따라서 죄수들은 가급적 쉐플러를 피하려고만 했다. 그러나 만델라는 쉐플러를 극복해야 할 도전으로 여겼다. 만델라는 쉐플러가 자신에게 설교토록 허용하는 반면 그에게 자신의 신념을 끈질기게 설명했다. 이 싸움은 누가 설득에 성공하느냐의 싸움이었다. 시간이 지나자 쉐플러의 태도가 훨씬 부드러워졌다. 그는 이제 만델라를 경멸하지 않았으며 왜 이들이 자유의 투사로 불리는지 알 수 있겠다고 말했다. 쉐플러가 완전히 설득당한 것은 아니지만 더 이상 적은 되지 않았다. 만델라의 승리였다. 이 당시 감옥에서 근무하는 간수의 대부분은 젊은 아프리카너들이었다. 이들은 가난하거나 문제 있는 가정 출신들이었다. 교육 수준이 낮은 이들은 심리적으로 불안정하고 불만에 차 있었으며 규칙에 대해 지나치게 집착했다.

만델라는 그의 단호함과 법률 지식 그리고 사람을 존중하는 태도로 인해 어려운 환경 속에서도 위신을 지킬 수 있었다. 만델라는 간수들을 인간적으로 존중했으나 그들에게 굴복하지는 않았다. 만델라는 간수가 요구하는 대로 이들을 '보스(boss)'라고는 절대 부르지 않았다. '보스'라는 단어는 만델라가 가장 싫어하는 말이었다. 만델라는 늘 간수를 변화시킬 수 있다는 희망을 가지고 이들을 대했다. 1967년경이 되자 감옥의 상태가 상당히 호전되었다. 간수들의 태도도 전보다 부드러워졌다. 수감자들은 겨울에 긴 바지를 입을 수 있었으며 채석장과 뜰에서 이야기를 나눌 수도 있었다. 그리고 때때로 계란과 과일이 공급되었다. 그러나 전반적으로는 아직 열악했다. 식사는 여전히 최소 수준이었고 신문이나 잡지를 접할 수도 없었다.

만델라가 사람을 믿음으로써 배반당했다고 생각한 유일한 인물은 그를 감옥에서 풀어주었으며 나중에 그와 함께 노벨평화상을 공동 수상한 데클레르크 대통령이다. 데클레르크는 처음 만델라를 만났을

| 만델라와 데클레르크

때부터 매우 예의 바르고 공손하게 그를 대했다. 체인 스모커인 데클레르크는 담배연기를 좋아하지 않는 만델라를 위해 그를 만날 때는 담배를 피우지 않을 정도였다. 만델라는 데클레르크를 신실한 사람(man of integrity)으로 평가했다. 그러나 만델라가 석방되어 신헌법과 선거에 관한 교섭을 시작한 후부터 만델라의 데클레르크에 대한 인식은 180도로 바뀌게 되었다. 만델라는 데클레르크가 국가를 전복하고 흑인을 무력으로 제압하려는 백인 민병대인 '제3세력(the Third Force)'을 은밀히 지원하고 있다고 믿게 되었다. 데클레르크가 지속적으로 이중적인 모습을 보인 때문이었다. 두 사람은 공적 또는 사적인 계기에 자주 다투게 되었으며 만델라는 그를 '두 얼굴을 가진 사람'이라고 공격했다.

1991년 12월 두 사람은 남아공 최초의 민주헌법을 제정하기 위한 협상 개시를 기념하는 연설회에 참가했다. 데클레르크는 만델라에게

넬슨 만델라

먼저 연설을 요청하면서 자신은 맨 마지막에 연설하겠다고 했다. 이를 수락한 만델라는 연단에 올라 화합과 선의를 강조하는 건설적인 연설을 했다. 그러나 데클레르크는 달랐다. 그는 ANC와 만델라가 비밀 병력을 유지하면서 폭력을 행사해 나라를 위기로 내몰고 있다고 비난했다. 그는 공개적으로 만델라를 위선자라고 불렀다. 데클레르크의 연설을 듣고 분노에 가득 찬 만델라는 단상으로 나아가 전국에 생방송되는 TV 앞에서 "비합법적인 정부일지라도 최소한의 도덕은 있는 법인데, 오늘과 같은 날에 이와 같은 연설을 하는 사람을 어떻게 교섭 상대로 받아들일 수 있겠는가?"라고 분노를 터뜨렸다. 이것이 아마 만델라가 공개적으로 분노를 표출한 유일한 사건이었을 것이다. 이 사건으로 인해 만델라는 데클레르크에 대한 신뢰를 버렸다.

시간이 지나 분노가 가라앉은 후 만델라는 "데클레르크의 그와 같은 행동이 그와 추종자들의 이익을 보호하기 위한 행동이었을 것으로 이해한다."라고 말했다. 그러나 데클레르크가 기대와는 달리 "벽을 넘지 못한 것을 유감스럽게 생각한다."라고 말했다. 그러나 만델라는 데클레르크를 '신실한 사람'이라고 한 말은 결코 철회하지 않았다. 데클레르크가 이렇게 이중적인 모습을 보인 이유는 단 한 가지, 백인의 영향력을 지키기 위한 것이었다. 데클레르크와 국민당은 어떻게 해서든지 권력의 끈을 놓지 않으려 했다. 이러한 이유로 국민당은 신헌법을 제정할 때 그 속에 많은 복선을 깔아놓았다. 데클레르크가 '새로운 남아공'이라고 말한 것은 흑인 통치를 허용하겠다는 것이 아니라 권력 공유를 의미했다. 그가 '소수민족의 국가'라고 말한 것은 10개의 흑인 종족, 2개의 백인 종족 그리고 인도계가 권력을 공유하는 시스템을 의미했다. 그는 상원에서 백인에게 비토권을 부여하려 했으며 하원에서는 특정한 법안의 통과를 어렵게 하여 백인의 권한을 강화하려 했다. 그는 "선거에서 51%를 득표하는 정당이 100%의 권력을 가져서는 안 된다."라고 입버릇처럼 말했다.

데클레르크의 목표는 부텔레지가 이끄는 인카타, 다른 반투스탄 지도자들, 혼혈 그리고 인도계와 손을 잡고 공동으로 반ANC 전선을 형성하는 것이었다. 그는 시간이 흐르면 구세주와 같은 이미지를 가진 만델라가 압력에 못 이겨 지지자로부터 신뢰를 잃고 허점 많은 정치인으로 추락할 것으로 전망했다. 그는 또한 자신의 과감성을 높이 산 서방 측의 동정 표가 ANC로부터 자신에게 옮겨옴으로써 경제제재가 해제되고, ANC의 사회주의적인 성향으로 인해 서방은 결국 자신을 지지하게 될 것으로 기대했다.

데클레르크가 백인의 권력에 대한 끈을 그렇게 지키려고 했음에도 지키지 못한 것은 백인들의 사고방식이 근본적으로 바뀐데 그 원인이 있었다. 백인들은 그동안 아파르트헤이트를 통해 막대한 부를 구축했다. 이들은 권력을 잡는 것보다 이 부를 지키는 것이 자신의 이익에 보다 부합하는 길이라고 믿었다. 이들의 전략은 '흑인에게 의회를 내주고 백인은 은행을 차지하는 것'이었다. 이들은 설사 흑인이 권력을 가져간다고 해도 공직, 보안기관, 경제계 등에서 일하는 백인들이 있는 이상 백인의 부와 권리가 쉽게 침탈당할 것으로는 보지 않았다. 백인의 이러한 생각의 배경에는 감옥에서 풀려난 만델라가 지난 4년간 보여준 말과 행동의 신뢰성에 대한 믿음이 놓여있었다. 만델라는 보복이나 차별 같은 단어를 단 한 번도 언급하지 않았다. 그는 늘 화합과 관용 및 타협을 강조했다. 이러한 그의 한결같은 행동이 백인 사회에 깊은 신뢰를 심어주었다. 백인들은 선거에서 만델라에게 표를 찍지는 않을 것이나 만델라가 대통령으로 있는 정부에서 지내는 것은 괜찮다고 생각했다.

만델라는 적을 경계하는 것보다 친근한 라이벌을 더 경계했다. 그가 라이벌을 관리하는 방식은 라이벌을 멀리하는 것이 아니라 오히려 가까이하는 것이다. 그는 사고를 칠 가능성이 있는 인물은 늘 곁에 두고 감시했다. 만델라는 충성심은 언제라도 변할 수 있는 것으로 생각했다. 그는 절대적인 충성심은 없고 늘 상황과 이해관계에 따라 변할 수 있는 것으로 생각했다. 그는 덜 성숙하고 사려 깊지 않은 사람 그리고 감정적으로 일을 결정하는 사람을 늘 경계했다. 그것은 이런 사람들의 모습이 바로 젊었을 때 자신의 모습이었기 때문이다. 만델라가 감옥에서 나오자마자 ANC는 구세력과 신세력, 강경파와 온건파로 분리되었다.

젊은 지도자로서 강경파인 사람 중에 홀로미사(Bantu Holomisa)가 있었다. 홀로미사는 1987년 군사쿠데타를 일으켜 트란스케이에서 권력을 잡은 사람이다. 만델라는 홀로미사가 아직 완숙하지 못한데다 격정적이어서 언제든지 큰 실수를 저지를 가능성이 있는 인물로 보았다. 만델라는 늘 홀로미사를 옆에 두었다. 만델라는 마치 아들과 같이 홀로미사를 챙기면서 그의 비위를 맞추었다.

이것이 만델라가 '잠재적인 위험인물'을 관리하는 방법이었다. 만델라는 나중에 암살당한 ANC의 군사지도자 크리스 하니(Chris Hani)도 홀로미사와 마찬가지로 대했다. 하니는 과격하고 급진적인 사람으로서 백인들에게 복수를 원하는 수백만 흑인의 입장을 대변하고 있었다. 만델라는 그가 젊었을 때 가졌던 분노와 성급함을 하니가 공유하고 있음을 알았다. 만델라는 그런 하니를 멀리하지 않고 가까이했다. 여행이나 공식행사 또는 회담에서도 늘 하니와 함께 했다. 홀로미사나 하니와 같이 급진적이고 나중에 라이벌이 될 수 있는 사람을 관리하는 만델라의 방식은 늘 그들과 함께 하는 것이었다. 두 사람은 만델라를 존경하고 따랐지만 의견이 다르더라도 만델라에게 직접 대들지는 않았다. 만델라는 감정을 숨기고 자신에게 정면으로 도전하지 않는 두 젊은이를 더욱 위험한 존재로 생각했다. 아직 성숙하지 않은 이들은 머리로 중요한 결정을 내리는 것이 아니라 가슴으로 내렸다. 만델라는 이러한 사람들을 예측할 수 없고 위험하며 신뢰할 수 없는 부류로 여겼다.

만델라가 낮게 평가하는 정치인으로는 데클레르크 외에 줄루족 지도자 부텔레지(Mangosuthu Buthelezi)가 있었다. 부텔레지는 1879년 이산들와나(Isandlwana) 전투에서 영국군을 무찌른 줄루족 왕 세티와요(Cetywayo)의 후손이었다. 젊었을 때 부텔레지는 포트헤어에 다녔고 ANC 청년 리그에 가입했다. 그는 ANC의 후원으로 콰줄루(KwaZulu) 홈랜드의 주무장관이 될 수 있었다. 그러나 부텔레지는 올리버 탐보의 도움으로 인카타자유당(Inkatha Freedom Party)을 창설한 후에는 ANC와 반대 노선을 걸었다. 이후 16년 동안 인카타자유당은 반아파르트헤이트 투쟁에서 흑인의 단합을 방해하는 가장 큰 장애물이 되었다. 부텔레지도 아파르트헤이트를 배척하고 콰줄루의 독립에 반대한다는 점에서는 ANC와 노선이 같았으나 한편으로 그는 ANC의 무력 투쟁을 비난했다. 그는 반아파르트헤이트 투쟁에서 한 획을 그은 1976년 소웨토 봉기를 비난했으며 국제사회의 대남아공 제재에 반대했다. ANC는 줄루족 왕을 설득하여 부텔레지의 독자적 행동을 저지하려 했으나 부텔레지는 ANC 간부들이 줄루족 왕을 만나지 못하도록 여러 가지 방법으로 방해했다. 급기야 인카타 지지자들은 ANC에 대해 전쟁을 선포하고 ANC 지지자들을 무력으로 공격했다.

1990년 3월에만 내전으로 인해 230명이 죽었다. 부텔레지는 겉으로는 만델라의 동지로 행세했으나 언제든지 적이 될 수 있는 사람이었다. 권력욕이 강한 부텔레지는 정권을 잡기 위해 종족 간의 내전도 불사했다. 부텔레지의 인카타가 남아공 경찰로부터 자금 지원을 받았다는 사실이 나중에 드러났다. 양측이 서로 협력하여 ANC를 궁지에 몰아넣으려고 공작했다는 사실이 드러난 것이다. 이로 인해 데클레르크와 부텔레지는 모두 큰 타격을 입었다. 만델라는 이러한 부텔레지를 사악한 라이벌로 생각했다. 그러나 그는 세간의 예측과는 달리 첫 번째 조각에서 부텔레지를 내무장관으로 임명했다. 만델라가 부텔레지를 내무장관으로 임명한 이유는 그를 곁에 묶어두기 위한 것이었다. 이것이 만델라의 방식이다. 라이벌을 곁에 두고 늘 감시하면서 쓸데없는 일을 꾸미지 못하도록 예방하는 만델라의 전략이 부텔레지의 경우에도 적용된 것이다.

담대한 결정자로 알려진 데클레르크는 해방자가 아니었다. 그는 조심스러운 실용주의자였다. 그는 결코 백인의 지배를 포기할 사람이 아니었다. 그는 백인과 흑인 간에 권력을 균점하는 안을 선호했다. 선거를 통해 다수 흑인이 모든 권력을 가져가는 것에는 절대 반대하면서 비례대표적인 시스템을 통해 백인의 비토권을 유지하려고 했다. 만델라는 이러한 시스템을 위장된 아파르트헤이트로 간주했다. 국민당의 전략은 인카타자유당과 연합하여 반ANC 전선을 구축하고 혼혈계를 국민당으로 편입시키는 것이었다. 국민당은 흑인 세력을 이간시켜 어부지리를 취하려고 했다. 만델라가 무력 투쟁을 중단키로 발표한 후에도 폭력은 그치지 않았다. 경찰이 인카타에게 무기를 공급하고 그들을 부추겨 ANC를 공격했기 때문이다. 만델라는 폭력의 뒤에는 '제3의 세력'이 숨어있다고 비난했다. 만델라는 부텔레지를 수차례 만나 폭력을 중단키로 합의했다. 그러나 좀처럼 폭력은 사라지지 않았다. 매달 수백 명씩 사망자가 발생했다. 이 때문에 만델라는 폭력의 뒤에 백인 정부가 숨어있다고 확신했다.

1991년 7월 ANC는 30년 만에 처음으로 남아공 내에서 전당대회를 가졌다. 이 전당대회에서 만델라가 의장으로 선출되었으며 사무총장에는 라마포사(Cyril Ramaphosa)가 선출되었다. 그러나 폭력사태는 계속되었다.

7

만델라의 **가정생활**

만델라의 사랑 그리고 그의 가정생활은 어떠했을까? 비록 27년간이나 감옥에 갇혀있었지만 만델라는 가정을 포기한 적은 없었다. 물론 그가 아버지로서 그리고 가장으로서 평범한 생활을 할 수는 없었다. 어느 날 그의 장남이 그에게 물었다. "아버지는 왜 매일 밤 우리와 함께 지낼 수 없나요. 다른 아버지처럼 그럴 수 없나요?" 이에 대한 만델라의 답은 "이 나라에는 수백만 명의 너와 같은 아이들이 나를 필요로 하고 있단다."라는 것이었다. 만델라는 속으로 눈물을 흘리면서 이와 같이 말할 수밖에 없었다. 만델라도 평범한 아버지가 되는 것을 원했지만 세상은 그를 평범한 아버지로 놓아두지 않았다.

만델라와 저스티스 왕자가 몰래 조벅으로 도망치려는 계획을 세우고 있던 때 종진타바 섭정은 두 사람을 동시에 결혼시켜 부족에 묶어두기 위해 이미 부족 내에서 적절한 신붓감을 골라놓고 있었다. 그러나 만델라는 전통적인 결혼을 할 생각이 전혀 없었다. 그는 서양식으로 마음에 드는 사람을 만나 교제한 후 결혼할 것을 계획하고 있었다. 이후 만델라가 조벅에서 법과대학에 다닐 때 그의 친구 시술루가 어머니 쪽 친척 여동생을 소개해주었고 서로를 좋아하게 된 두 사람은 곧 결혼했다. 두 사람은 혼인서약만 하는 약식 결혼식을 올렸다. 트란스케이 출신으로 조용하고 차분한 성품을 가진 에블린 마세(Evelyn Mase)라는 여자였다. 트란스케이의 엥코보(Engcobo)에서 1921년에 태어난 마세는 유아시절 광산 근로자였던 아버지가 사망했고 어머니는 12세 때 사망했다. 그녀는 오빠의 도움으로 성장했다. 만델라를 만났을 당시 마세는 간호사 교육을 받고 있었다. 둘 사이에 4명의 자녀가 있었는데 한 아이는 일찍 죽고 말았다. 두 사람은 올란도 8115번지에 있는 방 3개짜리 좁은 집에서 살았다. 이 집은 늘 찾아오는 사람들로 넘쳤다. 만델라 부부는 누구든 찾아오는 사람들을 환대했다. 처음에는 만델라의 여동생이 이 집에서 함께 살았고 나중에는 어머니가 함께 살았다.

점차 ANC 활동에 깊숙이 개입하면서 가정을 등한시하게 된 만델라를 부인은 용납하지 않았다. 여호와의 증인 단체에 가입한 마세는 종교적으로 깊이 빠져들면서 만델라를 개종시키려고 노력했으나 만델라는 이를 받아들이지 않았다. 그녀는 만델라의 정치 활동은 젊은 시절 한때의 방황일 뿐이며 만델라는 궁극적으로 트란스케이로 돌아가 변호사로서 왕의 자문관 역할을 해야 한다고 주장했다. 만델라는 그의 정치활동은 일시적인 것이 아니고 평생의 꿈이며 자신에게 가장 소중한 일이라고 에블린을 설득했으나 그녀는 귀를 기울이지 않았다.

장래의 꿈에 대한 견해가 다른 두 사람 간에 갈등이 점점 깊어졌다. 직장과 ANC 활동을 병행하는 만델라의 당시 일정은 빽빽해서 아침 일찍 집을 나서 저녁 늦게 집으로 돌아오는 생활이었다. 에블린은 매일 밤늦게 돌아오는 만델라를 용납하지 않고 만델라가 다른 여자를 만나고 있다고 의심했다. 사실 만델라는 에블린과의 사이가 벌어지면서 자신의 변호사 사무실 비서 등 다른 여자들을 만나고 있었다. 그러나 불화의 결정적인 원인은 서로의 다른 목표를 이해하지 못하는 데 있었다. 에블린은 만델라의 정치활동을 젊은 시절 한때의 불장난으로 생각했다. 에블린은 자신들이 언젠가는 조벅을 떠나 고향 트란스케이로 가서 그곳에서 영향력 있는 생활을 하게 될 것으로 생각했다. 반면 만델라는 조벅을 떠날 생각이 전혀 없었다. 견해 차이를 좁힐 수 없었던 두 사람은 결국 이혼하고 말았다.

그러다가 만델라는 1957년 사회복지사로 일하고 있던 위니 마디키젤라(Winnie Madikizela)를 만났다. 당시 22세의 위니는 아름답고 순진한 시골처녀였다. 세 아이를 거느리고 있는 38세의 만델라는 성공한 변호사 그리고 독립투사로서 이미 이름을 날리고 있었다. 만델라는 후에 올리버 탐보의 아내가 되는 애들레이드(Adelaide)를 통해 위니를 정식으로 소개받았다. 위니의 부모는 앞으로 만델라가 제집 드나들듯이 감옥에 드나들 가능성이 높은 것으로 판단하여 교제에 반대했다.

그러나 위니 부모의 강한 반대에도 불구하고 두 사람은 1958년 결혼했다. 위니의 부모는 지나치게 엄격한 사람들이었다. 아버지 콜럼버스(Columbus Madikizela)는 학교 선생님이자 성공한 농부 그리고 사업가였다. 그는 매우 권위적이고 사나운 성격을 가졌으므로 자식들은 아버지를 매우 두려워했다. 그가 방으로 들어오면 아이들은 모두 일어서서 맞이해야 했으며 아버지의 허락이 있어야 앉을 수 있었다. 그는 애들에게 전혀 애정 표시를 하지 않았다. 애들을 안아주거나 쓰다듬어주는 일도 없었다. 그가 애들과 신체적 접촉을 하는 경우는 애들에게 체벌을 가할 때뿐이었다. 어머니 거트루드(Gertrude)도 교사였는데 그녀 역시 칼바람을 날리는 성격으로 애들을 강하게 훈육해야 한다는 신념을 가지고 있었다. 그녀는 애들에게 최소한 하루에 두 번 정도는 큰소리로 기도하도록 강요했다. 위니는 어머니가 '광신주의자'였다고 말하고 있다. 거트루드는 또한 지나친 청결주의자로서 애들이 몸을 철저하게 씻고 집안을 청결하게 유지토록 했다. 저녁마다 애들은 몸을 깨끗하게 씻었는지 검사를 받았으며 피가 날 때까지 이를 닦아야 했다. 이러한 부모 밑에서 자란 위니는 정서적으로 과격한 성향을 보였다. 그녀는 어려서 언니와 다툴 때 흉기로 언니를 공격한 일도 있었다. 거트루드는 위니를 자식들 중에서 가장 성격이 못된 말썽꾸러기로 간주해 주기적으로 그녀를 때렸다. 부모의 지나치게 엄격한 훈육과 체벌은 위니를 반항적이고 폭력적인 성향의 인물로 만들었다.

이 당시는 만델라가 반역죄로 ANC 지도층과 함께 재판받고 있던 때였다. 그는 금족 명령으로 조벅에 발이 묶였으며 집회에도 참가할 수 없었다. 장기간 반역 재판을 받는 동안 심신이 피로해진 데다 변호사 사무실을 운영할 수 없어 재정적으로도 큰 타격을 입었다. 에블린과 헤어져 가족이 분산됨으로써 그는 애들을 제대로 보살필 수도 없었다. 이와 같은 극한 상황에서 위니와의 결혼은 만델라에게 하나의 돌파구였다. 하지만 17세라는 나이 차이에다 전처에게서 난 3명의 아이들을 거느리고 있는 재혼남과의 결혼생활이 쉬울 리는 없었다. 무엇보다 정치적으로 강한 신념을 가진 만델라를 이해하고 지

넬슨 만델라

| 만델라와 위니 마디키젤라(Winnie Madikizela)

지하는 것이 성공적 결혼생활의 관건이었다. 다행히 위니는 결혼 후 빠르게 교화되었다. 만델라의 권유도 있었지만 그녀는 자발적으로 ANC 활동에 참여했으며 ANC 여성연맹에 가입했다. 그러나 만델라는 내심 위니의 정치활동을 불안하게 생각했다. 위니는 아프리카 기준으로 보아 부유한 집안 출신으로 어려서부터 어려움을 겪어본 적이 없었다. 당시 재판 중이었던 만델라는 수입이 끊겨 위니가 병원에서 버는 조그만 수입으로 생활하고 있었다. 만일 위니가 체포될 경우 이 수입원이 끊어질 뿐 아니라 위니는 전과자 낙인이 찍혀 다시 일자리를 구하기 어려웠다. 뿐만 아니라 위니는 임신 중이어서 만일 감옥에 갇힐 경우 여러 가지 어려움이 예상되었다.

만델라는 이러한 이야기를 위니와 나누면서 가급적 위니의 정치활동을 축소시키려 했다. 그러나 성격이 강한 위니는 만델라의 권고에도 불구 정치활동을 축소할 생각이 없었다. 선천적으로 정치적 감각을 타고난 위니는 오히려 ANC 활동을 더 강화하기로 마음먹었다. 위니의 확고한 결심을 알게된 만델라는 정치활동을 축소시키려던 생각을 버리고 그녀가 하는 일을 지지하기로 했다. ANC 집회에 참석했다가 처음 경찰서 유치장에 갇혔던 때 면회 온 만델라를 보고 위니는 씩 웃었다. 위니는 매우 행복한 모습이었다. 마치 이 순간을 기다려온 것 같았다. 만델라는 이를 보고 위니가 앞으로 자신의 정치활동에 있어서 동지가 될 것으로 생각했다. 이런 그의 생각은 오랜 세월이 지난 후 반은 맞고 반은 틀린 결과로 나타났다.

위니의 부모가 우려했던 대로 만델라는 결혼 직후 지하로 잠적했으며 위니와는 극비리에 가끔씩 만났다. 순진하던 위니는 만델라가 수감된 후 점차 열정적인 독립투사로 변모했다. 독립투사가 된 그녀는 흑인들에게 '국가의 어머니' 격이었다. 감옥에 있으면서 만델라의 위니에 대한 사랑은 더욱 깊어졌고 그는 편지를 통해 이를 절절히 표현했다. 1970년 위니가 수감되자 만델라는 홀로 남게 된 아이들 걱정에 밤잠을 설쳤다. 그러나 1990년 만델라가 출옥했을 때 그는 위니와의 사랑을 지킬 수 없다는 사실을 깨달았다. 떨어져 지내온 오랜 세월의 무게가 그들을 짓눌렀다. 그들은 서로 간에 너무 큰 의견 차이가 있음을 느꼈다. 이미 그들은 27년 전의 커플이 아니었다. 위니와 떨어져 지낸 시간은 너무 길었고 그동안 위니는 너무 많이 변했을 뿐 아니라 만델라와의 순정을 지키지도 않았다. 그녀에게는 다른 남자들이 곁에 있었다. 1992년 4월 만델라는 결국 위니와 결별했다.

홀로 지내던 만델라는 모잠비크 독립의 영웅 사모라 마셀의 미망인 그라샤(Graça)를 알게 되었다. 그녀와는 1990년 처음 모잠비크에

| 만델라와 그라샤(Graça Mandela)

서 만나 비밀리에 교제를 시작했다. 그러다가 1992년 위니와 결별한 후 본격적으로 사귀게 되었다. 만델라의 요청에도 불구하고 '모잠비크의 국모' 격인 그라샤는 결혼을 꺼렸다. 그러다가 1996년 만델라는 공식적으로 위니와 이혼하고 1998년 공개적으로 그라샤와의 교제 사실을 밝히면서 그녀와 결혼했다. 위니와의 이혼 청문회에서, 만델라는 "위니는 내가 깨어있는 동안 침실에 들어온 적이 한 번도 없었다. 나는 세상에서 가장 고독한 사람이었다."라고 고백했다.

결혼식이 열린 1998년 7월 18일은 만델라의 80세 생일이었다. 사랑을 끝까지 버리지 않았던 만델라는 인생 말년인 80세에 진정한 사랑을 찾았다. 그라샤는 만델라보다 27세 연하였다. 그녀는 강한 성격을 가졌으나 위니처럼 사람을 지배하려 드는 성격은 아니었다. 그라샤는 감리교 장학금으로 리스본 대학을 다녔다. 대학 졸업 후 탄자니아에서 프렐리모 요원으로 훈련을 받던 중 사모라 마셸을 만났다.

1975년 모잠비크가 독립한 후 그라샤는 29세의 나이로 교육부 장관을 지냈다. 그 직후 그라샤는 사모라 마셀[1]과 결혼했다. 그라샤는 초혼이었으나 마셀은 두 번째 결혼이었다. 그라샤는 6명의 마셀 자녀들을 손수 키웠다. 그라샤는 아동 복지 문제에 개입하면서 만델라의 아동 기금(Children's Fund)과 연관을 갖게 되었으며 이것이 만델라와 사귀게 된 계기가 되었다. 만델라는 그라샤의 따뜻한 성격, 우아함 그리고 아이들을 깊이 사랑하는 태도에 깊은 감명을 받았다.

---

1) 사모라 마셀은 1963년 모잠비크해방전선(FRELIMO)에 가담하여 무장 투쟁을 벌이던 중 1969년 지도자 몬로라네가 암살되자 그의 뒤를 이어 1970년 의장이 되었다. 1975년 모잠비크의 독립과 함께 초대 대통령으로 취임했으며 사회주의국가 건설을 모토로 삼았다. 그러나 성급한 사회주의 정책으로 인한 경제 혼란과 남아공 백인 정부의 지원을 받는 우파 게릴라 모잠비크민족저항운동(레나모)과의 무장 투쟁이 격화되어 궁지에 몰리자 서방 측에 접근하는 외교정책으로 노선을 변경했다. 1982년 9월 유럽공동체와 개발도상국 간 경제협력을 추진하는 로메협정에 가입했으며 1983년 10월에는 유럽 6개국을 순방하기도 했다. 1986년 10월 의문의 비행기 추락 사고로 사망했다.

넬슨 만델라

8

만델라의 **성장과정**

만델라는 제1차 세계대전이 끝나던 1918년 7월 18일 남아공 동남부 트란스케이의 수도 움타타(Umtata) 부근의 음베조(Mvezo)라는 조그만 마을에서 태어났다. 트란스케이는 넓이가 스위스와 비슷한 큰 주로 350만 명 주민 중 대부분이 코사(Xhosa)족이었다. 만델라는 코사족의 방계인 템부(Thembu) 부족에 속했다. 아버지 가들라 음파카니스와(Gadla Mphakanyiswa)는 템부족의 추장으로서 종길리즈웨와 종진타바(Jongintaba Dalindyebo) 등 2대에 걸친 코사왕(또는 섭정)의 자문관이었다. 가들라는 유명한 코사족 왕 은구벵쿠카(Ngubengcuka)의 후손이었다.

가들라는 문맹이었으나 연설에 능했고 영향력이 있었다. 그는 종길리즈웨 사후 후계자를 놓고 논쟁이 벌어졌을 때 종진타바를 밀어 그를 섭정으로 옹립할 만큼 영향력이 있었다. 종길리즈웨에게는 본처로부터 태어난 사바타 왕자가 있었으나 그는 너무 어려 아직 왕위를 이어받을 수 없었다. 가들라에게는 모두 4명의 부인이 있었는데 만델라는 그중 셋째 부인의 소생이었다. 가들라는 4명의 아들과 9명의 딸 등 모두 13명의 자녀를 두었다. 만델라는 셋째 부인 노세케니(Nosekeni Nkedama)의 첫 번째 소생이었다. 가들라는 4명의 부인 집에 1

주일씩 교대로 기거했다. 그는 자녀들에게 엄격했으며 이들의 철저한 복종을 원했다. 아버지에게 말대꾸를 하거나 질문하는 것도 허용되지 않았다. 템부족에게는 많은 관습과 타부가 있었다. 만델라는 어려서부터 이러한 관습과 타부를 철저히 익히면서 자랐다. 반골 기질이 있던 가들라가 사소한 사건으로 말미암아 식민당국에 의해 추장직을 박탈당했다. 음베조 마을 사람 한 명이 가들라가 소 한 마리가 도망치는 것을 방조했다고 식민당국에 고발했다. 식민당국은 이 사건을 조사한다는 명목으로 가들라에게 소환장을 발부했는데 가들라가 이에 응하지 않았던 것이다.

이 사건 후 만델라의 가족은 음베조 북쪽에 있는 쿠누(Qunu)로 거처를 옮겼으며 만델라는 이 쿠누에서 그의 유년시절을 보냈다. 쿠누에는 아마음펭구(AmaMfengu)라는 소수 부족이 있었다. 이들은 1820~1840년 사이에 일어난 임페카네(iMfecane)라고 불리는 난을 피해 벽지인 쿠누로 피신 온 사람들이었다. 임페카네 전쟁 때 호전적인 줄루족은 모든 다른 종족을 군사적으로 자신의 지배하에 두려고 했던 것이다. 아마음펭구족은 주로 백인 농장에서 일했다. 이들은 부지런하고 학구열이 높은 종족이었다. 이들은 백인과의 접촉을 통해 보다 높은 교육을 받고 기독교를 받아들였다. 이들은 주로 성직자, 교사, 경찰, 서기, 통역 등으로 일했으므로 코사족에 비해 높은 생활수준을 누렸다.

만델라의 아버지는 이 아마음펭구족 출신 중 한 형제들과 가깝게 지냈는데 이들의 권유로 아들 만델라를 학교에 보냈다. 만델라가 학교에 등교한 첫날 여선생이 모든 학생들에게 영국식 이름을 지어주

넬슨 만델라

었는데 만델라에게는 넬슨이라는 이름을 주었고 이때부터 만델라의 이름은 넬슨이 되었다. 만델라는 가까운 친구들에게는 마디바(씨족의 명칭)라는 애칭으로 불렸다. 만델라가 태어났을 때 그에게 주어진 이름은 롤리홀라홀라(Rolihlahla : 말썽꾸러기라는 뜻)였다.

만델라가 9세 때 아버지가 죽자 만델라는 쿠누로부터 코사족 왕궁이 있는 음케케즈웨니(Mqhekezweni)로 거처를 옮겼다. 종진타바 섭정이 그의 후견인이 되기로 했던 것이다. 종진타바는 만델라의 아버지가 자기를 섭정으로 옹립한 은혜를 잊어버리지 않았다. 만델라는 그곳에서 저스티스(Justice) 왕자, 노마푸(Nomafu) 공주 등과 함께 살았다. 종진타바와 그의 부인 노잉글랜드(NoEngland)는 만델라를 차별하지 않고 그들의 자식과 똑같이 대우했다. 저스티스는 만델라보다 4살 위였는데 만델라는 그를 친형과 같이 따랐다. 미남인데다 외향적이고 운동신경이 뛰어난 저스티스는 어릴 적 만델라의 우상이었다. 만델라는 부족회의를 참관하면서 일찍이 종진타바의 민주적인 리더십에 감동을 받았다. 종진타바는 누구의 어떤 이야기든 경청했으며 자신에 대한 비판을 겸허히 수용했다. 종진타바는 늘 다른 사람들의 의견을 듣고 있다가 마지막에 가서야 자신의 견해를 밝히곤 했다. 종진타바는 결정을 강요하는 법이 없었으며 늘 컨센서스를 추구했다.

만델라는 코사족의 역사를 배우면서 백인들이 코사족을 어떻게 분리시켰고 역사를 어떻게 왜곡시켰는지에 대해 알게 되었다. 원래 템부, 코사, 줄루는 함께 살았던 종족들인데 백인이 땅을 차지하기 위해 이들을 인위적으로 분리시켰다는 사실도 알게 되었다. 만델라는 16세가 되었을 때 할례를 받았던 기억을 소상히 말하고 있다. 할례는 다른 많은 아프리카 종족과 같이 코사족에게는 성인식이었다. 할례를 위한 준비과정, 할례를 받을 때의 고통, 상처가 나을 때까지 집단으로 기거했던 일, 무사히 할례를 마친 후 성인이 된 기념으로 소와 양을 선물로 받았을 때의 짜릿한 기쁨 등을 만델라는 영화 속의 장면과 같이 상세히 기억하고 있다. 할례는 부모와 친척들의 입회하에 진행되었다. 잉시비(ingcibi)라고 불리는 할례 전문가가 예리한 칼 아쎄가이(assegai)를 들고 단숨에 표피를 잘라냈다. 누구도 말을 하거나 소리를 내는 것이 허락되지 않았다. 아무리 고통이 심하더라도 당사자는 어떠한 소리를 내거나 주먹을 쥐거나 얼굴을 찡그리는 것도 허용되지 않았다. 마치 목석과 같이 앉아있어야 했다. 표피가 잘라져나간 후 당사자는 비로소 "은디인도다(Ndiyindoda) : 나는 이제 성인이다." 라고 큰 소리로 외쳤다.

그러나 성인식 후 축하연에서 한 추장이 흑인은 백인의 노예가 되었으므로 장래가 없다고 말했던 사실은 만델라에게 큰 충격을 안겨주었다. 이 추장의 말을 듣고 만델라는 너무 분노해서 한때 이 추장을 증오하기까지 했다고 고백하고 있다. 그것은 이때까지 만델라가 백인을 억압자가 아니라 은혜를 베푸는 사람으로 생각하고 있었기 때문이었다. 그러나 점차 세상을 알게 되면서 이 추장이 말한 것이 모두 사실이라는 것을 깨닫고 만델라는 거의 절망에 빠지게 되었다.

만델라가 초등학교를 졸업하자 종진타바는 그를 클라크베리(Clarke-bury)라는 선교사가 운영하는 기숙사 학교에 보냈다. 클라크베리는 트란스케이 주에서 가장 이름있는 중고등학교 겸 사범학교였다. 종진타바는 만델라를 잘 교육해서 나중에 왕이 될 사바타의 자문관으로 삼으려 했다. 1937년 19세가 되었을 때 만델라는 힐드타운(Heald-town)에 있는 감리교 미션스쿨로 옮겨 고등학교 과정을 마쳤다. 힐드타운 미션스쿨은 클라크베리보다 훨씬 큰 학교로서 여러 부족에서 온 학생들이 이 학교를 다니고 있었다. 만델라는 이곳에서 종족이 다른 사람들과 어울리는 법을 배웠다.

새파랗게 젊은 만델라는 이 당시 정치에는 전혀 관심이 없었다. 대신 그는 스포츠에 큰 관심을 가졌다. 복싱, 축구 그리고 장거리 달리기 등이었다. 스포츠를 익히면서 기른 체력과 절제력은 나중에 그의 큰 자산이 되었다. 고등학교를 마치고 난 후 그는 포트헤어 대학에 입학했다. 포트헤어 대학은 남아공 내 유일한 흑인 대학이었다. 그가 평생지기인 올리버 탐보를 만난 것도 포트헤어에서였다. 탐보는 템부 동북쪽 비자나(Bizana)라는 조그만 마을 출신이었다. 그의 부모는 가난하고 무식한 농민이었다. 초야에 묻힐 뻔한 그를 구해준 것은 성공회 출신 선교사였다. 선교사의 도움으로 조벅의 성공회 학교를 졸업한 탐보는 장학금을 얻어 포트헤어에 입학할 수 있었다. 포트헤어 재학 시절 만델라와 탐보는 공부하는 과목과 기숙사가 달라 서로 만날 기회가 별로 없었으나 운명의 수레바퀴는 이들 둘을 하나로 묶었다.

앞에서 말한 학생회 임원 선거 사건으로 인해 포트헤어 대학을 중퇴한 만델라는 음케케즈웨니로 돌아와 종진타바에게 자초지종을 설명했다. 이야기를 들은 종진타바의 반응은 분노 그 자체였다. 만델라가 학교를 무사히 마친 후 사바타의 자문관으로 삼으려는 그의 계획에 차질이 생겼기 때문이다. 그는 1년 후 만델라가 다시 학교로 돌아갈 것을 강력히 주장했다. 그러다가 종진타바는 부족 내 귀족 집안 출신의 여성을 간택하여 저스티스와 만델라를 동시에 결혼시키려 했다. 만델라의 신부로 간택된 여성은 템부족 제사장의 딸이었다. 그러나 두 사람은 전통적인 결혼을 받아들일 생각이 전혀 없었다. 종진타바가 두 사람의 결혼을 강제하려 하자 막다른 골목에 몰린 두 사람은 도망치기로 결정했다. 만델라의 인생에 있어서 중요한 전기가 이렇게 해서 마련된 것이다.

이런 사연을 겪으면서 두 사람은 종진타바 곁을 떠나 우여곡절 끝에 조벅으로 올라오게 된다. 만델라의 나이 22세인 1941년의 일이었다. 낯선 조벅에 올라온 만델라는 광산의 경비원, 법률회사의 사환 등을 전전하면서 월터 시술루, 가우어 라데베(Gaur Radebe) 등을 비롯하여 자신의 인생에 영향을 미치게 될 여러 사람들을 만나게 된다. 특히 만델라의 인생을 바꾸어 놓게 되는 시술루는 만델라와 마찬가지로 트란스케이 출신으로서 만델라보다 6살이 많았다. 만델라가 그를 만났을 때 시술루는 1940년 ANC에 가입하여 이미 영향력 있는 지부 지도자가 되어 있었다.

이때부터 시종일관 만델라와 같은 길을 걸어간 시술루는 만델라의 정치 인생에 가장 중요한 영향을 미쳤으며 평생 친구가 되었다. 시술루는 시내에서 부동산 사무소를 운영했는데 만델라에게 일자리를 구해주었고 그가 방송통신 과정으로 남아프리카 대학을 졸업할 수 있도록 재정적으로 도와주었다. 여러 사람들을 만나면서 만델라의 생각은 차츰 바뀌었다. 그는 포트헤어 시절까지만 하더라도 영어에 능숙하고 사업에 성공한 사람들은 모두 대학 졸업생일 것이라고 짐작

넬슨 만델라

했다. 그러나 그가 조벅에서 직접 만난 사람들 중 대학 졸업생은 드물었다. 시술루만 하더라도 초등학교 출신에 불과했고 가우어는 정규교육을 전혀 받지 않았다. 그러나 그들은 만델라보다 훨씬 더 유창하고 웅변적인 영어를 구사하고 있었다. 이들을 지켜보면서 대학 졸업장이 성공을 위한 지름길이라는 종래의 생각을 접게 되었다.

만델라는 시술루의 소개로 라자르 시델스키라는 백인 변호사를 알게 된 후 그가 일하는 유대계 로펌에서 사환으로 일하면서 남아프리카 대학(UNISA)의 방송통신 과정에 등록했다. 학사 학위를 딴 후 법대에 진학하기 위해서였다. 만델라가 로펌에서 받는 주급은 2파운드였다. 만델라는 흑인 밀집 지역인 알렉산드라에서 조그만 방에 세 들어 살았는데 집세, 교통비, 식품비 등을 이 적은 돈으로 해결해야 했으므로 늘 쪼들렸다. 만델라는 교통비를 아끼기 위해 왕복 20킬로미터나 되는 사무실까지 걸어 다녔으며 하루 한 끼 정도로 식사를 해결해야 했다. 집주인이 일요일 점심때 차려주는 한 끼의 따뜻한 음식이 그가 1주일 동안에 접하는 유일한 정찬인 경우가 대부분이었다.

1942년 겨울 종진타바의 부음 소식을 듣고 장례식 참석을 위해 저스티스와 함께 트란스케이로 돌아간 만델라는 어릴 적 자신의 꿈이었던 하급 관리 또는 통역사가 더 이상 자신의 꿈이 아니라는 사실을 깨달았다. 자신은 더 이상 템부족이나 코사족의 전통에 매여 있지 않다는 사실도 깨달았다. 만델라의 인생관이나 가치관은 그동안 근본적으로 변했다. 그가 조벅에서 지낸 세월이 그를 이렇게 변하게 만들었던 것이다. 그러나 저스티스는 입장이 달랐다. 그는 아버지의 뒤를 이어 템부족 부족장(대추장)이 되어야 할 운명이었다. 저스티스는 음케케즈웨니에 남기로 결정했다. 저스티스와 다른 길을 걸어야 하는 만델라는 저스티스의 즉위식에 참석하지 않고 조벅으로 돌아갔다. 1942년 말 만델라는 남아프리카 대학을 졸업했다. 이 시절 만델라는 법률사무소에서 함께 일하던 라데베에 의해 교화되었다. 라데베는 만델라에게 ANC의 중요성, 교육의 힘, 실천의 힘 등에 대해 많은 교훈을 심어주었다.

1943년 8월 만델라는 라데베 및 1만여 명의 시민과 함께 버스 요금 인상에 반대하는 가두시위에 참가했다. 이것이 만델라가 행한 최초의 정치 활동이 되었다. 남아프리카 대학에서 학사 학위를 취득한 만델라는 1943년 위트워터스랜드 대학 법대에 입학해서 변호사가 되는 과정을 밟았다. 그곳에서 만델라는 조 슬로보(Joe Slovo)와 나중에 그의 아내가 되는 루스(Ruth First) 등 유대인을 만났으며 백인 또는 인도계 남아공인들과도 폭넓은 친분관계를 구축했다.

#9
아파르트헤이트 **체제 강화**

　만델라가 살았던 시절, 인종 차별이 팽배하던 시절 흑인의 전형적인 모습은 다음과 같다. 이들은 흑인 전용 병원에서 태어나 흑인 전용 버스를 타고 귀가한 후 흑인 지역에서 살면서 흑인 학교를 다녀야 했다. 이들이 성장하면 흑인 전용 주택에 세 들어 살면서 흑인 전용 일터에서 일했다. 이들은 흑인 전용 기차를 타고 출퇴근하면서 밤낮 없는 불심 검문 때마다 'Pass'라고 불리는 통행증을 제시해야 했으며, 통행증이 없는 경우에는 감옥으로 끌려가야 했다. 이것이 당시 흑인의 생활상이었다.

　흑인들의 생활은 Pass법(통행법)에 의해 엄격히 규제되었다. 백인 가정에서 하인으로 일하는 흑인을 제외한 모든 흑인들은 도시 내에 지정된 특별구역에서 거주해야 했다. 18세 이상의 자녀들은 허가증이 없는 한 특별구역에서 부모와 함께 거주할 수 없었다. 규모가 큰 특별구역에서는 부인도 허가증이 없이는 남편과 함께 거주할 수 없었다. 모든 도시에는 통행금지 시간이 있었다. 큰 도시에서는 밤 11시 그리고 작은 도시에서는 밤 9시 반이 일반이었다. 통행금지 시간에 밖으로 나가려면 백인이 발급한 특별 패스가 있어야 했다. 패스는 흑인의 모든 생활과 직결되어 있었다. 흑인에게는 패스가 바이블보다 더 소중했다. 흑인은 대표권이 없었다. 흑인은 자신들의 이익을 대변할 백인 하원의원 3명과 상원의원 4명을 선출할 투표권만 가졌다. 이밖에 흑인은 12명으로 구성되는 토착민 대표회의(Native Representative Council) 멤버를 선출할 권한을 가졌다. 그러나 토착민 대표회의는 순전한 자문 기구로서 입법권이나 예산권 등 실질적인 권한은 전혀 보유하지 않았다.

1912년 블룸폰테인에서 ANC가 창립되었을 때 창립 멤버는 모두 흑인 엘리트들이었다. 이들은 좋은 교육을 받고 전문직에 종사했으며 기독교 이념으로 무장된 보수층이었다. 이들은 서구의 법과 가치를 신봉하는 사람들로서 이들이 ANC를 창단한 목적은 흑백 평등을 주장하기 위한 것이 아니라 자신들의 기득권을 지키기 위한 것이었다. ANC의 이러한 전통은 만델라 등 청년들이 본격적인 반아파르트헤이트 투쟁을 전개할 때까지 지속되었다.

만델라가 활동을 개시할 당시 ANC는 미국, 영국, 헝가리 등지에서 의학 공부를 한 엘리트 의사 출신 슈마(Alfred Xuma)가 이끌고 있었다. ANC는 투쟁 단체라기보다는 신사 클럽과 비슷했다. 지도부는 백인 정권과 의견을 달리하면서도 늘 신사적인 자세로 대했다. 이들은 백인정권에 저항하여 투쟁할 생각은 없고 백인과의 우호적인 관계를 즐기고 있는 듯했다. 이러한 배경 아래에서 1944년 ANC 청년 리그가 결성되었다. 젊은 엘리트들은 기성세대의 투쟁방식에 큰 불만을 가졌다. 이들은 백인 정부와 정면으로 맞서기 원했다. 그러나 이들은 아직 경험이 없어 실제적으로 어떻게 일을 해야 하는지 잘 몰랐다.

이들 대부분은 교사나 다른 전문 직업을 가진 사람들이었다. 이들은 리더인 렘베데(Anton Lembede)에게 크게 의존했다. 당시 29세의 렘베데는 교사 출신으로 법률 공부를 위해 조벅에 와있었다. 렘베데는 역사의식이 확실하고 박식했으며 아프리카는 아프리카인의 땅이라는 신념을 가지고 있었다. 렘베데는 흑인이 백인의 문화와 리더십을 모방할 것이 아니라 스스로의 문화와 전통에 자신감을 갖고 이를 발전시켜 나가야 한다고 주장했다. 흑인들은 종족에 관계없이 단결해야 하며 자신의 미래를 스스로 결정해야 한다고 역설했다. 지금까지 들어보지 못한 렘베데의 신선한 주장에 만델라는 매료되었다.

청년 리그에서는 렘베데가 의장, 올리버 탐보가 총무, 시술루가 재무를 맡았고 만델라 등은 집행위원회 위원으로 선출되었다. 청년 리그의 헌장은 1912년에 제정된 ANC 설립 헌장과 크게 다르지 않았으나 ANC의 설립 이념에 충실한다는 내용이 포함되었다. 또한 백인 우월주의 정부를 축출하고 민주 정부를 수립한다는 내용이 강조되었다. 당시 만델라는 시술루의 집에 기거하였는데 이곳에서 그의 첫 번째 부인이 되는 에블린 마세를 만났다. 렘베데가 33세의 나이로 요절한 후에는 음다(Mda)가 청년 리그 의장을 맡았다. 렘베데는 점심 식사 후 갑자기 복통을 호소했다. 통증이 심해지자 급히 병원으로 옮겼으나 그날 저녁 죽고 말았다. 청년 리그는 그동안 렘베데의 리더십으로 이끌어왔는데 그가 갑자기 죽자 일시적으로 공동현상이 생겼다.

한편으로는 렘베데가 강한 성격으로 지나치게 아프리카니즘(Africanism)을 밀어붙였기 때문에 청년 리그의 성장에 장애가 된 측면도 있었다. 후임인 음다는 보다 분석적이고 온건한 사람이었다. 그는 아프리카니즘 대신 아프리카 민족주의(African Nationalism)를 선호했으며 이는 곧 청년 리그의 새로운 이념이 되었다. 아프리카니즘은 흑인의 이익을 무엇보다 우선시하는 반면 아프리카 민족주의는 보다 유연하고 현실성 높은 접근 방식을 택해 다른 그룹의 주장도 수용하는 융통성을 보였다.

1910년 연합정부가 수립되자 남아공은 영국과 보어인이 합동으로 통치하는 국가가 되었다. 수상은 보타, 스머츠(Jan Smuts), 헤르초크(Hertzog) 등과 같은 아프리카너 출신 장군들이 차지했으나 관료들은 대부분 영국인이었다. 여전히 영국의 강한 영향 아래에 있는 남아공은 영국기와 영국 국가를 사용해야 했으며 영국인이 산업·무역·금융·광산 등 경제계를 지배했다. 그뿐만 아니라 남아공은 전쟁과 평화의 문제에 있어서 독자적인 결정을 내릴 수 없었고 영국의 지시에 따라야 했다. 양 민족 간의 갈등이 깊어지자 나라가 분열될 것을 우려한 헤르초크 장군은 1914년 국민당을 창당했다. 국민당은 양 진영이 독자적으로 문화와 전통을 발전시켜 나가면서 동등한 지위를 누리는 것을 목표로 했다.

1924년 이래 수상으로 재임한 헤르초크는 스스로 정한 목표를 거의 달성했다. 영국이 공식적으로 독립국 지위를 승인한 남아공은 독자적인 국가와 국기를 채택하였으며 아프리칸스어는 공용어가 되었다. 정치적으로는 이와 같이 괄목할만한 발전이 있었으나 남아공 내 빈부 격차와 빈곤은 여전히 큰 문제였다. 1930년경 남아공 내 백인의 절반은 극빈층이었다. 이들은 일반 흑인과 같이 갈대와 흙으로 만든

오두막집에서 살았다. 이들은 굶주려야 했고 애들을 학교에 보낼 여력이 없어 빈곤층 자녀 절반 이상이 초등학교를 마치지 못했다. 이러한 극빈층 백인의 90% 이상이 아프리카너들이었다. 이러한 상황에서 아프리카너가 정권을 잡자 자연스럽게 아프리카너 민족주의가 태동했다. 이 민족주의는 영국과 동등한 권리를 목표로 했던 과거의 민족주의와는 달랐다. 보어인은 이제 자신이 지배하는 남아공을 원했다. 보어인은 과거 영국이 했던 대로 다른 민족을 희생시키더라도 아프리카너의 이익을 최우선으로 하고 아프리카너가 모든 것을 좌지우지하는 새로운 남아공을 건설하려고 했다. 이러한 배경에서 극단주의자 말란(Daniel Malan)이 출현하게 되었다.

제2차 세계대전이 발발하자 보어 진영 내에서 내분이 일어났다. 중립을 지켜야 한다는 헤르초크의 주장에 맞서 친영파이면서 처칠과 개인적으로 가까운 스머츠 장군은 연합군 편을 들어야 한다고 주장했다. 결국 스머츠가 승리하여 남아공은 연합군의 일원으로 참전했으며 헤르초크는 사임했다. 이 기회를 틈타 말란은 헤르초크 지지자들을 자신의 편으로 끌어들였다. 처음에 승기를 잡았던 독일의 패배로 결국 스머츠의 판단이 옳았다는 것이 증명되었으나 아프리카너들은 대부분 말란 진영으로 결집했다. 말란이 아프리카너의 이익을 가장 잘 대변할 것으로 믿었기 때문이다. 전시 특수로 경제가 호조를 띠자 많은 흑인들이 도시로 몰려들었다.

이제 도시에서도 흑인은 숫자에 있어서 백인을 압도하게 되었다. 그뿐만 아니라 흑인을 비롯한 유색인종의 인구 증가 속도는 백인을 위협했다. 1946년 인구조사에 의하면 백인은 100만 명이 늘어 250

만 명이 되었는데 유색인종은 450만 명이 늘어 900만 명 이상이 되었다. 백인은 흑인의 인구 증가와 도시 집중을 심각한 문제로 보기 시작했다. 이러한 상황에서 말란은 흑인을 영구히 격리시키기 위한 새로운 계획을 입안했다. 이것이 바로 아파르트헤이트였다. 아파르트헤이트는 1930년대 중반 아프리카너 지식인들이 흑인 문제를 다루기 위한 수단으로 고안한 것이었는데 말란이 이를 공공정책으로 채택했다. 아파르트헤이트는 한 마디로 인종 간 삶의 영역을 철저히 분리한다는 것이다. 주거·공공시설·교통·교육·정치 등 사회의 모든 측면에서 백인과 다른 인종을 분리한다는 것이다. 다른 인종에는 흑인뿐 아니라 혼혈과 인도계도 포함되었다. 이들은 흑인이 독자적으로 문화와 전통을 승계하고 경제를 발전시킨다는 구실을 내세웠다. 국민당은 이러한 이념이 기독교의 교리에 부합한다고 주장하고 성경을 인용해 '신은 인종을 분리할 것을 명했다'는 논리를 내세웠다.

흑인의 참정권이 없던 1948년 총선은 제2차 세계대전 시 영국을 지지했던 집권 연합당(United Party)과 야당인 국민당(National Party) 간의 한판 승부였다. 친영국계인 연합당은 얀 스머츠 장군이 이끌었고 아프리카너계인 국민당은 네덜란드 개혁교회(Dutch Reformed Church) 목사였던 말란이 이끌었다. 제2차 세계대전 때 독일을 지지했던 국민당의 슬로건은 '깜둥이는 그들의 자리에' 또는 '쿨리(인도계를 일컬음)는 나라 밖으로' 등과 같은 극심한 인종차별적인 것들이었다.

말란은 아파르트헤이트(Apartheid)라는 새로운 강령을 주창했다. 아파르트헤이트는 '분리(apartness)'라는 뜻이다. 이는 한마디로 흑인, 혼혈, 인도계 등을 영원히 백인과 분리하여 열등한 위치에 두자는 뜻이

넬슨 만델라

었다. 네덜란드 개혁교회는 "하나님은 아프리카너를 선택했고 흑인은 이에 복종해야 한다."라고 주장하면서 아파르트헤이트의 타당성을 교리적으로 뒷받침했다. 말란은 "유럽 종족이 앞으로도 통치를 계속하여 순수성과 문명을 유지할 것인가, 아니면 남아공이 비유럽인의 바다가 되어 백인이 표류하다가 사라지게 될 것인가?"라는 선동적인 표어를 내세워 표 몰이에 나섰다. 이 선거에서 국민당이 예상을 뒤엎고 승리함으로써 아파르트헤이트 체제가 공식적으로 출범했다.

말란 정부는 남아공 역사상 최초로 아프리카너가 전권을 장악한 정부였다. 공무원, 군인, 경찰, 국영기업 등 국가의 중추적인 영역에서 영국인이 쫓겨나고 아프리카너가 자리를 차지했다. 이와 동시에 흑인에 대한 박해가 시작되었다. 아프리카너 입장에서는 자신들이 영국인으로부터 2등 시민으로 취급당한 설움을 흑인에게 되갚아 주는 셈이었다. 말란은 취임하자마자 다른 인종 간 결혼을 금지하고 인종별로 주민등록을 하며 인종별로 거주 지역을 제한하는 법을 제정했다. 백인인지 흑인인지 구분이 어려운 경우 이들은 '연필 테스트'라는 방법을 사용했다. 흑인이 곱슬머리인 것을 감안하여 연필을 머리에 꽂아 바닥에 떨어지면 백인이고 떨어지지 않으면 흑인이나 혼혈이라는 식이었다. 하루아침에 강제로 거주지에서 쫓겨난 흑인들은 난민 신세가 되어 흑인 전용지역으로 몰려들었다. 이에 대해 ANC는 블룸폰테인에서 연례총회를 개최하여 행동 강령을 채택했다. 행동 강령의 주요 내용은 보이콧, 스트라이크, 시위, 소극적 저항 등 대중운동을 전개하는 것이었다.

지금까지 법의 테두리 안에서 수동적으로 저항해왔던 ANC가 국민당의 본격적인 인종차별정책으로 말미암아 적극적 저항으로 노선을 변경한 것이다. 젊은 개혁파들은 ANC의 노선 변경에 반대하는 슈마 의장을 밀어내고 모로카(Moroka)를 새 의장으로 선출했다. 슈마는 의사로서의 특권과 지위를 누리기만 원했을 뿐 개혁에는 전혀 관심이 없었다. 귀족 출신으로 역시 의사인 모로카는 슈마와 성향이 비슷했으나 개혁파의 노선 변경을 받아들였다. 대중운동 참가는 남아공 근로자에게 심각한 모험이었다. 남아공 법이 모든 종류의 시위를 금지하고 있었기 때문이다. 시위자는 체포되어 감옥에 가거나 일자리를 잃고 거주지에서 쫓겨남으로써 일생동안 곤란을 겪을 수 있었다.

ANC는 저항의 날(Day of Protest)을 주동하는 등 투쟁을 강화해나갔으며 만델라는 집행위원회 위원으로서 투쟁에 적극 동참했다. ANC는 신정부의 아파르트헤이트 정책의 근간이 되는 2개의 법, 즉 인구등록법과 집단지역법의 폐지를 목표로 투쟁을 벌였다. 인구등록법은 모든 인종을 구분하여 백인 이외의 인종을 노예화하려는 법이었으며 집단지역법은 흑인의 거주 지역을 제한하여 이들을 보다 효과적으로 감시 통제하려는 법이었다. ANC가 본격적으로 투쟁을 전개하자 당내에서 이견이 일었다. 만델라 등 몇몇 젊은 강경파는 흑인이 홀로 투쟁을 전개해야 한다는 입장이었으나 다른 사람들은 인도계 및 혼혈과 함께 연대투쟁을 하는 것이 보다 효과적이라는 입장이었다.

1950년 만델라가 청년연맹 의장으로 선출되었을 당시만 해도 일반 흑인들은 인도계나 혼혈에 대해 의구심을 가지고 있었다. 인도인은 대부분 가게 주인이나 상인들로서 흑인 노동력을 착취하고 있었기 때문이었다. 그러나 시술루 등은 만델라의 견해에 강력히 반대했다. 이들의 주장은 흑인, 인도인, 혼혈 모두 백인으로부터 차별을 받고 있는 공동운명체이기 때문에 함께 투쟁해야 하며 그래야만 백인 정권 축출이라는 궁극적 목표에 더 가까이 다가갈 수 있다는 것이었다. ANC 총회는 시술루 측의 의견을 채택했다. 이로써 ANC는 인도인, 혼혈과 함께 투쟁을 전개했다. 만델라는 차차 경험을 쌓으면서 시술루의 의견이 옳다는 사실을 깨달았다. 그는 점차 ANC 혼자만의 투쟁으로는 결코 아파르트헤이트 체제를 분쇄하기 어렵다는 사실을 깨닫게 되었다. ANC는 동맹자를 필요로 했으며 인도계와 공산주의자들이 그 대상이었다.

1951년 12월 ANC 총회는 공산주의자, 혼혈 및 인도계와의 연대 투쟁을 결정했다. 그러나 ANC는 공산주의자와 연대투쟁을 하면서도 늘 경계를 게을리 하지 않았다. 그것은 양측의 목표가 뚜렷이 달랐기 때문이다. ANC의 궁극적인 목표는 흑백 차별을 철폐하고 남아공을 해방시키는 것이었다. 그러나 공산주의자들은 한 걸음 더 나아가 남아공에 사회주의 국가를 건설하는 것이 마지막 목표였다. ANC는 늘 공산당이 자신의 목적을 위해 ANC를 이용하는 것이 아닌지 경계했다. 당시 공산당에는 엘리트들이 많았으며 백인이 주도했다.

그러나 공산당에는 흑백 차별이 없었기 때문에 많은 유능한 흑인들이 공산당에 가입했다. 흑인들은 백인 간부 집에 모여 브랜디를 마시고 음악과 미술 등 예술을 즐기며 자유롭게 토론을 벌였다. 이러한 풍경은 당시로서는 상상할 수 없는 것이었다. 특히 아프리카너 출신으로 변호사인 피셔(Bram Fischer)와 교류하면서 만델라의 공산주의자에 대한 선입견은 크게 바뀌었다. 만델라는 피셔를 자신의 진정한 친구로 받아들였다. 만델라는 공산주의 서적을 탐독하면서 공산주의가 주장하는 무계급 사회가 아프리카의 전통사회와 닮아있다는 사실을 깨달았다. 그는 혁명을 통해 공산주의 사회를 이룩한 소련의 모델에 대해서도 관심을 가지게 되었다. 만델라는 점차 공산주의자들과 가까워졌다. 그의 친구 시술루는 한 걸음 더 앞서나갔다. 그는 1955년 비밀리에 공산당에 가입하였으며 그다음 해 중앙위원회 위원이 되었다.

흑인과 인도인 그리고 온건파와 강경파 간에 연대가 이루어지자 국민당 정부는 크게 경계했다. 국민당 정부는 공산주의자들이 이러한 투쟁을 주도하는 것으로 간주했다. 법무장관은 비상사태법을 제정하여 계엄을 선포하고 영장 없이 불순분자를 체포할 수 있도록 하겠다고 선포했다. 저항운동이 가열되던 1952년 7월 만델라는 체포되어 20여 명의 다른 ANC 간부들과 함께 재판에 회부되었다. 재판에서 가장 희극적인 태도를 보인 사람은 ANC 의장 모로카였다. 그는 ANC의 강령을 포기하는 발언을 했으며 누가 공산주의자냐는 재판장의 질문에 시술루 등을 손가락으로 가리켰다. 모로카는 남아공에 흑백 차별이 있느냐는 질문에 자신은 그러한 차별을 본 적이 없다고 진술했으며, 아프리카너 명사들과의 오랜 친분관계를 과시하기도 했다. 비록 ANC 의장이지만 모로카에게 ANC는 안중에도 없었다. 그는 의사로서 자신이 쌓아온 명성과 부를 지키려고만 했다.

10월에 만델라는 트란스발(Transvaal) ANC 의장으로 선출되었다. 그의 리더십이 점차 부각되기 시작한 것이다. 그러나 12월 만델라와 51

명의 다른 ANC 지도자들은 6개월 동안 어떤 집회에도 참석할 수 없고 허가 없이 조벽을 벗어나지 못하는 금족령에 처해졌다. 1952년 말 ANC 총회는 새 의장으로 루툴리(Albert Luthuli)를 선출했다. 사범학교 출신인 루툴리는 전통적인 부족장 중 한 사람으로 ANC의 활동을 옹호하고 백인 정부에 대해서 강경한 입장을 취해온 사람이었다. 루툴리는 감리교 설교자로서 신앙심이 깊고 신중하며 예의 바른 태도를 갖춘 인물이었다. 남다른 통찰력을 지닌 루툴리는 사심 없이 흑인들의 고통에 공감하고 있었다. 루툴리는 슈마, 모로카 등 전임 의장들과는 전혀 다른 부류의 인물이었다. 만델라는 4명의 부의장 중 한 명으로 선출되었다. 백인 정부는 루툴리에게 ANC로부터 탈퇴하든지 아니면 정부가 보수를 지급하는 줄루족 추장 자리에서 물러나든지 둘 중 하나를 선택할 것을 종용했다. 루툴리는 주저하지 않고 추장 자리를 포기했다.

ANC 활동과 법률 공부를 병행하던 만델라는 마침내 변호사 시험에 합격한 후 로펌에서 일하다가 1952년 8월 독립 사무실을 차렸다. 그 당시 올리버 탐보는 다른 백인 법률사무실에서 일하고 있었다. 포트헤어 시절부터 탐보의 재능에 탄복했던 만델라는 그동안 탐보와 가까운 관계를 유지하고 있었다. 탐보는 매우 이성적이며 신앙심이 깊은 사람이었다. 만델라는 어떤 문제에 대해 감정적으로 반응하는 자신과 달리 이성적으로 대처하는 탐보를 존경했다. 탐보는 또한 트란스케이 출신으로 만델라와 종족적으로도 가까운 처지였다. 그러나 탐보는 만델라와는 달리 내성적인 성격으로 조용하며 학구적이고 신앙에 몰두하는 인물이었다. 만델라는 탐보에게 함께 법률사무소를 낼 것을 제안했다. 이렇게 해서 '만델라·탐보 법률사무소'가 문을 열었다. 이것이 남아공 최초의 흑인 법률사무소였다. 두 사람은 조벅 시내 인도인 소유로 되어 있는 한 빌딩에 사무실을 임차했다.

로펌은 열자마자 문전성시를 이루었다. 법률 자문을 원하는 수많은 흑인이 몰려들었기 때문이다. 만델라는 매일 아침 사무실 앞에 진을 치고 있는 흑인들 사이를 뚫고 집무실로 들어가야 했다. 흑인들은 오랫동안 흑인 법률사무소의 개원을 열망해왔다. 이들은 같은 언어를 사용하고 같은 피부색을 가진 변호사로부터 변호를 받고 싶어 했다. 만델라는 자신의 존재 이유를 이들로부터 발견할 수 있었다. 이당시 흑인 변호사는 법정에서도 차별을 받았다. 백인 증인들은 흑인 변호사의 신문에 답변을 거부하기 일쑤였다. 만델라는 경찰관을 증인으로 세우는 경우가 많았는데 이들은 거짓말을 밥 먹듯이 했으며 흑인 변호사에게 전혀 존경심을 보이지 않았다.

한 번은 재판관이 법정에서 만델라에게 변호사 면허증을 제시토록 요구했다. 변호사는 보통 면허증을 사무실에 걸어놓고 갖고 다니지 않는다는 사실을 알면서도 면허증 제시를 요구한 것이다. 만델라는 일단 재판을 진행하면 그 사이에 면허증을 가지고 오겠다고 했으나 재판관은 끝내 재판을 거부했다. 경찰의 가혹 행위에 대한 소송의 승소율은 극히 낮았다. 경찰들은 피의자를 구타한 후 그들의 상처가 나을 때까지 구금하고 있었으므로 증거를 잡기 어려웠다. 재판에서 판사들은 경찰의 진술에 대해 편들기 일쑤였다. 피의자가 사망한 경우에도 경찰의 책임을 인정하기는 어려웠다. 대개 건강상의 이유 또는 여러 가지 모호한 이유로 인해 피의자가 사망한 것으로 결론났다.

변호사 일과 ANC 일을 병행하면서 만델라는 점점 더 과격해졌다. 만델라는 자신의 이니셜을 따라 'M-Plan'으로 알려진 투쟁계획을 입안하여 ANC 집행부의 승인을 얻었다. 이는 대중집회를 열어 항거하는 ANC의 전통적인 방식이 번번이 실패함에 따라 조직을 보다 세분화하여 투쟁하는 방식이었다. 그는 조직을 지역의 크기에 따라 세포(cell), 구역(zone), 지구(ward) 등으로 세분화하고 단위별로 집회를 개최하고 성명을 발표함으로써 당국의 탄압 중에도 투쟁이 계속 유지되도록 하는 방식을 고안했다. 그리고 그는 간부들로 하여금 지역 모임에 참가하여 끊임없이 당원들을 재교육시키는 방식도 채택했다.

만델라는 조벅의 유일한 흑인 자유 지구인 소피아타운(Sophiatown)을 강제 철거하려는 백인 정부의 계획에 항거하는 투쟁에 적극 가담했다. 극장에서 열린 항거 집회에서 연사로 나선 만델라는 소극적, 비폭력적 저항의 무용성을 지적하면서 이제부터는 무력 투쟁으로 나서야 한다고 주장했다. 이 연설로 인해 하마터면 폭동이 일어날 뻔했으며 이로 인해 만델라는 ANC 집행부로부터 혹독한 비판을 받았다. 이러한 충동적인 연설을 할 경우 위기를 느낀 백인 정부가 먼저 무력을 동원해서 ANC를 궤멸시킬 가능성이 있다는 것이었다. 만델라는 공산주의 탄압법 위반으로 2년 동안 모든 ANC 활동 참가 금지 처분을 받았다. 혈기가 왕성한 청년 지도자 만델라는 과격 투쟁자로 낙인찍히면서 당국의 주목을 받게 된 것이다.

1954년 4월 트란스발법률협회는 만델라가 정치활동에 가담한 것을 이유로 그를 변호사 명부에서 삭제해줄 것을 요청하는 청원을 대법원에 제출했다. 그러나 이 청원은 사법부의 독립에 대한 강한 신념을 가진 백인 판사 덕분에 승인되지 않았다. 소피아타운 강제 철거를 막으려는 ANC의 캠페인은 성과를 거두지 못 했다. ANC는 "over our dead bodies"라는 배수진을 치고 결사 항거하려는 것처럼 보였으나 막상 정부가 대규모 경찰을 투입하여 주민을 강제로 소개하고 주택을 철거하자 무기력해졌다. 이들은 아직 무력으로 저항할 준비가 되어있지 않았다. 또한 집주인들은 소피아타운을 고수하려 했으나 세입자들은 새로 이주할 메도우랜드(Meadowlands)로 자발적으로 옮겨갔다. 세입자 입장에서 메도우랜드는 오히려 더 나은 주거환경을 갖추고 있었다. 따라서 ANC는 세입자들로부터는 집주인만 보호하려 한다는 비난을 들었다. 만델라는 이 사건에 대해 깊이 반성했다. ANC가 아직 무력 투쟁을 할 준비가 되어 있지 않은 상태에서 젊은이들에게 무력 투쟁을 선동한 것이 실패의 원인이었음을 깨달았기 때문이다. 그러나 한편으로 만델라는 이 사건을 계기로 무력 투쟁이 앞으로 ANC의 유일한 선택이라는 확신을 가지게 되었다. 어떠한 연설, 대표를 통한 항의, 위협, 시위, 파업, 태업 등 모든 종류의 저항에도 불구하고 백인 정부는 미동도 하지 않았기 때문이다.

백인들은 반투스탄(Bantustan)이라는 새로운 시스템을 고안해내었다. 이 시스템은 교육부 장관 그리고 원주민 문제 장관을 지낸 페르부르트(Hendrik Verwoerd)가 만든 것으로서 인종 차별에 대한 국제사회의 비판을 완화하면서 아파르트헤이트를 정착시키기 위한 것이었다. 반투스탄은 홈랜드(homeland)라고 불리는 흑인 자치지역을 일컫는 말이다. 페르부르트는 "흑인들은 자신의 땅인 반투스탄에서 스스로 자립해서 발전해나가야 한다."라고 말했다. 다시 말해 흑인에게 반투

　　　　　　　　　　　　　　　　　　　　넬슨 만델라

스탄에 대한 자치권을 줄 터이니 알아서 살아가라는 이야기였다. 겉으로는 자치를 부각시켰지만, 이 제도는 300만 명의 백인이 남아공 땅의 87%를 차지하고 900만 명의 흑인은 13%만 차지하고 있는 기형적인 구조를 유지하기 위한 것이었다. 반투자치법은 주요 종족에 따라 8개의 홈랜드를 창설했다. 북소토, 남소토, 스와지, 총가(Tsonga), 츠와나(Tswana), 벤다, 코사 및 줄루 등이었다.

더 나아가 백인들은 흑인을 부족별로 나누어 관리하려고 했다. 부족별로 구분할 경우 트란스케이는 셋으로 갈라지고, 스와지(Swazi Bantustan), 레보와(Lebowa), 벤다(Venda)도 모두 셋으로 갈라지도록 되어있었다. 간자쿨레(Ganzakule)는 4개, 시스케이(Ciskei)는 17개, 보푸타츠와나(Bophuthatswana)는 19개, 그리고 콰줄루(KwaZulu)는 29개 지역으로 갈라질 운명이었다. 백인들은 흑인 자치지역을 이렇게 퍼즐 맞추기 게임처럼 분산시켜 서로 단합을 막고 보다 쉽게 관리하려는 심산이었다. 이렇게 되면 백인은 공장에서 일할 노동력을 흑인 자치지역에서 값싸고 용이하게 구할 수 있었다. 백인은 또한 자치지역에서 흑인 중산층을 양성하여 ANC나 여타 해방 단체들의 힘을 무력화시키려고 했다.

백인 정부는 톰린슨위원회(Tomlinson Commission)[1]가 만든 보고서를 채택은 했으나 몇 가지 제안이 너무 급진적이라는 이유로 이를 이행하지는 않았다. 그래서 흑인 자치지역이 부족별로 쪼개지는 일은 일어나지 않았다. 백인들은 또한 반투교육법을 만들어 흑인에게는 백인이 시키는 대로 일할 수 있을 정도의 최소 교육만 시키려 했

---

1) 백인 정부는 아파르트헤이트를 제도화하기 위해 여러 가지 정책을 입안해야 했다. 이와 같은 목적에서 정부 직속으로 설치한 기구의 이름이 '톰린슨위원회'이다.

다. 페르부르트는 종래 교회가 담당했던 흑인 교육을 국가기관으로 가져오면서 흑인을 백인이 조종할 수 있는 도구로 훈련시키려 했다. ANC는 흑인을 영구히 노예화하려는 반투교육법에 극력 저항했으나 페르부르트의 의지는 단호했다. 반투교육법에 대한 ANC 내 의견은 갈라졌다. 한편은 반투교육법이 폐기될 때까지 학교를 무기한 보이콧하자는 주장이었고 다른 한편은 한시적으로만 보이콧하자는 주장이었다. 페르부르트는 보이콧에 참가하는 학교를 폐쇄하겠다고 맞섰다.

ANC는 자체적으로 임시학교를 만들어 학생을 교육하는 방안을 고려했으나 이들에게는 학교를 세우고 운영할만한 재원이 없었다. 결과적으로 ANC의 투쟁은 실패로 돌아가고 반투교육법은 기정사실로 굳혀졌다. 페르부르트는 공공연하게 "흑인에게 수학을 가르쳐 무엇하겠는가?"라고 반문했다. 대학에서도 아파르트헤이트는 엄격히 적용되었다. 만델라가 다녔던 포트헤어 대학교와 위트워터스랜드 대학교도 자치권을 잃고 흑백 간 분리가 엄격히 적용되었다. 1957년에는 부도덕법(Immorality Act)이라고 하여 흑백 간에 섹스를 금지하는 법도 통과되었다.

페르부르트는 1958년 9월 수상으로 선출된 후 자신이 '신에 의해 선택된 지도자'임을 자처했다. 페르부르트는 흑인과 백인을 완벽하게 분리시키는 것이 그의 소명임을 공공연하게 표명했다. 그는 흑백이 섞여 살 경우 경쟁과 충돌이 불가피하여 사회가 불안해질 것이라고 주장했다. 이를 피하는 방법은 '흑백이 따로 살면서 흑인은 자신들의 전통과 관습에 맞는 정부를 구성하고 그 안에서 사회적, 정치적 권리를 향유하는 것'이라고 주장했다. 페르부르트는 향후 20년간 흑인의 도시 유입은 늘어날 것이나 그동안 홈랜드가 개발됨으로써 흑인 유입이 차차 줄어들 것으로 예측했다. 그는 백인은 백인 지역에서 번창하고 흑인은 흑인 지역에서 번창할 경우 양측의 갈등이 사라지고 상호 정한 영역 내에서 평화적으로 공존할 수 있을 것이라고 주장했다.

페르부르트의 계획을 이행함에 있어서 트란스케이는 매우 중요한 지역이었다. 트란스케이는 1만 6,000평방마일에 이르는 방대한 지역으로 150만 인구를 가지고 있었으며 아파르트헤이트를 옹호하는 마탄지마가 대추장으로 있었다. 아파르트헤이트는 마탄지마의 야심과 부합했다. 그는 코사족에 대한 지배권 확보뿐 아니라 절대적인 권력을 장악하는 것을 원했다. 만델라의 설득에도 불구하고 마탄지마는 자신의 야욕을 버리지 않았다. 만델라는 반투법이 흑인을 위한 법이 아니라 흑인을 지배하기 위한 법이라는 사실을 갈파했다. 흑인에게 자치를 허용한다는 핑계로 부족별로 구분하여 살게 함으로써 경제성장을 방해하고 단일국가로 발전하는 것을 막게 될 것이라고 경고했다. 도시에서 태어나 성장한 많은 사람이 한 번 본 적도 없는 홈랜드에 강제 추방되어 유랑민처럼 살아갈 경우 흑인 사회가 피폐해져 결국 노예로 전락할 것이라고 지적했다.

그러나 이런 설득이 야욕에 눈 먼 마탄지마에게는 통하지 않았다. 마탄지마는 1955년 코사족 회의를 열어 아파르트헤이트를 수용할 것을 결정했으며 1958년 템부랜드 대추장으로 임명되었다. 마탄지마뿐만 아니라 만델라의 장인 콜럼부스도 아파르트헤이트 체제를 옹호했다. 그는 마탄지마에 의해 트란스케이 장로 회의의 일원으로 임명되었다.

말란의 국민당이 두 번째 선거에서 승리한 직후인 1953년 5월 진보적 백인들은 자유당(Liberal Party)을 창당하여 모든 인종에게 당의 문호를 개방했다. 이들은 유색인종에게 완전한 정치적 권리를 부여할 것을 주장했다. 남아공 기준으로 보아 이는 획기적인 일이었으나 진보당의 강령은 보수적인 색채를 벗어나지 못했다. 이들은 모든 국민이 동등한 권리를 가지는 것을 지지했으나 모든 사람들이 시민적 권리를 가지는 것에는 반대했다. 이들은 또한 수동적 저항이나 스트라이크, 보이콧 등과 같은 투쟁 수단을 비헌법적인 것으로 보아 반대했다. 백인이 주동하는 진보운동은 한계를 내포하고 있었다. 이들은 기득권을 내려놓을 생각이 전혀 없었다.

만델라는 1950년부터 주민센터(Community Center)에 있는 클럽에서 권투를 시작했다. 그리고 그가 체포되기 몇 년 전부터 아들 템비(Thembi)를 클럽에 함께 데리고 다녔다. 클럽에는 멤버가 20~30명 정도 되었는데 만델라는 매주 월요일부터 목요일까지 저녁에 1시간 반 정도 권투를 했다. 그는 헤비급이었는데 힘과 스피드가 뒤져 선수로서 두각을 나타내지는 못했다. 만델라가 복싱을 좋아한 이유는 운동을 위해서이기도 했지만 이 운동이 공평하기 때문이었다. 링에서는 지위, 나이, 피부색, 재산을 구분하지 않는다. 만델라는 정치에 입문한 뒤로 링에서만큼 공정한 싸움을 해본 적이 없다고 말했다.

만델라가 권투를 좋아한 다른 이유는 훈련 때문이었다. 클럽에서 열심히 땀을 흘리며 훈련하고 나면 쌓인 스트레스와 긴장이 풀리고 정신적, 육체적으로 새로운 힘을 얻을 수 있었다. 지친 몸으로 늦은 밤 집에 돌아와 곯아떨어진 후 아침에 일어나면 새로운 투쟁 의욕을 얻을 수 있었다.

1955년 6월 ANC는 흑인, 인도인 및 혼혈인이 모두 참가한 가운데 소웨토 근처의 클립타운(Kliptown)에서 국민회의를 개최했으며 이 회의에서 자유헌장(Freedom Charter)을 채택했다. 이 회의에는 모두 3,000 여 명이 참가했는데 그중에는 인도계 320명, 혼혈인 230명 그리고 백인 112명이 포함되었다. 변호사, 의사, 성직자, 노동조합 지도자, 도시 근로자, 농민 등 참가한 사람들의 직업도 다양했다. 이 회의는 남아공 역사상 최초로 다인종, 다민족적인 회의였다. 이 헌장은 흑백을 불문하고 남아공은 현재 이곳에서 살고 있는 사람들의 땅이며 정부는 국민의 뜻에 반하는 권력을 행사할 수 없다고 천명했다. 1956년 8월에는 1만여 명의 여성이 프리토리아의 유니온 빌딩(Union Building)에서 통행법(패스법)을 여성에게 확대하는 조치에 항의하여 시위를 벌였다. 이들은 7,000명이 서명한 탄원서를 수상실로 보냈다. 그러나 예상과 같이 백인 정부는 전혀 반응을 보이지 않았다.

1956년 12월 백인 정부는 전국에 걸쳐 리툴리, 시슬루, 만델라 등 156명의 ANC 간부들을 반역죄로 체포했다. 거의 모든 ANC 간부들이 포함되었으며 백인, 인도계와 혼혈도 여러 명 포함되었다. ANC가 백인 정부를 전복하고 스탈린식 공산주의 정부를 세우려 했다는 것이 혐의였다. 이로써 반역죄 재판(Treason Trial)[1]이 시작된 것이다. 이 재판은 5년여를 끌면서 만델라를 계속 괴롭혔다. 피의자들은 구치소에 갇혔으므로 자유는 억압되었지만 서로 동지애를 확인할 수 있었다. 이들의 구금은 구세대와 신세대 지도자 간 교류의 장을 열었으며 서로 지역적으로 멀리 떨어져 있어 이름만 알았던 동지들을 직접 만날 수 있는 계기가 되었다. 이들은 구치소에서 남는 시간을 지식과 경험이

---

1) 1956년 만델라는 시민불복종 운동을 벌이고 자유헌장을 작성한 '반역죄' 혐의로 150명의 동지들과 함께 기소되었다. 5년에 걸친 재판 끝에 1961년 피고들은 모두 무죄로 풀려났다. 그러나 이는 이듬해 시작될 기나긴 투옥생활의 예고편에 불과했다.

많은 사람의 발표를 듣고 이에 관해 토론하는 계기로 활용했다.

백인 정부의 뜻과는 달리 ANC 지도자들을 일괄 체포하여 한 곳에 수감하는 것은 오히려 이들 간의 소통과 관계를 강화하는 결과를 초래했다. 또 백인 정부의 뜻과는 달리 이들에 대한 반역 혐의는 재판에서 인정되지 않았다. 대부분이 보석금을 내고 석방되었다. 재미있는 것은 피부 색깔에 달라 보석금 액수가 다르다는 점이었다. 백인은 250파운드, 인도계는 150파운드, 그리고 흑인과 혼혈은 25파운드의 보석금이 책정되었다. 사람들은 반역죄도 피부 색깔은 알아보는 모양이라고 수군거렸다. 보석으로 풀려난 만델라가 집으로 돌아와 보니 에블린은 애들을 데리고 다른 곳으로 이사 가고 없었다. 에블린이 집안의 커튼까지 떼어간 것을 보니 이 집으로 다시 돌아올 생각이 없는 것이 확실했다.

이 사건 후 얼마 되지 않아 만델라는 에블린과 이혼했다. 부부의 이혼으로 가장 타격을 입은 것은 자녀들이었다. 당시 10세인 장남 템비, 5세의 막가토 그리고 2세인 마카지웨(마키) 등 세 자녀는 부모의 갑작스러운 이혼에 큰 충격을 받았다. 특히 사춘기에 접어든 템비는 가슴에 깊은 상처를 입었다. 만델라는 템비를 복싱체육관에 데리고 다니고 자동차 운전을 가르치는 등 자상했던 아버지였다. 한편 만델라는 매우 엄격한 아버지이기도 했다. 그는 아이들이 잘못하면 경찰이 심문하듯이 애들을 질책했다. 만델라의 질타는 애들에게는 매를 맞는 것보다 더 힘든 일이었다. 이혼으로 자애로운 아버지와 헤어지게 된 템비는 공부에 흥미를 잃고 방황하기 시작했다. 활발했던 템비는 점차 말수를 잃고 내성적인 아이로 변했다.

반역 재판은 시간을 질질 끌기 시작했다. 156명 중 64명이 1차로 방면된 후 나머지 92명에 대한 재판이 또 진행되었다. 만델라도 그중 한 명이었다. 재판 장소는 조벅으로부터 프리토리아로 옮겨졌다. 프리토리아는 백인 도시로서 ANC를 지지하는 사람들이 상대적으로 적었으며 피의자들은 매일 재판정으로 출퇴근하는 불편을 겪어야 했다. 피고들은 모두 재정적, 시간적으로 큰 고초를 겪었다. 이들이 버스를 타고 조벅-프리토리아를 오가는 시간은 하루 평균 5시간에 달했다. 이는 피고들의 진을 빼어 사기를 꺾기 위한 백인의 전술이었다. 유능한 피고인 측 변호인단의 활약으로 재판이 불리해지자 정부는 일단 일괄적으로 기소를 취하한 뒤 우선 30명만 재기소하고 나머지 피의자들은 나중에 기소한다고 발표했다. 만델라, 시술루, 레샤, 카트라다 등이 이 30명 중의 하나에 속했다.

검찰은 끈질기게 이 사건을 물고 늘어졌다. 검찰은 수많은 증인을 법정에 세우면서 수만 페이지에 달하는 재판 기록을 생산했다. 검찰의 목표는 ANC가 공산주의자가 지배하는 조직이며 이들이 겉으로는 비폭력적인 투쟁을 내세우고 있으나 실제로는 무력 투쟁을 준비하고 있다는 사실을 밝히는 것이었다. 그러나 검찰의 이러한 목표는 달성되지 않았다. 반역죄 사건은 결국 무죄로 종결됨으로써 반아파르트헤이트 활동가들에게 하나의 자산으로 남았다. 피고들은 흑인 사회에서 영웅으로 등장했으며 ANC는 백인 정부에 정면으로 도전할 수 있는 유일한 단체로 인식되었다.

그러나 장기간에 걸친 재판은 ANC 지도자들에게 심대한 타격을 입혔다. 대부분 피고들의 생업이 파괴되고 가정적으로 큰 어려움을 겪었기 때문이다. ANC는 지도층이 붕괴되면서 심각한 리더십 공백을 경험해야 했다. 만델라와 탐보는 변호사 사무실을 복구하려 안간힘을 썼으나 한번 문을 닫은 변호사 사무실을 정상화하는 것은 쉽지 않았다. 만델라의 변호사 사무실은 거의 파산 상태에 도달하여 그는 재정적으로 궁핍에 처했다. 재판이 장기화하면서 재혼한 위니와의 가정생활도 많은 난관에 봉착했다. 분위기는 점차 험악해졌다. 백인 정부는 ANC의 활동을 전면 중지하고 조직을 해산시키려는 심산이었다. 그러나 반역재판이 진행되는 도중 국내외 정세는 점차 변화하고 있었다.

반역죄 재판이 시작된 지 얼마 후인 1957년 가나가 아프리카 국가로서는 처음으로 독립했다. 가나의 초대 대통령 은크루마는 아파르트헤이트 정권에 대해 경고했다. 1960년에는 17개 아프리카 국가들이 추가로 독립했다. 2월에는 맥밀란(Harold Macmillan) 영국 수상이 남아공을 방문하여 의회에서 "변화의 바람(winds of change)이 아프리카를 휩쓸고 있다."라고 발언했다. 1959년 4월에는 흑인 민족주의 정당인 범아프리카회의(Pan Africanist Congress : PAC)[2]가 창설되어 ANC의 다민족주의에 정식으로 반기를 들었다. PAC 당원들은 ANC를 비효율적인 투쟁 단체로 규정하였으며 백인과 인도계를 소수 외국인으로 간주했다. 이들이 주장하는 것은 흑인만을 위한 남아공 건설이었다.

---

2) 로버트 소부퀘의 주도로 ANC의 비아프리카 세력화에 반발한 급진 흑인민족주의자들이 결성했으며 파업과 보이콧 등 강력한 방법으로 다수에 의한 지배와 평등권 확보를 주장했다. 1960년 3월 발족한 지 1년이 지났을 때 흑인의 통행증 지참을 요구하는 입법 조치에 반대하는 전국적인 항의 시위를 추진함으로써 소부퀘를 비롯한 주요 간부들이 검거되는 위기를 맞았다. 이후 샤프빌 학살 사건으로 ANC와 함께 활동이 금지되었다. 국외로 망명한 레발로 등 간부들은 런던과 다레살람에 근거지를 두고 유엔, 아프리카통일기구, 세계교회협의회 등을 대상으로 PAC의 이념과 가치를 홍보했으며 그밖의 간부들은 국내에 체류하면서 지하활동을 벌였다.

PAC 지도자 소부퀘(Robert Sobukwe)는 유럽과 미국에서 ANC를 대체할 만한 지도자로 인식되었다. 위트워터스랜드 대학교 아프리카어 강사였던 소부퀘는 다인종주의를 배척하고 공산주의자들을 비난했다. 그는 흑인이 지배하는 아프리카 건설을 주창하면서 강한 리더십을 바탕으로 흑인이 단결할 경우 4년 내에 정부를 바꿀 수 있다고 주장했다. PAC는 조직, 자금, 전략 등 모든 측면에서 다듬어지지 않은 취약한 기구였다. 그러나 이들은 과격 투쟁을 옹호하면서 패스법에 저항해서 모든 흑인이 대규모 시위를 벌일 것을 주장했다. 소부퀘는 대규모 시위가 발생할 경우 경제가 정체되어 결국 대중 봉기가 일어날 것으로 생각했다.

PAC의 결성은 ANC가 노선을 바꾸어 무력 투쟁으로 나아가도록 하는데 자극제가 되었다. 분위기는 흉흉했다. PAC의 선동에 이끌린 사람들은 패스법을 폐지하자는 기치를 내걸고 패스 없이 시위에 참가했다. 그러나 PAC가 주동한 이 시위는 전반적으로 실패였다. 참가한 사람들의 숫자도 적었고 그나마 경찰이 출동하자 모두 흩어지고 말았다. 그러나 두 군데는 예외였다. 조벅에서 남쪽으로 60km 떨어진 조그만 마을인 샤프빌(Sharpeville)에서는 약 7,000여 명의 주민이 경찰서를 둘러싸자 겁에 질린 75명의 경찰이 700발 이상의 총탄을 발사하여 69명의 흑인이 현장에서 사망하고 300명이 부상당하는 사건이 발생했다. 죽은 사람 대부분은 등에 총을 맞고 죽었다. 이들은 경찰이 총을 쏘기 시작하자 뒤돌아서서 도망가는 도중 사망한 사람들이었다.

케이프타운 외곽의 흑인 동네 랑가(Langa)에서는 6,000여 명의 흑인이 시위를 벌였다. 경찰은 곤봉으로 이들을 진압하려 했으나 흑인들이 돌을 던지며 저항하자 경찰은 발포했다. 이 사건으로 2명의 흑인이 사망하고 49명이 부상을 입었다. 샤프빌 학살은 전 세계에 분노를 일으켰다. 미 국무부는 비난 성명을 내놓았고 유엔안보리도 처음으로 비난 성명을 발표했다. 그동안 아파르트헤이트를 남아공의 국내 문제로 치부해왔던 영국이 유엔총회에서 공개적으로 백인 정부를 비난했으며 미국도 아파르트헤이트 체제를 공격했다. 유엔총회는 남아공의 정책을 비난하는 데에서 한 걸음 더 나아가 국제사회의 집단행동을 요청했다.

샤프빌 사태로 인해 유령단체였던 PAC는 하루아침에 전 세계적으로 알려졌으며 주목을 끌었다. 남아공의 화폐가치가 급락하고 주식시장이 폭락했다. 곤경에 처한 백인 정부는 이 사건이 공산주의자의 음모라고 대응했다. 그러나 샤프빌 사태의 후유증에도 불구하고 페르부르트의 노선에는 아무런 변화가 없었다. 맥밀란 영국 수상이 남아공을 방문하여 페르부르트와 면담하면서 변화를 촉구했으나 페르부르트의 입장은 요지부동이었다. ANC는 항의의 표시로 먼저 간부들이 신분증을 불태운 후 다른 흑인들도 신분증 폐기 운동에 동참토록 권고했다. 수십만 명의 흑인이 이에 동참했다.

위기를 느낀 백인 정부는 계엄을 선포했다. ANC와 PAC는 불법적인 단체로 규정되었고 ANC 회원은 체포되어 구금되었다. ANC가 행하는 모든 비폭력적인 집회도 모두 불법으로 규정되었다. ANC 지도층은 국제 정세가 요동치는 가운데 자신들에게 큰 위기가 닥쳐오고 있다는 것을 느꼈다. 그들은 위기 시에 대비하여 유능한 간부를 해외로 파견하여 국제무대에서 활동하도록 해야 할 필요성을 느꼈다. 비록 국내 조직이 와해되더라도 해외로부터 지원을 얻어 다시 조직을 복구하겠다는 의도였다. 해외 요원으로 올리버 탐보가 지명되었다. 계엄이 선포되기 직전 탐보는 ANC 지휘부의 명령에 따라 비밀리에 해외로 나갔다. 탐보는 갓 독립한 가나에 ANC 해외 지부를 차렸다.

이후 30년 동안 탐보의 헌신적인 해외 활동과 수감 중인 만델라와의 끈끈한 유대관계는 ANC의 생존에 필수적인 요소가 되었다. 탐보 외에도 많은 투쟁가들이 체포를 피해 해외로 도피했다. 인도계 공산주의 지도자 다두(Yusuf Dadoo)가 해외로 망명했고 루스 퍼스트는 가발로 위장하고 스와질랜드로 도피했다. PAC와 백인이 이끄는 진보당 간부들도 대규모로 체포되었다. 수개월 동안 체포된 사람이 1만 8,000명에 달했다. 샤프빌 사태로 인해 희생은 컸으나 투쟁가들은 백인 정부의 약점이 노출된 것을 발견했다. 이 사태로 전 세계에서 비난이 쏟아지자 백인들은 자신감을 잃었고 정권의 취약성을 노출했다. 흑인 투쟁가들은 조금 더 노력하면 자신들에게도 서광이 비칠 수 있다는 사실을 깨닫게 되었다.

백인 정부가 계엄령을 해제한 후 ANC 집행위원회가 열렸다. 집행위원회는 ANC의 장래에 대해 심각하게 고민했다. 집행위는 우선 청년 리그와 여성 리그를 해체했다. ANC가 불법단체로 규정된 마당에 복잡한 조직을 가질 필요는 없었다. 이들은 체포와 구금 등 피해를 최소화하기로 했다. 탐보가 떠난 후 만델라의 법률회사는 문을 닫았다. 회사는 문을 닫았으나 변호사로서 만델라의 명성은 오히려 더 높아졌다. 만델라는 인도계 ANC 지도자인 카트라다의 아파트에서 변호사 업무를 계속했다. 많은 고객이 만델라에게 일을 맡겼다. 그러나 만델라의 주 관심사는 변호사 일보다는 ANC 활동이었다. 반역 재판이 장기화하는 가운데 만델라는 잠적키로 결심했다. 재판이 언제 끝날지 알 수 없었으므로 전국을 돌며 세몰이를 하면서 인종이나 피부색과 관계없는 범국민 회의를 조직하려고 했던 것이다. 이를 위해 우선 조벅에서 480km 떨어진 피터마리츠버그(Pietermaritzburg) 국민회의에 연사로 참석키로 했다. 이 회의에는 150여 개의 종교, 사회, 정치, 문화단체에서 1,400여 명의 대표들이 참석했다. 만델라는 이 회의에서 백인, 흑인 및 여타 인종이 모두 참여한 가운데 민주주의 원칙에 입각한 새로운 헌법을 기초하는 범국민 회의 개최를 주창했다.

피터마리츠버그 회의 후 비밀리에 열린 ANC 비상위원회는 만델라가 지하로 잠적하는 것이 좋겠다는 결론을 내렸다. 반역 재판에서 승리한다고 할지라도 만델라와 그의 동지들은 또다시 체포되어 정치 활동을 금지당할 것이 뻔했다. 시술루는 만델라가 지하의 유일한 지도자로 남아 끝까지 국민의 대변자 역할을 해야 한다고 주장했다. 한마디로 다 잡혀도 만델라만은 남겨놓자는 주장이었다. 클립타운에서 성공적으로 범국민 회의가 개최되고 반역 사건에 연루된 ANC 지도자들이 무죄 판결을 받자 민중 지도자로 등장한 만델라에 대한 백인의 증오는 점점 더 커졌다. 경찰은 아파르트헤이트 관련 법 위반을 이유로 만델라를 다시 체포하려고 노력했다. 그러나 경찰이 만델라를 법정에 세울 때마다 그는 매번 무혐의로 풀려났다. 만델라는 자신을 추격하는 자들을 교묘하게 따돌리는데 명수였다. 비밀 회합에 갈

때는 운전수나 정원사 등으로 변장했다.

만델라는 곧이어 반정부 투쟁에 여성을 참여시키는 데에도 처음으로 성공했다. 수도 프리토리아의 정부청사 앞에서 2만 명의 흑인 여성들이 시위를 벌인 것이다. 1960년 ANC를 위시한 남아공 내 투쟁 단체들은 법률에 의해 활동 금지 및 해산을 선고받았다. 이제부터는 회의나 시위 등 모든 활동이 금지되므로 사실상 ANC가 설 땅이 없게 되었다. 만델라는 시술루 등 동지들과 함께 근본적으로 다른 형태의 투쟁을 전개키로 결심했다. 지금까지의 불법 저항 조직이라는 이미지에서 벗어나 공개적으로 투쟁하며 무력 사용도 불사키로 한 것이다. 그러나 이들은 무력을 남용하지 않고 꼭 필요한 경우에만 사용키로 했다. 또 사람에게는 무력을 사용하지 않으며 국가 권력의 상징으로 간주되는 사물에 대해서만 무력을 사용키로 했다. 만델라는 지하에서 비밀리에 국민에게 보내는 성명서를 작성했다.

1961년 3월 반역 재판은 마침내 피고인의 반역 혐의를 인정할 수 없는 것으로 판결이 났다. 5년여에 걸친 오랜 투쟁 끝에 얻은 결과였다. 피고인은 모두 부둥켜안고 재판에서의 승리를 자축했다. 이러한 판결이 나온 것은 백인 법정에서 공정한 재판이 이루어졌기 때문이 아니고 유능한 변호인단의 활약과 몇몇 양심적인 재판관들이 법과 양심에 따라 판결을 내린 때문이었다. 만델라는 이러한 사실을 절실하게 깨닫고 있었다.

5년간의 반역죄 재판 과정을 통해 만델라는 성장했다. 재판정에서 자신과 동료들을 변호함에 있어서 그는 깊은 지식과 통찰력 그리고 자신감을 보여주었다. 피고인의 대변인으로서 만델라는 백인과의 투쟁에서 자신감을 드러냈다. 그는 역경을 견디는 가운데 불굴의 투지를 닦았으며 훨씬 성숙하고 책임감 있는 지도자로 등장했다. 그는 멘토로 삼아 늘 의지했던 시술루의 그늘에서도 벗어나 독자적인 판단력을 가진 리더로 성장했다. 반역죄 사건에서 무죄를 선고받았으나 경찰은 민중의 지도자로 등장한 만델라를 다시 체포하기 위해 호시탐탐 기회를 노리고 있었다. ANC 집행위원회는 만델라가 즉시 지하로 잠적하여 범국민 회의 준비에 전념토록 한다는 결정을 내렸다. 만델라가 다시 체포되면 ANC의 장래가 심대한 타격을 입을 것으로 예상했기 때문이다. 지금까지 ANC 지도자들은 공개적으로 투쟁에 참가한 후 체포되는 것을 당연시해왔다. 이들은 대중과 함께 하는 리더십이 가장 바람직한 것으로 생각했다. 따라서 이제 지하로 잠적해서 활동하는 만델라의 리더십은 이들에게 익숙하지 않은 것이었다. 조직 내 일부 비판자들은 이러한 리더십을 도망 다니는 것에 불과한 행동이라고 폄하하기도 했다.

아파르트헤이트 남아공에서 산다는 것은 불법과 합법 사이를 오가며, 현실과 그림자 사이를 오가며, 공개와 은닉 사이를 오가며, 누구도 아무것도 믿지 않고, 지하에서 잠적해서 사는 것과 같은 생활이었다. 만델라는 밤의 존재가 되었다. 낮에는 은닉 장소에 숨어 있다가 밤이 되면 움직이고 일하는 생활이었다. 만델라는 빈 아파트에서, 지인의 집에서, 모르는 사람의 집에서도 잠을 잤다. 이리저리 옮겨 다니는 방랑자와 같은 생활이었다. 어디든 남의 눈에 띄지 않는 곳이 최고였다. 만델라는 철저하게 혼자였다. 그는 머리도 손톱도 깎지 않았으며 정원사, 운전사, 요리사 등으로 변장했다. 경찰은 체포영장을 가지고 만델라를 추격했으며 언론은 만델라의 도피에 관해 자주 보도했다. 만델라는 블랙 핌퍼넬(Black Pimpernel)로 명명되었다. 프랑스 혁명 당시 혁명군의 추격을 교묘하게 피해 다녔던 오르씨(Orczy) 남작 부인의 별명인 스칼렛 핌퍼넬(Scarlet Pimpernel)에서 따온 이름이었다. 만델라의 도피 생활은 결코 쉽지 않았다. 늘 위니와 아이들 생각이 간절했으나 만델라는 이들을 만날 수 없었다.

만델라는 독서로써 가족들에 대한 그리움을 잊었다. 클라우제비츠의 전쟁론, 라이츠(Reitz)의 코만도(Commando) 그리고 1959년 쿠바혁명에 관한 책 등을 읽었다. 이중 알제리의 게릴라 투쟁과 쿠바혁명에 관한 책이 그에게 가장 깊은 감명을 주었다. 피델 카스트로와 체 게바라를 포함해 12명 남짓한 혁명가들이 쿠바에 상륙하여 게릴라 투쟁을 벌인 후 2년 남짓하여 혁명에 성공한 스토리는 그에게 가히 전기 충격과 같은 감동을 주었다. 만델라도 조국 남아공에서 이와 같은 혁명을 꿈꾸고 있었기 때문이다. 그러나 남아공의 사정은 쿠바와는 달랐다. 남아공에는 게릴라들이 활동하기에 좋은 숲 지대가 거의 없었고 대도시 주변은 백인이 운영하는 식민지로 둘러싸여 있었다. 농촌지역에서 게릴라의 근거지를 마련하는 것은 거의 불가능했으므로 도시를 배경으로 한 투쟁을 전개해야 했다. 그러나 도시에서는 패스법 등으로 흑인은 전면적인 통제를 받고 있었다. 백인들의 보안기구는 광범위하고 철저했으며 빈틈이 없었다. 이러한 상황에서 쿠바의 경우와 같은 게릴라 투쟁을 전개하는 것은 거의 불가능했다.

만델라는 케이프, 나탈, 포트엘리자베스 등지를 돌아다니면서 저녁에는 이곳저곳 회의에 참가했다. 만델라는 점차 정부의 폭력에는 폭력으로 대항하는 것이 최선이라는 생각을 가졌다. 비폭력적으로 저항하는 ANC에 대해 백인 정부가 무력을 동원한 탄압으로 맞서는 상황에서 무작정 비폭력 노선만을 고집하는 것은 시대착오적이라는 생각이었다. 만델라는 이 문제를 집행위원회에서 제기했다. 그는 이미 무력 투쟁은 시대의 대세이며 ANC가 이를 승인하던지 않든지 간에 사람들은 무기를 들 것이라고 주장했다. 경쟁 단체인 PAC는 이미 무력 투쟁으로 나아가고 있었다. 조 슬로보의 주도로 공산당이 소규모 무력 단체를 만들기로 결정한 것도 만델라에게 큰 영향을 미쳤다.

만델라는 ANC가 무력 투쟁을 원칙으로 내세우고 무력 사용을 통제하면서 리드해 나가는 것이 좋겠다고 제안했다. ANC는 밤을 새워 이 문제를 진지하게 토의했다. 의견은 찬반으로 팽팽히 갈라졌으며 특히 간디의 영향을 받은 인도계는 무력 투쟁에 강력히 반대했다. 그러나 대세를 무시할 수는 없었다. 마침내 ANC는 별도 군사기구를 만들기로 결정했다. ANC는 여전히 비폭력 투쟁 노선을 견지하지만 별도 무력 투쟁 기구 설립은 허용한다는 것이다. 물론 이 군사기구를 만드는 역할은 만델라에게 주어졌다. 만델라는 군사 훈련을 받아본 적도 전투에 참가한 적도 총을 잡아본 적도 없는 사람이다. 그에게 이러한 역할이 주어진 것은 큰 도전이었다.

만델라는 군사기구의 이름을 MK(국가의 창: Umkonto we Sizwe : the Spear of the Nation)로 정했다. 흑인들이 지난 수백 년간 창으로써 백인 침략자들에게 저항한 역사를 상기한 것이었다. 만델라는 자신을 의장으로 하고 슬로보와 시술루를 위원으로 하는 총사령부(High Command)를 설치했다. 이들은 정부 건물, 정부 시설, 철도, 발전소, 통신

망 등 국가기관과 시설에 대한 무력 투쟁을 목표로 했다. 사람을 살상하는 것은 가장 금기시했다. 사람에 대해서는 비폭력적이면서 정부에 대해서는 가장 큰 피해를 입힐 수 있는 그런 무력 투쟁이 이들의 목표였다. 만델라는 군사와 혁명에 관한 책을 읽고 전문가에게 자문을 구하면서 게릴라 투쟁에 관한 구상을 구체화시켰다. 어떻게 게릴라 전쟁을 일으키고, 게릴라를 어떻게 양성하며, 어떻게 이들을 무장시키며, 필요한 물자의 보급은 어떻게 확보할 것인지 등이 그의 가장 큰 관심사였다.

만델라가 생각하는 투쟁 방식은 사보타지, 게릴라전, 테러 및 혁명 전쟁 등이었다. 이 중 혁명전쟁은 조직이 미약한 단체로서는 생각할 수 없었고 테러는 엄청난 비난에 직면할 수 있는 위험한 행동이었다. 따라서 만델라는 게릴라전과 사보타지에 전념키로 했다. 우선 가장 위험이 적으면서 실행에 옮길 수 있는 것은 사보타지였다. 군사시설, 발전소, 통신시설, 교통망 등을 파괴할 경우 정부의 효율성을 약화시키고 국민당 지지자들에게 경종을 울릴 수 있으며 경제에 피해를 입힐 수 있었다. 만일 이 전술이 먹히지 않을 경우 다음 단계인 게릴라전으로 나아가기로 했다.

만델라가 처한 문제 중 하나는 MK 회원들이 이중적인 성향을 지니고 있는 점이었다. MK 회원은 대부분 ANC 당원이었다. 이들은 MK에 가입한 후에도 MK와 ANC 사이를 왔다 갔다 했다. 따라서 이들을 MK에만 충실한 조직원으로 만드는 것이 급선무였다. 1961년 12월 만델라는 라디오에서 ANC 의장 루툴리와 그의 부인이 오슬로에서 노벨평화상을 받을 수 있도록 남아공 정부가 10일간 한시적으로

넬슨 만델라

연금을 해제했다는 소식을 들었다. 루툴리는 남아공이 배출한 노벨 평화상 수상자 4명 중 첫 번째 인물이 되었다. 나머지 세 명은 투투 대주교, 만델라 그리고 데클레르크이다. 만델라는 크게 기뻐했다. 이는 ANC의 평화적 투쟁을 세계가 인정해준 결과였다. 이는 또한 루툴리가 공산주의자의 선동을 받아 정권을 전복시키려 한다고 선전해온 국민당에게 찬물을 끼얹는 일이었다. 그러나 한편으로 평화에 기여한 공으로 루툴리가 노벨평화상을 수상한 마당에 당장 ANC가 무력 투쟁을 전개하는 것은 시의적절치 않았다. 만델라 등은 적절한 때를 기다리기로 했다. 루툴리가 오슬로에서 노벨평화상을 받고 돌아온 다음 날인 12월 16일 MK는 마침내 자신의 존재를 세상에 알렸다. 총사령부의 지시에 따라 조벅, 포트엘리자베스, 더반에 있는 발전소와 정부 건물에 사제 폭탄이 투척되었다. 이 사건으로 MK 조직원 1명이 사망했다. 최초의 순교자였다.

MK가 딩가네 기념일(Dingane's Day)인 12월 16일을 택한 데에는 이유가 있었다. 남아공 백인은 1838년 12월 16일 블러드 리버(Blood River) 전투에서 줄루족 지도자 딩가네의 전사들을 패퇴시킨 것을 기념하고 있었다. 이 당시 보어인의 라이플에 창을 들고 맞선 수많은 줄루족이 사망하여 근처 강물이 빨간색으로 물들었다. 그래서 이 강을 블러드 리버로 불렀다. 만델라는 이 날을 택해 흑인의 백인정권에 대한 무력 투쟁이 120년 만에 다시 시작되었음을 알렸다. 당시 만델라는 공산당의 도움을 얻어 조벅 인근의 리보니아(Rivonia)에 있는 릴리스리프 농장(Liliesleaf Farm)에 숨어있었다. 역설적이지만 리보니아 은신처에 있을 때 만델라는 가장 정상적인 가족생활을 했다. 가족들과 함께 지내는 시간을 가질 수 있었기 때문이다. 만델라는 풀이 무성하게 자란 정원으로 애들을 데리고 산책을 다녔다. 막내딸 제나니에게 있어서 그곳은 아빠를 만났던 유일한 장소였고 또 아빠가 자기와 놀아주었던 유일한 장소였다. 아이들은 오랫동안 리보니아를 그리워하곤 했다. 무력 투쟁 시작 후 위니가 아이들을 데리고 만델라가 숨어 있는 비밀 장소를 방문하는 일이 줄어들었다. 경찰이 철저하게 위니를 따라붙었기 때문이다.

과격주의자들의 투쟁 의식은 정부의 탄압이 거셀수록 더 불타올랐다. 조 슬로보는 고반 음베키 등과 함께 제한적인 사보타지는 이제 더 이상 통하지 않으므로 본격적인 무력 투쟁으로 나설 것을 주장했다. 1961년 9월 첫 번째 그룹이 중국에 파견되어 군사훈련을 받은 후 300여 명이 중국, 동구, 아프리카 등지에 파견되어 군사훈련을 받았다. 아더 골드리치(Arthur Goldreich)는 중국, 소련, 동독 등을 방문하여 MK에 대한 군사지원을 요청하면서 무기 제조법에 관한 정보를 입수했다.

슬로보와 음베키는 1963년 4월 새로운 MK 군사전략을 완성하였으며 이를 마이부예 작전(Operation Mayibuye)[3]으로 명명했다. 이들은 게릴라 활동이 본격화되면 대중의 지지를 얻어 백인 정부를 무너뜨릴 수 있을 것으로 믿었다. 수류탄, 폭탄 및 기타 무기를 남아공 내에서 제조하는 작업이 시작되었다. 이들은 트라발린(Travallyn)에 땅을 구입하고 이를 무기공장으로 개조했다. 무기 제조의 책임자는 30세의 엔지니어 출신 공산주의자 골드버그(Goldberg)였다. 골드버그는 지뢰 4

---

3) 마이부예 작전은 '컴백 작전(Operation Comeback)'을 뜻한다.

만 8,000개, 수류탄 21만 개 그리고 시한폭탄 1,500개 제조를 목표로 했다. 골드버그는 각종 부품 제조업자들과 비밀 계약을 맺은 후 무기 제조에 착수했다. 과격분자들의 계획을 못마땅하게 생각하는 사람들도 있었다. 대표적인 사람이 시술루였다. 시술루는 마이부예 작전을 모험주의자들의 비현실적인 불장난으로 간주했다. 이들은 마이부예 작전이 MK의 공식 정책인지 여부를 놓고 끝없는 논쟁을 벌였다. 나중에 만델라가 체포되고 릴리스리프에 대한 수색이 전개되었을 때 MK가 본격적인 게릴라 투쟁을 모색했다는 증거로 압수된 대부분의 문서는 마이부예 작전에 관한 문서들이었다. 혁명 투쟁 방식, 무기 제조, 게릴라 모집과 양성, 중국·소련·동구 국가들과의 접촉, 정부와 주요 시설물의 위치도 등에 관한 문서가 경찰의 손으로 넘어갔다. 트라발린에서는 폭탄 제조 장비와 수류탄 제조법 등에 관한 서류들이 발견되었다.

#11
감옥으로 간 만델라

1961년 12월 만델라는 이듬해 2월 아디스아바바에서 열리는 동·중·남부아프리카 자유운동(PAFMECSA)[1] 총회에 참석하기 위해 국외로 출국했다. 6개월 동안의 이 해외여행은 만델라의 인생에 있어서 첫 번째이자 향후 30년 동안 다시는 하지 못할 일이 되고 말았다. 여행이 끝난 직후 그가 체포되어 27년간 감옥에서 지내야 했기 때문이다. 만델라의 국제회의 참석은 루툴리를 비롯한 ANC 지도층의 권고에 의한 것이었다. 회의 참가는 ANC로 봐서는 네트워크를 강화하는 일이었고 MK로 봐서는 아프리카 국가들의 지지를 확보하고 게릴라 양성에 필요한 재정 지원과 훈련을 확보할 수 있는 좋은 기회였다.

만델라는 육로로 베추아나랜드에 들어간 후 비행기를 타고 북로디지아 국경 근처에 있는 탕가니카의 도시 음베야(Mbeya)로 갔다. 음베야에서 다레살람으로 간 만델라는 니에레레 대통령을 만났다. 니에레레는 만델라에게 에티오피아의 하일레 셀라시에 황제를 만나볼 것을 권유하면서 소개장을 써주겠다고 했다. 그러나 니에레레는 만델

---

1) 회의의 정식 명칭은 'Pan-African Freedom Movement for East, Central and Southern Africa'
이다.

넬슨 만델라

라의 관심사항인 무력 투쟁은 PAC 지도자 소부쾌가 출옥한 후로 늦출 것을 권고했다. 다레살람을 떠난 만델라는 카르툼을 거쳐 아크라로 갔으며 그곳에서 2년 만에 처음으로 올리버 탐보를 만났다.

탐보는 그동안 가나, 영국, 이집트, 탕가니카 등에 ANC 지부를 설립했다. 탐보는 탁월한 외교관이었으므로 가는 곳마다 ANC의 명성을 높여놓았다. 탐보와 함께 아디스아바바에 간 만델라는 PAFMEC-SA 총회에서 남아공의 사정을 알리고 ANC와 MK에 대한 지지를 확보하기 위해 노력했다. 이곳에서 만델라는 나중에 잠비아 대통령이 되는 카운다도 만났다. 회의에 함께 참가한 PAC는 ANC와 MK는 공산주의 꼭두각시이므로 이들을 지지하는 것은 공산주의자의 농간에 놀아나는 것이라고 선전했다. PAC의 선전에 영향을 입은 많은 사람이 PAC 지도자 소부쾌가 출옥한 후 ANC/MK가 PAC와 연합하여 투쟁하는 것이 좋겠다는 의견을 내었다. ANC와 MK의 단독 활동을 지지하는 의견은 소수에 불과했다.

만델라는 국제사회의 왜곡된 인식을 불식시키기 위해 동분서주하면서 한편으로 아직 다른 국가들은 ANC가 남아공 내에서 어떻게 투쟁하고 있는지 전혀 모르고 있다는 사실을 깨달았다. 국제사회의 지지를 확보하기 위해서는 ANC 활동의 실상을 정확하게 알려야 할 필요가 있었다. PAFMECSA 총회 후 만델라는 이집트, 튀니지, 모로코, 알제리, 말리, 기니, 시에라리온, 라이베리아, 가나, 세네갈 등을 돌며 선전과 모금 활동을 벌였다. 그는 기니에서는 투레(Sekou Toure)[2]

---

2) 세쿠 투레는 기니의 정치가로 통신노동조합연맹, 기니노동조합연맹 등의 서기장을 지냈고 아프리카노동총동맹을 결성했으며 아프리카민주연합과 기니민주당에 참여했다. 1958년 독립과 동시 초대 대통령에 취임했으며 1982년 4선되었다. 투레는 범아프리카주의를 신봉하는 정치인이었다.

대통령, 세네갈에서는 셍고르 대통령을 각각 만났으며 이후 런던을 방문했다. 런던에서 동료들을 만난 만델라는 마지막 여행지인 아디스아바바로 향했다. 이곳에서 그는 6개월 간 군사훈련을 받을 예정이었다. 에티오피아 특공대의 막사에서 만델라는 총기 다루는 법, 폭약 제조법, 게릴라를 조직하고 양성하는 법, 게릴라 전투 요령, 군기를 유지하는 법 등을 배웠다. 교육 개시 8주가 되었을 때 ANC 본부로부터 전보가 날아왔다. 이제 돌아오라는 것이었다. 시술루 등 후견자들은 ANC 내 비판자들이 만델라가 남아공으로 돌아오지 않을 것이라고 의심하고 있는 점을 감안하여 조기 귀국을 요청하는 전보를 보낸 것이다. 이 밖에도 남아공 내에서는 그동안 무력 투쟁이 고조되어 MK 대원들은 사령관을 필요로 하고 있었다.

만델라는 권총과 총알 200발 그리고 수천 파운드의 돈을 지참하고 카르툼과 다레살람을 거쳐 남아공으로 돌아왔다. 그는 동지들을 모아놓고 자신의 여행 결과를 상세히 설명했다. 그는 특히 다른 아프리카 국가들은 백인, 인도계 및 공산주의자들과 협력하여 투쟁하는 ANC보다 아프리카 민족주의를 외치면서 흑인 단독 투쟁을 고수하는 PAC의 투쟁 방식에 보다 큰 관심을 가지고 있다는 사실을 보고했다. 그는 ANC가 외국으로부터 필요한 지원을 얻기 위해서는 ANC가 보다 독립적인 조직으로서 다른 단체와의 연계 시에도 주도권을 잡고 있다는 사실을 명백히 보여줄 필요가 있음을 역설했다.

1962년 8월 5일 만델라는 더반에서 조벅으로 이동하던 도중 경찰에 의해 체포되었다. 17개월간의 도피생활이 끝나는 순간이었다. 경찰은 정보원을 통해 만델라가 조벅으로 움직이는 것을 미리 알고 있었다. 월터 시술루도 만델라와 거의 동시에 체포되었다. 언론은 'Black Pimpernel'이 체포되었음을 대서특필했다. 언론은 만델라가 동료에 의해 밀고 당했다는 둥 또는 ANC가 단독으로 투쟁해야 한다는 주장에 분노한 백인과 인도계 공산주의자들에 의해 배신당했다는 둥 추측기사를 써댔다. 만델라는 이를 ANC 연합전선을 분리시키려는 백인 정부의 책동으로 간주했다. 만델라에 대한 혐의는 크게 두 가지였다. 첫째는 그가 노동자들을 선동하여 불법을 자행토록 사주했다는 것이며, 둘째 여행 허가 없이 해외여행을 했다는 것이었다. 만델라는 구치소에서 가장 보안이 엄중한 특실에 수용되었다. MK 특공대가 감옥을 공격하여 만델라를 구출해갈 것이라는 소문 때문이었다.

ANC는 만델라 석방위원회(Free Mandela Committee)를 구성하고 'Free Mandela' 캠페인을 전개했다. 전국적으로 시위가 일어났고 법정에 데모대가 몰려들었다. 만델라는 코사족 전통복장 차림으로 법정에 입장했다. 이는 흑인이 차별적인 백인 법정에서 재판을 받는다는 사실을 상징하는 것이었다. 만델라는 흑인이 백인 법정에서 백인 판사와 백인 검사 그리고 백인 입회인에 둘러싸여 재판받는다는 사실 자체가 인종차별적인 것임을 선포했다. 첫 번째 공판에서 만델라는 시민을 선동하여 파업에 참여케 한 혐의로 3년, 여권 없이 무단 해외 출국한 혐의로 2년 등 도합 5년형을 선고받았다. 예상했던 결과였다.

감옥에 수감된 만델라는 짧은 바지를 입는 것과 감옥 음식을 먹는 것을 거부했다. 투쟁 결과 짧은 바지를 입지 않고 외부로부터 들여

온 음식을 먹는 것으로 구치소 측과 타협했다. 그러나 이로 인해 만델라는 철저히 고립되었다. 수 주 동안 만델라는 아무도 만날 수 없었고 누구와도 대화할 수 없었으며, 읽을 책이 없었고 글을 쓸 수도 없었다. 철저히 고립된 만델라는 방에 들어온 바퀴벌레와도 이야기를 나누고 싶은 충동을 느낄 정도였다. 고독을 참을 수 없었던 만델라는 굴욕적이지만 짧은 바지를 입는 조건으로 다른 죄수들과 접촉하는 것이 허용되었다. 만델라는 특히 PAC 지도자 소부퀘와 많은 대화를 나누었다. 두 사람 간에는 서로 통하는 점이 있었다. 이를 눈치챈 감옥 당국은 두 사람을 격리시켰다. 만델라의 법정 진술은 남아공 국내에서는 거의 보도되지 않았으나 해외에서는 큰 반향을 일으켰다. 그의 논리정연하고 자신감에 찬 최후 진술은 서방 언론에 깊은 영향을 미쳤다.

1963년 5월 말 만델라는 프리토리아로부터 로벤섬으로 옮겨졌다. 로벤섬은 물개를 뜻하는 네덜란드어에서 유래한 이름이다. 이곳에 물개들이 서식했기 때문이다. 섬은 처음에 감옥으로 사용되었다가 나병환자 수용소로 전환된 후 정신병자 수용소로 바뀌었고 나중에는 해군기지가 되었다. 만델라가 수용될 무렵 백인 정부는 이 섬을 다시 감옥으로 바꾸었다. 로벤섬 감옥은 남아공 판 알카트라즈(Alcatraz)이다. 이곳으로부터 탈출할 방법이 없기 때문이다. 감옥의 여건은 열악하기 짝이 없었다. 모욕은 일상이었다. 도착하자마자 만델라는 다른 죄수들과 함께 물이 발목까지 차는 방에 모여 모든 옷을 벗어야 했다. 옷은 금방 물에 흠뻑 젖었으나 만델라는 이 옷을 다시 입어야 했다. 차가운 죽 한 그릇을 저녁으로 먹은 후 만델라는 감방으로 이송되었다. 낮에는 따가운 햇볕 속에서 돌을 부수는 작업을 해야 했으며 백인 간수는 욕설과 협박으로 죄수들의 기를 죽였다. 교도관들은 모래밭에 깊은 구덩이를 파고 죄수를 그 안에 파묻은 다음 목만 내놓게 했다. 그리고 불볕더위에 서있게 했다. 그들은 사람을 한나절 혹은 반나절 동안 모래 속에 세워두었다가 그 사람이 물을 청하면 교도관이 와서 강제로 입을 벌리게 한 다음 오줌을 누었다. 그리고 그것이 최고로 맛 좋은 위스키라고 하면서 물을 주지 않았다.

그러나 만델라는 결코 기죽는 법이 없었다. 그는 변호사답게 폭력이나 협박을 당할 때 반드시 소송하겠다고 경고했다. 감옥 당국은 이전에는 만델라와 같은 죄수를 본 적이 없었다. 그는 자신의 부당한 처우에는 반드시 법적으로 대응했으며 가벼운 모욕은 무시해버렸다. 그리고 언제나 예의바르고 단정했다. 그러한 만델라에게도 위니에게 금족령이 내려졌다는 소식은 충격이었다. 그는 위니 때문에 늘 걱정하고 악몽을 꾸는 날이 많았다. 과감하고 직선적인 성격을 가진 만큼 위니에게는 무모한 면도 많았기 때문이다. 만델라는 백인 당국이 위니를 자극하여 함정으로 유인할 것을 우려했다. 당시 위니는 홀로 진지(Zindzi)와 제나니(Zenani) 두 딸을 키우면서 늘 경찰의 위협에 시달리는 상황이었다.

5년형을 선고받고 9개월쯤 교도소 생활을 하던 어느 날 만델라는 다시 프리토리아로 소환되었다. 만델라는 그 이유를 곧 알게 되었다. 리보니아 농장에 모여서 무력 투쟁을 논의하던 MK 동지들이 모두 잡혀왔기 때문이다. 시술루를 비롯 고반 음베키, 아흐메드 카트라다, 믈랑게니(Andrew Mlangeni), 헤플(Bob Hepple), 믈라바(Raymond

Mhlaba) 등 MK 사령탑이 뿌리째 체포된 것이다. 1963년 7월의 일이었다. 그리고 이것이 리보니아 재판의 시작이었다. 경찰이 리보니아를 습격해서 압수한 문서 중 가장 중요한 것은 마이부예 작전과 관련된 것들이었다. 이 작전은 남아공 내 주요 거점에 대한 무력 공격 계획을 포함하고 있었다. 만델라는 잡혀온 동료들을 통해 백인 정부가 이번에는 법정 최고형인 사형을 구형할 계획이라는 사실을 알게 되었다. 죽음의 그림자가 어른거리는 가운데 만델라는 극도로 불안한 나날을 보냈다.

이 사건의 담당 검사는 유대인 출신의 야심만만한 유타르(Percy Yu-tar)였고 피의자 측에서는 브람 피셔를 대표 변호사로 내세웠다. 모두 11명이 폭력 혁명과 국가 전복을 목표로 한 200여 회 이상의 사보타지를 기획하고 가담한 주범으로 기소되었으며 공범으로 골드리치, 슬로보 등 24명이 기소되었다. 이 중에서도 만델라, 시술루 그리고 음베키 3인이 가장 핵심 인물이었다. 검찰은 시간이 많이 걸리는 반역죄 대신 피의자들을 사보타지 혐의로 기소한 것이다. 만델라와 동료들은 책임을 인정하되 자신의 행동이 정당한 것이었고 앞으로도 이러한 투쟁은 지속될 것이라는 점을 명백히 하기로 했다. 그러나 그들은 게릴라전을 벌이려 했다는 경찰의 주장에 대해서는 '만약의 경우'라는 가능성을 염두에 두고 계획을 세우기는 했지만 실행한 적은 없다고 반박했다. 무고한 시민을 살해하거나 부상케 했다는 주장에 대해서도 부인했고, 외국 군대의 개입을 요청했다는 주장도 부인했다. 만델라는 무계급 사회 이념을 존중했고 마르크스주의자들의 사고에 의해 영향을 받았다는 사실을 부인하지는 않았지만 자신이 공산주의자라는 혐의는 강하게 부인했다.

ANC는 공산당과는 달리 흑인만을 멤버로 받아들였으며 ANC의 주요 목표는 흑인의 단합과 완전한 정치적 권리 쟁취에 있었다. 반면 공산주의자의 목표는 자본주의를 척결하고 노동자가 지배하는 정부를 창설하는 것이었다. 공산당은 계급 간의 구분을 주장했으나 ANC는 계층 간의 조화를 목표로 했다. ANC는 단 한 번도 자본주의 체제를 비판하거나 경제구조에서 혁명적 변화를 추구하지 않았다. 이러한 것이 만델라 주장의 요지였다. 만델라는 더 나아가 자신은 영국식 정치제도와 법치주의를 숭상하며 영국의 의회제도를 민주주의의 표상으로 간주한다고 말했다. 그는 미국의 의회주의, 권력 분립 그리고 사법부의 독립을 숭상한다는 점도 밝혔다.

만델라는 스스로를 아프리카 애국자로 생각한다고 말했다. '사형선고'가 임박했으나 만델라는 자신의 안위를 염두에 두지 않았다. 그는 이 재판에서 모든 책임을 지며 재판을 백인 정부에 대한 투쟁의 시범 사례로 몰아가기로 결심을 굳혔다. 위기에서 흔들리지 않는 리더십, 무한책임의 자세, 사형선고 앞에서도 존엄과 자신감을 잃지 않는 모습, 이러한 점을 만천하에 보여주기로 결심했다. 만델라는 이 재판에서 예상보다 낮은 형량을 선고받는 것을 목표로 하는 대신 그들이 무력 투쟁을 전개할 수밖에 없었던 이유를 만천하에 낱낱이 밝히기로 결심했다. 이들에게는 이 재판이 백인 정부의 독선과 탄압을 전 세계에 명백히 드러낼 수 있는 절호의 기회였다.

만델라, 시술루, 음베키 3인은 자신에게 어떤 선고가 내리든 항소하지 않기로 합의했다. 항소는 이들의 신념에 있어서 약점을 드러낼 수 있었기 때문이다. 만델라는 장장 4시간에 걸친 최후 변론에서 자신은 백인 우월주의와 흑인 우월주의 모두를 배척하며 민주적이고 자유로운 사회에서 모든 사람들이 조화롭게 균등한 기회를 갖고 살게 되기를 염원한다고 말했다. 이는 자신이 열망하고 이루기 위해 살아온 목표이며 필요하면 이를 위해 죽을 각오가 되어 있다고 말했다. 만델라의 최후 진술은 언론에 그 전부가 게재되었다. 재판은 3주에 걸쳐 진행되었다. 이 3주 동안 남아공 도처에서는 출근 안 하기 운동과 대규모 파업이 벌어졌다.

세계는 이 재판에 큰 관심을 보였다. 유럽과 미국의 여러 도시들에서도 시민들이 거리로 나와 아파르트헤이트에 반대하는 시위를 벌였다. 세계에서 두 번째로 큰 런던의 세인트폴 대성당에서는 만델라를 위한 예배와 흑인들의 자유 쟁취 투쟁을 지지하는 철야 기도회가 열렸다. 런던대학 학생회는 만델라를 궐석 학생회장으로 선출했다. 뉴욕에서는 유엔안보리가 남아공 정부에 비인도적인 아파르트헤이트를 철회하라고 요청했다. 유엔 전문가 그룹은 남아공에서 진정한 대표권을 가진 의원을 선출할 국민회의 소집을 요구했고 모든 아파르트헤이트 반대자에 대한 사면을 요구했다. 유엔안보리는 리보니아 판결 이틀 전 남아공 정부에 대해 재판을 종결하고 피의자를 사면할 것을 촉구했다.

1964년 6월 12일 재판관 데웨트(Quartus de Wet)는 만델라에게 종신형을 선고했다. 평소와 달리 침착하지 못한 재판관의 모습에 만델라는 사형이 선고될 것으로 예상했으나 종신형이 선고되었다. 전 세계로부터 만델라의 석방을 요청하는 편지가 쇄도하고 있었으므로 데

넬슨 만델라

웨트는 세계 여론에 의해 영향을 받은 것이 확실했다. 만일 그가 만델라와 동지들을 사형시킬 경우 세계 도처로부터 거센 비난을 짊어져야 할 판이었다. 그러나 한편으로 데웨트는 아프리카너였다. 그는 동족으로부터 심한 압력을 받고 있었으며 아프리카너가 만든 시스템에 역행할 생각이 전혀 없었다. 고심하던 데웨트는 타협안으로 종신형을 선택한 것이다. 만델라와 동지들은 항소하지 않았다. 결국 프리토리아 재판소는 세계 여론을 의식하여 종신형을 선고한 셈이 되었다. 리보니아 재판이 벌어지는 동안 MK가 전개했던 사보타지 캠페인은 실패로 돌아갔다. 사보타지가 경제에 미치는 영향은 미미했다. 외국 투자가들은 국내 상황에도 불구하고 여전히 남아공으로 몰려들었고 경제제재는 강화된 것 같이 보였으나 실제적으로는 큰 효과를 발휘하지 못했다.

백인들은 정부가 사보타지에 대응할 수 있는 보다 강경한 조치를 취해줄 것을 요청했다. 국민당 정부에 대한 백인의 지지는 오히려 높아졌다. 정부는 이에 고무되어 강력한 탄압 조치를 구상했다. 리보니아 재판으로 지도부가 공백 상태가 된 MK는 중국에서 군사훈련을 받은 므카위(Wilton Mkwayi), 릴리스리프 회동에 참가했던 젊은 공산주의자 킷슨(David Kitson) 등을 새로운 지도자로 선출했다. 그러나 MK를 실제적으로 이끄는 핵심 인물은 리보니아 사건 대표 변호사인 브람 피셔였다. 피셔는 재판 중에도 해외에서 모금한 자금을 MK에 제공하면서 MK 활동을 재건시키고자 노력했다.

그러나 만델라가 빠진 MK의 활동은 점차 위축되다가 1964년 중순 사실상 중단되었다. 브람 피셔는 64년 9월 13명의 동료들과 함께 공산당 조직 혐의로 체포되어 기소되었다. 보석으로 출감한 피셔는 런던에서 돌아온 후 지하로 잠적하여 활동하다가 1965년 11월 체포되어 56세의 나이에 종신형을 선고받았다. 피셔는 사실상 마지막 남은 혁명주의자였다. 그가 체포된 후 사실상 혁명 투쟁은 중단되었다. 해외에 체류하는 만델라의 친구 올리버 탐보는 재판과 무관했다. 그는 즉시 흩어져 있던 동지들을 모으고 법으로 금지된 ANC를 재창당했다. 사람들은 만장일치로 그를 대표로 추대했다.

1964년 6월 12일 만델라를 비롯한 7명의 죄수들은 비행기로 로벤섬으로 옮겨졌다. 로벤섬은 이제 만델라에게 구면이었다. 이들은 정치범을 수용하기 위해 별도로 지은 죄수동에 수감되었다. 이 건물이 앞으로 18년 동안 만델라가 살 곳이었다. A, B, C동이 있었는데 만델라는 B동에 수감되었다. B동에는 30여 개 정도의 방이 있었다. 정치범은 독방에 수용되었다. 방은 매우 좁아 만델라가 누우면 머리끝과 발끝이 벽에 닿을 정도였다. 30명 정도의 정치범들은 완전히 고립되었다. 이들은 죄수동의 매우 작은 구역 하나를 차지했으며 일반 죄수와 격리되었다. 이들은 씻거나 식사할 때 그리고 파석장에서 일할 때에만 잠깐 동안 서로 이야기할 수 있었다. 만델라에게는 죄수번호 466/64가 주어졌다. 이는 1964년에 입소한 466번째 죄수라는 뜻이었다. 만델라에게는 길고도 험한 감옥생활이 기다리고 있었다.

그의 나이 46세 때였다. 감옥에는 F동과 G동이 있었는데 이 건물에는 일반수들이 수용되어 있었다. 그러나 간혹 일반수 중 일부가 정치범 동에 수용되는 경우도 있었다. 간수들은 가급적 정치범과 일반범의 접촉을 차단하려고 했다. 그 이유는 일반수들이 정치범에 의

넬슨 만델라

해 사상적으로 교화되는 것을 막기 위해서였다. 로벤 감옥은 1962년 만델라가 처음 입소했을 때와는 상황이 달랐다. 그때는 혼혈 간수들이 있었지만 지금은 모든 간수가 백인이었으며 대부분 아프리카너들이었다. 감옥에는 백인 죄수도 없었다. 백인 간수들은 대부분 인종혐오주의자들이었다. 이들은 일반 죄수, 정치범 할 것 없이 함부로 대했으며 언어 폭력과 물리적 폭력을 서슴지 않고 사용했다. 간수들의 의도는 죄수의 사기를 죽여 존엄성과 자존심을 뭉개는 것이었다.

만델라는 뜰에서 돌을 깨는 작업을 했다. 배구공만이나 한 바위를 자갈로 부수는 작업이었다. 감옥에서의 시간은 매우 더디게 갔다. 그 이유 중 하나는 일의 처리가 너무 늦다는 점이었다. 예를 들어 새 칫솔을 요구하면 실제로 배급되기까지 6개월 또는 1년이 소요되었다. 뜰에서 돌을 깨는 일은 그렇게 지루할 수가 없었으나 지내다 보면 어느새 1년이 지나가곤 했다. 감옥에서는 시계가 없어 날짜를 모르고 살았다. 백인 당국이 판단 착오를 일으킨 점은 만델라와 동료들을 함께 수용한 일이었다. 당국으로서는 감시하기 편하다는 점에서 그렇게 했겠지만 한데 모여 있는 이들은 서로 위안을 주고 자극을 받았다. 이들은 각자의 지식과 경험을 공유하면서 서로에게 용기를 북돋아주었다. 아마 이들이 따로따로 수용되었더라면 그 오랜 시간을 버텨내기 어려웠을 것이다.

리보니아 재판에 연루된 7명 중 인도계 카트라다를 제외한 나머지 6명의 흑인에게는 양말 없이 반바지가 제공되었다. 이것이 소위 'native boy' 복장이라는 것인데 자존심이 강한 만델라는 이를 경멸하여 긴 바지를 요구하는 투쟁을 전개했다. 그러나 6명 모두에게 긴 바지가 주어지기까지는 3년이 넘게 걸렸다. 만델라는 아침 5시 반에 기상하여 방을 청소하고 침구를 정돈한 후 6시 45분에는 물통을 씻으러 나갔다. 이후에 아침식사가 제공되었는데 옥수수죽과 옥수수로 만든 시리얼이 대부분이었다. 그 후에는 뜰로 나가서 돌 깨는 작업을 했다. 정오가 되면 삶은 옥수수가 점심으로 주어졌다. 점심 후 4시까지 다시 돌 깨는 작업을 한 후 차가운 물로 샤워를 했다. 저녁 시간은 4시 반이었다. 옥수수죽에 가끔 당근과 캐비지 또는 근대 뿌리(beetroot)가 섞여있었다. 이틀에 한 번씩 조그만 양의 고기가 공급되었다. 식사가 이렇게 열악한 것은 주방에서 일하는 사람들 때문이었다. 이들은 일반 죄수들인데 좋은 재료는 빼돌려서 자신과 동조자들을 위해 쓰거나 아니면 간수들을 매수하는데 썼다.

감옥에서는 죄수들을 A, B, C, D 4개의 카테고리로 분류했으며 등급에 따라 특권이 달랐다. 이를테면 방문, 편지, 공부, 음식 그리고 생필품을 구매하는 것 등이 등급에 따라 달랐다. 정치범은 가장 낮은 등급인 D등급에 속했다. D등급에 속하면 6개월에 면회 1회, 편지 수령 1회 그리고 편지 발송 1회가 허용되었다. 등급은 매우 현실적인 문제였다. 가족관계를 중시하는 아프리카 사회에서 가족이나 친척들의 소식을 전혀 모르고 지내는 것은 마치 사막에서 홀로 사는 것과 같았다.

간수들의 말을 잘 듣고 양형 실적이 우수하면 등급이 올라갔다. 간수들은 이를 죄수를 통제하기 위한 수단으로 사용했다. 일반적으로는 감옥에 있는 기간이 길어짐에 따라 등급이 올라갔다. 가령 8년형

넬슨 만델라

을 받았을 경우 처음에 D등급부터 시작하여 2년 단위로 A등급까지 올라갈 수 있었다. 만델라는 이 시스템을 경멸했다. 그는 결코 등급을 올리기 위해 굴종하지 않았다. 비위가 틀린 간수들은 "너와 같은 말썽쟁이는 평생 D등급으로 지내야 할 것이다."라고 말하곤 했다. 편지를 받았을 때는 마치 가뭄에 단 비를 만난 것 같았으나 만델라는 편지를 급히 뜯어보지 않았다. 그가 서두르는 모습을 보면서 즐거워할 것이 뻔한 간수들의 꾀에 넘어가지 않기 위해서였다. 들어오고 나가는 모든 편지는 엄격한 검열을 받았다. 검열관은 일부 문구를 검은 펜으로 지우거나 면도날로 잘라냈으며 영어가 서툰 검열관들은 편지 한 장을 검열하는데 한 달이 걸리기도 했다. 철저한 검열 끝에 넝마와 같이 되어버린 편지가 전달되는 경우가 다반사였다.

면회도 매우 엄격했다. 위니는 만델라를 면회하기 위해 조벅으로부터 케이프까지 먼 거리를 날아왔으나 면회시간은 단 30분에 불과했다. 위니는 여행을 위한 특별 허가를 얻어야 했고 만델라를 만나기 위해서는 별도의 특별 허가를 또 얻어야 했다. 그들은 창살을 마주하고 서로 격리된 가운데 반 시간 동안 짧은 이야기를 나누었다. 위니 뒤에는 2명의 간수가 있었고 만델라 뒤에는 3명의 간수가 있었다. 이들에게는 가족과 관련된 대화만 허용되었다. 대화 도중 모르는 이름이 나올 경우 간수들은 대화를 중단시키고 이 사람과의 관계에 대해 물었다. 아까운 대화 시간에 간수가 끼어드는 것이 안타까웠으나 만델라와 위니는 이를 역이용해 가족이나 친척의 이름을 일종의 코드로 사용해서 궁금한 사람에 관한 정보를 나누었다. 가령 위니의 씨족 이름인 '은구티아나(Ngutyana)'는 위니를 지칭하는 것이었으며 '교회'

는 ANC를 지칭하는 것이었다. 모든 대화는 영어 또는 아프리칸스어로만 허용되었다. 주어진 30분이 훌쩍 지난 후 위니와 헤어지기는 너무 아쉬웠으나 다른 방법이 없었다. 다음 면회까지 최소 6개월을 기다려야 한다는 것은 사실상 기약이 없는 것과 같았다. 이런저런 사정으로 면회가 지연되는 일이 흔했기 때문이다.

아니나 다를까, 만델라는 처음 위니와 면회한 후 다음 면회 때까지 2년을 더 기다려야 했다. 백인 당국은 여행 금지 등 여러 방법을 동원하여 위니의 재방문을 방해했다. 수감생활 중 그가 가장 열망한 것은 가족으로부터의 편지와 면회였다. 특히 위니의 편지는 손꼽아 기다리는 것이었다. "위니의 편지가 없으면 마치 사막에 있는 것 같았다."라고 만델라는 회상했다. 만델라는 자신의 편지 속에 위니와 함께 지낸 짧은 시절의 기억과 감정을 모두 담아 보냈다. 그의 편지에는 위니에 대한 사랑과 정이 듬뿍 담겨있다. 가족 문제는 늘 그에게 잊을 수 없는 고통이었다. 만델라가 한때 그렇게 사랑하여 복싱 체육관에 함께 데리고 다녔던 장남 템비는 케이프타운 근처에 살았지만 한 번도 만델라를 찾아오지 않았다. 열 살 때 부모의 이혼으로 가정이 깨어지는 충격을 맛보았던 템비는 영영 그 충격으로부터 벗어나지 못했다.

넬슨 만델라

#12
감옥에서의 **투쟁**

　수년간 돌 깨는 일을 해왔던 만델라와 정치범들은 이제 석회석 채석장에 투입되어 돌을 캐는 일을 맡았다. 석회석을 캐는 것은 뜰에서 돌을 부수는 것보다 훨씬 힘든 일이었으나 만델라는 곧 이를 좋아하게 되었다. 야외로 나가서 자연을 감상할 수 있었기 때문이다. 감옥에서 채석장까지 걸어가는 도중 자연을 만끽하는 것은 곧 만델라의 일과가 되었다. 만델라는 오랜 세월 동안 채석장에서 일했다. 당국이 만델라와 그의 동지들을 채석장에서 일하게 한 것은 그들이 일반 죄수들과 다르지 않다는 사실을 드러내기 위한 것이었다. 정치범도 힘든 일을 해야 한다는 것이 당국의 방침이었다.

　석회석을 캐면서 가장 고통스러운 것은 햇빛이 반사되어 눈을 찌르는 것이었다. 만델라는 선글라스 지급을 요청했다. 그러나 선글라스가 지급되기까지는 3년이 걸렸다. 그것도 의사가 죄수들의 실명 가능성을 감옥 당국에 강력히 경고한 덕분이었다. 선글라스, 긴 바지, 차별 없는 음식 배급, 공부할 수 있는 권리, 만델라는 오랜 투쟁 끝에 이러한 것들을 하나씩 하나씩 얻어냈다. 만델라는 일반 죄수가 간수로부터 가혹 행위를 당하는 사건이 발생할 때마다 자청해서 이들의 변호사 역할을 맡았다. 그러다가 한 죄수가 간수에게 매수되어 중간에 소송을 포기하는 사건이 발생했다. 그 후부터 만델라는 미리 각서를 받은 후에야 죄수들의 변호사 역할을 맡았다.

교도소 생활에서 가장 중요한 사람은 법무부 장관, 교도소장 또는 간수장이 아니고 담당 간수이다. 가령 담요가 필요할 때 윗사람들에게 말하면 대부분 반응이 없지만 간수와 사이가 좋으면 바로 담요를 갖다 주었다. 만델라는 가급적 간수들과 좋은 관계를 유지하려고 노력했다. 이것은 결코 쉬운 일이 아니었으나 불가능한 일은 아니었다. 간수 중에도 정상적인 사고방식을 가진 좋은 사람들이 있었기 때문이다. 그러나 간수 대부분은 흑인에게 친절을 베푼다는 사실 자체에 대해 혐오감을 가지고 있었다. 만델라는 특별히 심술궂은 간수에 대해서는 동료 한 사람을 지정해 그에게 접근하도록 했다. 온갖 방법을 통해 간수의 환심을 사면 아무리 짓궂은 간수라도 점차 태도가 변하곤 했다.

F동과 G동에 있는 일반 죄수들과 소통하는 것은 만델라의 가장 큰 관심사였다. 이들과의 소통을 통해 ANC의 목표와 활동을 보다 잘 선전할 수 있었기 때문이다. 일반인의 지지를 확보하는 것이 바로 ANC를 강화하는 것이었다. 만델라는 일반 죄수들이 교도소의 열악한 처우에 항거하여 단식 투쟁을 시작했다는 소식을 들었다. 만델라는 동료들과 함께 이에 동조키로 결정했다. 감옥 당국은 온갖 종류의 좋은 음식을 선보이며 단식을 중단시키고자 노력했다. 그러나 정치범들은 끝내 유혹에 넘어가지 않았다. 만델라는 이런 방식으로 일반 죄수들과의 유대를 강화시켰다. 일반 죄수들은 이동이 잦았기 때

넬슨 만델라

문에 외부 정보를 많이 가지고 있었다. 이들을 통해 세상 돌아가는 것을 알고 가족과 친구들에 관한 소식도 들을 수 있었다. 그러나 교도소 내에서 죄수들 간의 교신은 엄격히 금지되어 있었다. 만델라와 동료들은 성냥갑, 급식통, 화장실, 우유 등 모든 수단을 동원하여 일반 죄수들과 교신을 했다. 가장 좋은 방법은 교도소 내 병원에 함께 있을 때였다. 병원은 정치범과 일반 죄수들이 함께 사용했기 때문이다. 정치범들은 1966년 9월 페르부르트 수상이 의회에서 암살되었다는 충격적인 소식도 복도에서 일반 죄수를 통해 알았다. 만델라는 "교도소 당국은 우리를 바깥세상으로부터 완전히 격리시켜 눈 뜬 장님으로 만들려고 한다."라고 말하곤 했다.

리보니아 사건에 연루되었던 정치범들은 점차 세상으로부터 잊혀 갔다. 시간이 흐르자 서방 언론에서도 이들에 대해 보도하는 경우는 드물었다. 남아공 내에서는 투쟁을 이끌었던 지도자 대부분이 투옥되었기 때문에 저항 운동은 점차 쇠약해졌다. 시술루의 말대로 60년대는 이들에게 최악의 시기였다. 만델라가 무료한 감옥 생활에서 생존하기 위해 택한 방법은 감옥 내 환경을 개선하기 위한 투쟁을 전개하는 것이었다. 감옥은 아파르트헤이트 체제의 축소판이었다.

만델라는 환경을 개선하기 위한 목록을 만들어 하나씩 하나씩 실행에 옮겼다. 그는 목적을 달성하기 위한 수단으로 대립보다는 협상을 택했다. 그는 감옥 당국의 권위를 존중하면서 자신들의 요구 사항을 부단히 개진했다. 이러한 만델라에게 PAC는 예기치 않은 도전이었다. 이들은 끊임없이 ANC 멤버들에게 적대감을 드러냈다. 이들은 리보니아 재판에서 단 한 명의 ANC 멤버도 사형선고를 받지 않은 것에 불만을 드러냈다. PAC는 감옥 당국을 상대로 한 어떤 형태의 협상도 거부했다. 이들은 자신의 불만을 일체 외부에 표출하지 않았으며 감옥 당국과 접촉한다는 사실 자체를 담합으로 간주했다. 그러나 만델라는 달랐다. 그는 불만이 있으면 감출 것이 아니라 일일이 표출하고 감옥 당국과 대화함으로써 죄수들에 대한 편견이 사라질 것으로 믿었다. 만델라에게 로벤섬 감옥은 하나의 실험실이었다. 그는 극도로 분열된 남아공 사회를 단합시키기 위해 어떠한 리더십이 필요한지 늘 궁리했다. 적을 리드하기 위해서는 적진에 들어가야 했고 적의 마음을 이해해야 했다. 감옥은 만델라에게 그러한 기회를 제공해주었다. 그는 매일매일 아프리카너 간수들과 상대하면서 그들의 마음속으로 들어가려고 애썼다.

만델라는 또 감옥에서 학교를 열었다. 글을 모르는 사람에게는 글을 가르치고 세상 정세에 관심 있는 사람에게는 정치, 경제, 역사를 가르쳤다. 학위가 있거나 가르칠 수 있는 죄수들이 모두 선생으로 나섰다. 만델라 자신은 정치와 경제 강의를 담당했다. 수업은 주로 채석장에서 쉬는 시간을 이용해 진행되었다. 채석장은 캠퍼스가 되었을 뿐 아니라 토론장으로 변모했다. 정치범들은 채석장에서 주요 이슈에 관한 자신들의 견해를 밝히고 열띤 토론을 벌였다. 로벤섬에서 공부를 마친 사람들은 과정이 끝날 때마다 증명서를 받았다. 이 증명서는 로벤섬 대학(The University of Robben Island) 명의로 발급되었다. 로벤섬 대학은 죄수들 간의 유대를 강화하고 이들이 감옥 생활에서도 보람을 느끼도록 하는데 크게 기여했다.

채석장에서 돌을 캐는 일은 1973년 끝났다. 그 대신 만델라와 그의

넬슨 만델라

동료들은 바닷가에서 해조류를 채취해야 했다. 이 해조류는 비료를 만드는데 사용되었다. 겨울에는 강한 바닷바람으로 견디기 어려울 만큼 춥고 힘들었으나 만델라는 이 일을 좋아했다. 바닷가에서 멀리 보이는 케이프타운의 고층 빌딩을 바라보면서 고향을 생각했고 배들이 지나가는 모습을 바라보면서 넓은 세상을 꿈꾸었다. 바닷가에서 해산물을 채취하여 음식을 만들어 먹거나 조개와 산호를 채취하여 감방을 장식하는 것도 그에게는 큰 즐거움이었다.

감옥 생활이 길어지면서 만델라는 점차 그의 감정을 자제하는 법을 터득했다. 만델라는 어떠한 상황에서도 화를 내거나 의심과 절망을 다른 사람 앞에서 표출하지 않았다. 그는 감정을 자제하고 논리와 이성으로 모든 문제를 다루었다. 간수들의 조롱과 차별 앞에서도 만델라는 늘 웃는 얼굴이었으며 결코 이성을 잃는 법이 없었다. 그와 세상 사이의 유일한 끈인 편지를 가지고 간수들이 장난질을 칠 때에도 만델라는 즉각적인 반응을 보이지 않았다. 그는 늘 정식 경로를 통해 간수의 행동에 대해 항의하고 시정을 요청했다. 그 결과 만델라는 늘 편지를 늦게 받아보곤 했다.

1960년대에는 나미비아, 모잠비크, 앙골라, 짐바브웨에서 모두 독립 투쟁이 벌어지고 있었다. ANC는 특히 짐바브웨에서 일어나고 있는 이언 스미스 정권에 대한 투쟁을 자신의 투쟁의 연장으로 생각했다. 1967년 ANC는 조슈아 은코모가 이끄는 ZAPU와 동맹을 맺었다. 그해 탄자니아와 잠비아에서 훈련을 받은 MK 게릴라들이 잠베지강을 건너 짐바브웨로 잠입하여 ZAPU 게릴라들과 함께 로디지아군에 저항해 싸웠다. 이 MK 게릴라들은 '루툴리 분견대'로 불렸다. 양측 간에 많은 사상자가 발생했고 살아남은 사람들은 베추아나랜드(지금의 보츠와나)로 피신했다.

1968년에는 더 많은 수의 ANC 분견대가 짐바브웨로 들어가 로디지아군뿐 아니라 로디지아에 파견되어 있던 남아공 경찰에 저항해 싸웠다. MK 총사령관이었던 만델라는 이 소식을 듣고 기쁨을 감출 수 없었다. 자신이 없는 동안에도 MK 조직이 지리멸렬해지지 않고 분발해서 백인 정권을 상대로 무력 투쟁을 벌이고 있는 것이 너무 고마웠던 것이다. 그러나 1969년 게릴라 작전이 실패한 후 탐보에 대한 비판이 거세어지자 ANC 망명 지도부는 조 슬로보와 같은 백인 공산주의자들의 MK 가입을 허용했다. 슬로보는 곧 MK 사령관이 되었다. 해외에 망명한 ANC 요원의 숫자는 점차 증가했다. 1975년 전까지 1,000명에 불과하던 것이 1980년에는 9,000명 그리고 1986년에는 1만 3,000명(이중 MK 요원이 8,000명)으로 증가했다.

1967년 7월 루툴리가 갑자기 사망했다. 자신의 농장 근처에서 산책을 하던 중 기차에 치여 사망한 것이다. 루툴리는 노벨평화상 수상자로서 국제적으로 잘 알려진 인물일 뿐 아니라 흑백 양측으로부터 골고루 존경을 받고 있었다. 루툴리의 사망으로 ANC 내에서 후계자 문제가 생겼다. 일반적으로 올리버 탐보가 후계자로 거론되었다. 탐보는 유능한 사람이었으나 밖으로 드러나는 것을 싫어하고 자신감이 있으나 겸손한 사람이었다. 루툴리와는 여러 면에서 대조되는 인물이었다. 탐보는 ANC 의장직을 한사코 고사했다. 그는 ANC 지도자는 어디까지나 만델라이며 자신은 대행(acting)에 불과하다고 말했다.

로벤섬에 수감된 ANC 죄수들의 숫자는 날이 갈수록 늘어나 1966

년까지 1,000여 명에 달했다. 만델라와 그의 동지들은 내적인 규율을 유지하고 멤버들을 통제하기 위해 조직의 필요성을 느꼈다. 이들은 규율, 정치, 교육, 문예, 오락 등으로 분야를 나눠 위원회를 구성했다. 위원회 멤버들 간에 서로 소통을 강화하고 죄수들의 생활 향상을 도모했다. 이들 위원회의 최정점에 고위 사령부(High Command)가 설치되었다. 이는 매우 은밀한 조직이면서 꼭 필요한 존재였다. 루툴리가 사망한 지금 ANC 최고 지도자들이 모두 로벤섬에 모여 있기 때문이다. 만델라, 시술루, 음베키, 믈라바 등이 이 조직의 핵심 멤버였다. 만델라가 조직의 총사령관을 맡았다. 만델라는 이 조직이 ANC 본부의 정책에 대해서는 어떠한 간섭도 하지 않겠다는 점을 명확히 했다. 이 조직은 오직 감옥 내에서 벌어지는 문제만을 다루면서 ANC 회원들의 권익을 옹호하는데 총력을 기울였다.

1968년 만델라의 어머니가 사망했다. 만델라의 모친은 몇 주 전 로벤섬에서 아들을 마지막으로 면담한 후 돌연 세상을 떠난 것이다. 만델라는 물론 어머니의 장례식에 참석할 수 없었다. 만델라는 속으로 슬픔을 삭이면서 고통받는 많은 사람을 위해 투쟁할 결의를 더욱 다졌다.

1978년 위니와의 사이에서 태어난 막내딸 제나니가 소부자(Sobhuza) 스와질랜드 왕의 아들 툼부무지(Thumbumuzi) 왕자와 결혼했다. 만델라는 물론 이 결혼식에 참가할 수 없었다. 만델라는 친구들에게 신부 아버지 역할을 대신해줄 것을 요청했다. 스와질랜드 왕자와 결혼한 제나니는 외교관 특권을 가지고 아버지를 방문할 수 있었다. 그해 겨울 부부는 갓 태어난 딸을 안고서 감옥으로 만델라를 방문했다. 만델라는 어릴 적의 제나니를 본 후로 지금까지 그녀를 한 번도 만나지 못했다. 이제 성장해서 결혼하여 손녀를 안은 딸을 만나는 것은 그에게는 마치 소설에서나 나올 법한 상황이었다. 만델라는 제나니를 힘차게 끌어안았다. 그리고 손녀딸을 안아보았다. 이것은 그에게 인간적으로 더할 나위 없는 행복감을 안겨주었다. 만델라는 손녀딸의 이름을 자지웨(Zaziwe : 희망)라고 지었다.

제나니는 왕자비가 되었으나 그녀의 언니 진지 그리고 만델라가 에블린과의 사이에서 낳은 두 자녀 즉 아들 막가토(Makgatho)와 딸 마키(Maki)는 모두 순탄치 않은 삶을 살았다. 작가가 되려고 했던 진지는 꿈을 이루지 못했고 남자관계가 복잡했으며 4명의 아이를 둔 후 혼자 살았다. 막가토와 마키는 모두 좋은 교육을 받지 못했으며 결혼 생활도 순탄치 않았다. 만델라는 감옥에서 자녀들에 대한 걱정을 그치지 않았다. 국제사회의 제재 강화에도 불구하고 아파르트헤이트 체제는 좀처럼 변하지 않았다. 만델라는 국제사회의 제재가 남아공의 무역과 투자를 축소시킴으로써 백인 정부에 영향을 미칠 것으로 기대했다. 만델라는 또한 국제 스포츠 제재가 백인의 사기를 저하시킬 것으로 생각했다. 남아공 백인은 스포츠에 열광하는 사람들이었기 때문이다.

1969년 5월 비밀경찰이 위니의 집을 습격하여 영장 없이 그녀를 체포했다. 위니는 두 딸을 집에 남겨둔 채 경찰로 끌려갔다. 17개월 후 정부는 아무 설명 없이 사건을 기각하였으며 위니는 석방되었다. 491일간 감옥에 있었던 위니는 석방되자마자 2주 후 다시 5년간 출입금지령이 발동됨으로써 올란도의 자택에 연금되었다. 만델라의 수감생활 중 위니가 체포되고 감옥에 갇혔다는 소식을 듣는 것은 가장 고통스러운 일이었다. 특히 집에 남은 두 딸 걱정에 만델라는 밤잠을 설쳤다. 위니는 만델라뿐 아니라 딸들로부터도 점차 격리되었다. 아이들 학교를 방문하거나 담임선생을 만날 수도 없었다. 정부가 내린 금족령이 매우 엄격했기 때문이다. 그녀는 할 수 없이 어린 두 딸을 기숙사 학교로 보내야 했다.

1969년 7월 만델라에게는 또 한 차례 시련이 닥쳤다. 그의 장남 템베킬레(Madiba Thembekile, 템비)가 교통사고로 사망했다는 전보를 받은 것이다. 템비는 25세로 두 아이의 아버지였다. 장례식에 참가할 수 없는 만델라는 템비의 어머니 에블린에게 간절한 위로 편지를 보내는 수밖에 없었다. 위니에게 시련은 계속되었다. 그녀는 1974년 금족령을 위반한 혐의로 체포되어 오렌지자유국(Orange Free State)에 있는 크론스타트(Kroonstad) 감옥에서 6개월간 형을 살았다. 위니는 또한 흑인학부모협회(Black Parents' Association)에 가담한 혐의로 영장 없이 체포되어 조벅의 구치소에서 5개월을 지내야 했다. 위니는 특히 소웨토의 젊은층에게 인기가 높았다. 백인 당국은 위니의 영향력을 감소시키기 위해 1977년 5월 올란도 자택을 급습하여 가재도구를 트럭에 실은 뒤 위니와 딸 진지를 조벅에서 서남쪽으로 400km 떨어진 오렌지자유국 내에 있는 벽지 마을 브랜포트(Brandfort)로 강제로 이송했다. 그곳에서 쓰는 언어는 위니가 알아들을 수 없는 세소토(Sesotho) 언어였다. 당국은 위니를 사회로부터 완전히 격리시키려 한 것이다.

올란도의 집은 브랜포트의 집에 비하면 궁궐이었다. 문이 너무 좁아 가구가 들어갈 수 없어 싣고 간 가구는 경찰서 창고에 넣어두어야 했다. 위니는 맨땅에 매트리스를 깔고 진지와 함께 잠을 청했다. 위니는 이러한 쓰라린 경험이 오히려 자신을 더 강인하게 만들었다고 주장한다. 브랜포트 시절 위니는 백인들에게 미친 듯이 저항했다. 가게, 우체국, 식당 등에서 백인과 흑인이 엄격히 분리되어 있는 시스템도 위니에게는 통하지 않았다. 그녀는 싸우고 욕을 해서라도 굳건히 저항했다. 이러한 위니의 모습을 보고 흑인들도 차차 위니에게 동조했다. 브랜포트는 차차 백인의 아성에서 흑백이 섞여지내는 동네로 변해갔다. 위니는 열악한 여건의 브랜포트에서 7년을 지내야 했다. 만델라는 위니와 함께하지 못하는 것을 가장 미안하게 생각했다. 그는 그녀의 방문과 편지가 투옥 중 가장 큰 위안이 되었다고 입

넬슨 만델라

버릇처럼 말했다.

1977~79년간 여론조사에 의하면 위니가 부텔레지 다음으로 중요한 정치적 인물로 나타났다. 위니의 추방과 끊임없는 저항이 그녀의 인기를 급상승시켰던 것이다. 강인한 것처럼 보였던 위니는 그러나 속으로는 심한 고독과 박해로 인해 크게 변했다. 감옥생활에서의 시련과 브랜포트에서의 힘든 생활이 그녀를 변하게 했다. 위니는 고통을 당할수록 더 투쟁적으로 되어갔다. 그녀에 대한 모든 나쁜 소문에 대해서도 그녀는 아랑곳하지 않았다. 위니의 말을 들어보자.

> "구속되어 있는 동안 내게 변화가 생겼다. 아주 특별한 경험이었는데 나는 전혀 다른 사람이 되어버린 나 자신을 발견할 수 있었다. 누군가 총을 들고 내 앞에 선다면 나는 그 사람을 향해 방아쇠를 당길 수 있게 되었다. 그 상대가 남자든 여자든 아이든 관계없다. 나는 내 신념을 지키기 위해 총을 쏠 수 있을 것 같았다. 이것이 그들이 나에게 가르쳐준 것들이었다."

위니는 만델라와의 나이 차이를 새롭게 깨닫기 시작했다. 그녀는 1983년 한 기자에게 "만델라는 63세이지만 나는 아직 젊은 소녀와 같다. 여전히 행복한 결혼 생활을 기대하고 있다."라고 말했다. 위니는 점차 폭력적으로 되어갔으며 심하게 술을 마셨다. 그녀의 인기가 높아질수록 그녀는 경찰을 경멸했으며 스스로 자신이 법위에 있다는 망상을 가졌다. 그녀는 점차 고삐 풀린 망아지처럼 되어갔다. 브랜포트에서 조벅으로 돌아온 후 위니의 말과 행동은 보다 과격해졌다. 그녀는 추종자들에게 무기가 없으면 넥타이로 사람을 죽이도록 선동하기도 했다. 만델라는 위니를 감옥으로 불러 이러한 언행을 자제해줄 것을 요청했으나 위니는 이제 만델라의 말도 듣지 않았다.

위니는 연합민주전선(UDF)과 함께 일하는 것을 거부하고 만델라 연합축구클럽(Mandela United Football Club)을 결성하여 젊은 청년들과 어울렸다. 이들은 위니의 추종자이자 보디가드 역할을 했다. 이들은 세를 넓히기 위해 동네를 돌며 젊은이들에게 축구클럽 가입을 강요하는가 하면 한번 가입한 사람은 탈퇴할 수 없게 만들었다. 이 클럽은 점점 마피아 조직처럼 되어갔다. 위니는 엄격한 규칙을 만들어 조직원들을 감시했으며 말을 듣지 않는 조직원은 위니의 집으로 끌려가 '윤리위원회'의 조사를 거쳐 처벌을 받아야 했다. 클럽이 결성된 지 수개월 후인 1988년 말 조직원들은 인근 마을을 습격하여 4명의 젊은이를 납치, 심문하고 폭력을 행사했다. 1주일 후 납치된 사람 중 사회활동가로 잘 알려진 십대 청소년 한 명이 변사체로 발견되었다. 수사 결과 그를 살해한 사람은 축구클럽의 코치로 드러났다. 축구클럽 조직원 중 최소 8명이 청소년 살해에 연루된 것으로 밝혀졌다. 이 사건으로 축구클럽 간부 몇 명이 살인 혐의로 조사를 받았으나 위니는 한 번도 소환되지 않았다.

위니는 점차 자신이 가지고 있는 권력의 맛에 도취되었다. 그녀는 스스로를 건드리지 못할(untouchable) 존재로 생각했다. 지역 지도자들과 외국 언론은 위니의 이러한 행동을 깊이 파헤치지 않았다. 이들은 위니의 행동을 공개할 경우 만델라와 ANC에 악영향을 미칠 뿐 아니라 남아공 정부에 의해 이용당할 것을 우려했다. 위니는 브랜포트에서 소웨토로 돌아온 지 1년 만에 비벌리힐스로 알려진 부촌에 방 15개짜리 맨션을 지었다. 이러한 호화주택은 그녀의 투쟁적인 이미지와는 전혀 부합하지 않았다. 위니가 어디서 돈을 얻어 이렇게 큰 집을 지었는지는 미스테리였다. 위니는 미국 출신의 흑인 사업가와 어울렸으며 그는 미국에서 반아파르트헤이트 운동에 필요한 자금을 모았다. 위니의 저택 신축에 필요한 자금 중 일부는 이로부터 나온 것임이 분명했다. 1988년 7월 일단의 청소년들이 위니 집에 불을 질렀다. 방화는 축구클럽의 악행에 분노한 십대 청소년들이 저지른 일이었다. 이 불로 인해 만델라 가족의 소중한 기록이 모두 소실되었다. 1989년 2월 UDF 지도자들은 위니가 지역사회의 신뢰를 악용했다고 공식적으로 비난함으로써 사실상 위니와 결별을 선언했다.

위니는 점차 만델라에게 뜨거운 감자가 되어갔으나 만델라는 여전히 위니를 감싸고 그녀에게 등을 돌리지 않았다. 1990년 만델라가 석방된 후 만델라 축구클럽 사건과 관련된 재판이 진행되면서 위니가 저지른 악행이 모두 드러났으나 만델라는 이를 전형적인 남아공 경찰의 음모로 단정하고 위니 편을 들었다. 법정은 위니에게 유괴와 폭행 교사죄로 6년 형을 선고했으나 만델라는 이를 인정하지 않았다. 만델라는 위니가 ANC 내에서 중요한 보직을 맡을 수 있도록 도왔으며 사람들의 위니에 대한 비판에는 침묵을 지켰다. 그는 위니가 애인과 염문을 퍼뜨리고 있다는 사실을 알면서도 내색하지 않았다.

만델라는 위니에게 큰 빚을 지고 있다고 생각하여 끝까지 그녀에게 충실했으나 위니는 거꾸로 이를 이용했다. 만델라는 끝까지 위니를 용서하고 품으려고 했으나 위니는 이를 받아들이지 않았다. 젊은 시절 순진하고 가정적이었던 부인으로 돌아가기에는 위니는 너무 먼 길을 걸어와버리고 말았다. 위니는 이제 만델라가 과거에 알고 있던 여인이 아니었다. 위니는 만델라를 이용하여 그녀의 힘과 지위를 유지하려 했다. 그녀가 거느리고 있는 조직은 살인, 폭행, 강간, 방화 등 모든 악의 온상이었으며 위니는 이들의 정점에 있었다. 이러한 위니를 옹호하면 할수록 모든 부담은 만델라에게 돌아갔다.

위니의 추락은 그녀의 범죄행위 때문이라기보다는 잘못된 남자관계로부터 비롯되었다. 위니는 만델라가 릴리스리프에서 지하활동을 하던 시절 자신의 운전사 노릇을 했던 저널리스트 출신의 소마나(Brian Somana)와 가까이 어울렸다. 브람 피셔는 위니에게 소마나를 경계하라고 하면서 차라리 남아공을 떠날 것을 권유했으나 말을 듣지 않았다. 1964년 5월경부터 위니는 올란도 자택에서 소마나와 동거를 시작했으며 그와 함께 불투명한 자금을 모금하는 일에 동참했다. 이러한 위니의 행동을 보고 런던에 있는 올리버 탐보는 "더 이상 위니를 신뢰하지 않는다."라고 말했다.

위니는 55세 때 그녀보다 30년 연하인 젊은 변호사 음포푸(Dali Mpofu)와 관계를 시작했다. 음포푸는 만델라 축구클럽 사건의 변호를 맡으면서 위니와 가까워졌다. 젊고 매력적인 음포푸는 바람둥이로서 연상의 여자를 좋아하는 습성을 지니고 있었다. 위트워터스랜드 대학교 법대에 재학 중이던 음포푸는 영국 외교관의 딸로 그보다 열 살 많은 백인 강사 오클리 스미스(Oakley-Smith)와 연인이 되었다. 두 사람 사이에는 아들이 태어났는데 아이의 출산 직후 위니는 음포푸를 유혹해서 낚아채었다. 오클리 스미스가 위니의 행동에 대해 항의하자 위니는 자신의 주특기인 협박으로 맞섰다. 오클리 스미스는 이후 계속해서 위니의 협박에 시달려야 했다. 위니가 음포푸와 동거를 시작했다는 소문을 감옥에서 들은 만델라는 위니에게 당장 그를 쫓아내라는 편지를 썼다. 이로써 음포푸와의 동거는 끝이 났으나 두 사람 사이의 연인 관계는 지속되었다.

만델라가 감옥에서 풀려 집으로 돌아온 후 위니는 만델라와의 잠자리를 거부했다. 모욕적인 취급을 당한 만델라는 나중에 자신은 '가장 고독한 사람'이었다고 고백했다. 위니는 아무 경험도 없는 음포푸를 자신이 책임자로 있는 ANC 사회복지부 부국장으로 임명했으며 모금을 핑계로 음포푸와 함께 미국을 방문하여 호화로운 생활을 했다. 잔뜩 화가 난 만델라는 위니와 함께 사는 집으로부터 나와 홀로 거처했으며 이후 위니와는 거의 대화하지 않았다. 위니에 대한 비난이 가중되면서 불똥이 만델라에게까지 옮겨가자 마침내 만델라는 공식적으로 위니와의 별거를 발표했다. 그는 말할 수 없이 고뇌에 찬 표정으로 별거 발표문을 읽어 내려갔다.

ANC 집행부는 위니가 사회복지부 국장과 ANC 집행위원회 위원직으로부터 물러날 것을 종용했으나 위니는 사회복지부 국장 자리에서만 사임할 뿐 집행위원직에서 물러나는 것은 완강히 거부했다. 위니는 자신에 대한 모든 혐의와 비난은 날조된 것이라고 주장했다. 그러나 그녀의 감추어진 행각이 드러나면서 위니는 모든 공직으로부터 물러나야 했다. 위니가 음포푸에게 보낸 4쪽짜리 편지가 신문에 게재됨으로써 모든 사실이 명백해졌기 때문이다. 이 편지는 위니와 음포푸 간의 애정 행각은 물론 이들이 ANC 공금을 유용한 사실도 드러내었다. 이로 인해 위니는 결국 ANC 집행위원직과 부녀연맹 의장직으로부터 물러났다.

만델라는 위니뿐 아니라 맏딸 진지로 인해서도 깊은 상처를 입었다. 위니의 영향을 입고 자란 진지는 바람직한 이성 관계를 가지지 못했다. 그녀는 4명의 남자들로부터 4명의 아이를 출산했다. 한 남자로부터는 심한 폭력을 당했고 만델라 클럽 조직원이었던 한 남자는 자살하고 말았다. 이 모든 불행은 만델라의 가슴에 깊은 상처를 남겼다.

넬슨 만델라

14

정세 변화와 **만델라 석방**

1960년대는 남아공 백인 정권의 황금기였다. 60년대 내내 남아공은 일본에 이어 세계에서 두 번째로 높은 경제성장률을 기록했다. 서방과의 무역은 비약적으로 증가했고 미국, 영국, 프랑스, 독일 등으로부터 다투어 투자자들이 몰려들었다. 경제 붐이 일자 유럽으로부터 백인 이민이 들어옴으로써 1960~70년간 25만 명의 백인이 증가했다. 흑인의 저항은 줄어들고 백인의 보안기관들은 언제나 원하는 조치를 취할 수 있었다. 남아공은 매우 안정적인 가운데 성장하고 있었다. 이렇게 되자 백인 정권은 미래에 대한 자신감을 얻었다. 이들은 아파르트헤이트가 올바른 제도이며 이 제도는 결코 무너질 수 없을 것으로 생각했다.

국민당 정권에서 특히 혜택을 입은 사람들은 아프리카너였다. 정부의 전폭적인 지원 아래 아프리카너들은 과거 영국인이 차지했던 산업, 무역, 금융 등 주요 분야에서 핵심적인 지위를 확보했으며 철도, 항구, 제철, 전기, 중공업 등 주요 국영기업의 간부 자리를 독차지했다. 정부 계약과 인허가는 주로 아프리카너 기업들에게 주어졌고 아프리카너가 공직의 주요 자리를 차지했으며 아프리카너 농부들이 상업 농장의 4분의 3을 차지했다. 중하층 아프리카너들도 정부의 지원을 얻어 좋은 직업을 독차지함으로써 빈민층으로부터 벗어날 수 있었다. 보수가 높거나 기술이 필요한 일자리는 모두 백인이 독차지했다. 전통적 기득권층인 영국인도 물론 남아공의 번영에 발맞추어 과실의 일부를 차지했다.

조벅 북부의 백인 거주 지역은 비벌리힐스 다음으로 세계에서 가장 수영장이 많은 주택 지역이 되었다. 반면 흑인이 최고로 차지할 수 있는 일자리라고 해야 케이프타운의 교통경찰, 조벅의 엘리베이터 운영기술자 등 몇 가지에 불과했다. 1966년 페르부르트가 의회에서 한 괴한에 의해 암살당한 후 권력을 이어받은 포르스테르는 페르부르트가 다져놓은 노선을 답습했다. 백인들은 흑인이 도시로 몰려들어오는 것을 막기 위해 총력을 기울였다. 대규모 이주 계획에 따라 많은 흑인들이 도시에서 쫓겨나 홈랜드로 이주해야 했다. 이들에게 홈랜드는 낯설고 황폐하며 일자리도 희망도 없는 곳이었다. 백인의 목표는 모든 흑인을 홈랜드에 몰아넣어놓고 필요할 때만 이들을 기차나 버스로 이동시켜 도시 노동력으로 쓰는 것이었다. 백인들은 도시에 항구적으로 거주하는 흑인은 최소한으로 줄이고 대부분 흑인을 자신의 필요에 따라 불러다 쓰는 철새 노동자(migrant worker)로 만들려고 했다. 1970년경 200만 명 이상의 흑인이 철새노동자가 되었다. 이들은 매일 아침 일찍 일어나 기차나 버스를 타고 도시에 가서 일한 후 저녁 늦게 홈랜드로 돌아오던지 아니면 도시 내에 수용소처럼 만들어 놓은 열악한 숙소에서 몇 개월씩 지내야 했다.

1975년 만델라가 57세 생일을 맞았을 때 시술루와 캐티(카트라다)는 만델라에게 비망록을 써서 60세 생일에 발표할 것을 제안했다. 지난 십여 년간 백인 정부는 수감된 혁명가들에 대한 모든 기록의 발표를 금지했다. 따라서 젊은 세대는 혁명 세대에 대한 정보가 부족했다. 이들은 혁명 세대가 무슨 생각을 가지고 어떤 투쟁을 해왔는지 잘 모르고 있었다. 비망록이 출판되면 젊은 세대에게 혁명가들이 지금까지 무엇을 위해 싸워왔으며 또한 앞으로는 어떻게 싸울 것인지 일깨워줄 수 있었다. 또 이 책은 젊은 혁명가들에게 영감을 주고 용기를 북돋워줄 수 있었다. 이러한 생각에서 만델라는 동료들의 도움을 얻어 감옥에서 은밀하게 비망록 집필을 시작했다. 간수의 감시를 피해 모르게 책을 쓴다는 것은 결코 쉬운 일이 아니었다. 힘들게 진행되던 이 프로젝트는 결국 발각되어 무산되고 말았다. 그 벌로 만델라와 동료들은 4년간 학습 특권이 박탈되었다. 그러나 만델라의 원고 일부가 밖으로 유출되어 나중에 그가 자서전을 쓰는데 토대가 되었다.

60년대에 남아공 경제가 번창하면서 아파르트헤이트는 남아공 사회 깊숙이 파고들었다. 한때 MK의 무력 투쟁으로 남아공을 변화시킬 수 있다고 믿었던 사람들도 모두 기운을 잃고 잠잠해졌다. 동케이프타운 같이 늘 강한 저항을 보였던 지역도 점차 기운이 쇠퇴했다. 그러나 1970년대에 접어들면서 상황은 변하기 시작했다. ANC, PAC 그리고 공산당이 모두 쫓겨난 자리를 흑인의식운동(Black Con-sciousness Movement)[1]이 대신했다. 이 운동은 사회개조 운동이라기보

---

1) 1970년대 아파르트헤이트 체제하의 남아공에서 스티브 비코 등 학생들이 중심이 되어 전개한 흑인 의식 개조 운동이다. 스스로 '흑인성'이라는 근원으로 되돌아가 흑인으로서의 긍지와 자각을 통한 정신적 자립과 자조를 목표로 했다. 처음에 교회를 본거지로 하여 흑인 커뮤니티 프로그램과 연대하는 흑인생활 향상 운동으로 출발하였으며 나중에 정신적 운동으로 발전했다.

다 철학적인 성격이 더 강했으나 젊은층의 마음을 사로잡았다. 이 운동이 가르치는 것은 수 세기 동안 백인의 사슬에 묶여 열등감 속에서 살아온 흑인들이 스스로 열등감을 떨쳐버리는 것이었다. BCM은 흑인이 자신감을 회복해야 진정 억압으로부터 스스로를 해방시킬 수 있다고 가르쳤다. 그러나 BCM의 결정적 약점은 뜻은 있으되 세밀한 행동 계획이 없다는 점이었다. BCM을 이끄는 운동가들은 아직 성숙한 사람들이 아니었다. 만델라는 이들의 뜻은 존중했으나 BCM과 ANC를 병합하는 것에는 거리를 두었다. 1978년경이 되면서 감옥에서도 뉴스를 편집해서 보급했다. 보급된 뉴스는 라디오 보도를 간략히 짜깁기해서 제공한 것이었으므로 오류와 왜곡이 많았다. 그러나 정보에 굶주린 만델라 일행에게는 이 정도 뉴스라도 매우 요긴한 것이었다. 그동안 포르스테르 수상은 보타(P. W. Botha)로 교체되었다. 포르스테르는 정부 예산 유용 혐의로 정권에서 물러났다. 보타는 국방장관 출신의 강성 인사로서 1975년 앙골라에서의 군사 쿠데타를 지원한 사람이었다.

1976년 소웨토에서 큰 사건이 일어났다. 흑인 집단 거주 지역인 소웨토는 올란도를 포함한 28개 구로 구성되어 있었다. 수도와 하수 시설만 겨우 되어 있을 뿐 전기도 들어오지 않는 이 지역에는 성냥갑 같은 집들이 밀집해 있었다. 공식적으로 60만이라는 인구는 점점 늘어 100만 명을 넘어섰다. 소웨토 사건의 기폭제가 된 것은 교육에서의 차별이었다. 백인은 흑인에게 최소한의 교육만 허용하여 자신들의 노동 기계로만 쓰려고 했다. 이들은 열등한 흑인에게 고등교육을 시킬 이유가 없으며 흑인을 잘 교육해 놓을 경우 오히려 백인에게 반

넬슨 만델라

기를 들 것으로 우려했다.

1970년대 초 정부가 백인 학생에게 쓰는 교육비는 흑인의 16배에 달했다. 흑인은 중·고등학교에 진학하는 사람의 숫자도 적었을 뿐 아니라 고교를 졸업해도 제대로 된 일자리를 찾을 방법이 없었다. 흑인 학생의 불만이 가득 찬 가운데 백인 당국은 학교에서 아프리칸스어 사용을 강제하려고 했다. 이러한 가운데 희생자가 생겼다. 1976년 6월 16일 아프리칸스어를 강제로 교육하려는 당국에 항거하여 평화적으로 시위를 하고 있던 학생들에게 경찰이 발포했다. 첫 번째 희생자는 13세의 흑인 소년 피터슨(Hector Pieterson) 이었다. 죽은 소년의 몸을 끌어안고 울부짖는 형의 모습을 찍은 사진이 배포되자 세계가 경악했다. 평화적 시위는 곧 폭력 사태로 변모했다. 성난 군중은 경찰차를 불태우고 경찰견을 살해했으며 공공건물과 차량이 불타고 약탈되었다. 이 사건으로 2명의 백인 관리가 살해되었다. 군중들은 대규모로 파업 투쟁을 벌였으며 거리에서는 연일 시위가 계속되었다. 16년 전 샤프빌 사태보다 더 큰 규모의 저항이 지속되었다. 이 사태로 연말까지 600여 명이 죽고 6,000명 이상이 체포되었다.

이 사건을 계기로 흑인들은 보다 단합했으며 몇 개의 새로운 조직이 구성되었다. 특히 흑인의식운동이 국민의 호응리에 확산되었다. 그러다가 1977년 9월 BCM의 창시자인 스티브 비코가 프리토리아 경찰서에서 사망하는 사건이 발생했다. 비코는 포트엘리자베스 감옥에서 머리를 구타당해 뇌출혈을 일으킨 후 프리토리아로 이송되었으나 사망했다. 그의 죽음이 국제사회의 분노를 야기한 가운데 국내에서는 반아파르트헤이트 투쟁이 도처에서 격화되었다. 유엔안보리는 남아공에 대한 무기 금수를 골자로 하는 결의를 채택했다. 비코의 장례식에는 항의의 표시로 13개 서방 정부의 대표들이 참석했다. 보다 큰 충격은 경제부문에서 일어났다. 서방 투자가들은 더 이상 남아공을 유망한 투자처로 보지 않았다. 남아공 경제성장의 주축이었던 서방 투자가 급격히 줄어들기 시작했으며 미국과 영국의 은행들이 줄줄이 남아공으로부터 철수했다. 남아공에 지사를 둔 다국적기업들은 반아파르트헤이트 운동단체로부터 철수 압력을 받았다. 감옥에 있는 ANC 지도자들은 이 소식에 고무되었으나 한편으로는 과격한 젊은 세대가 주도권을 잡으면서 자신들이 구시대의 흘러간 인물로 치부되는 것을 우려했다.

젊은 세대들 중에는 만델라를 이미 낡은 인물이자 변절자로 보는 사람들도 있었다. 그러나 만델라는 동요하지 않았다. 침착하게 젊은 세대의 활동을 장려하는 가운데 이들이 보다 전략적이고 온건한 정책 노선을 택하도록 권고했다. 감옥 내에는 여전히 BCM, PAC 그리고 ANC 죄수들 간에 알력이 있었다. 만델라는 55쪽에 달하는 에세이를 작성하여 BCM이 인종차별적인 운동이 되지 않도록 그리고 투쟁 단체들이 공산주의화하지 않도록 심혈을 기울였다. 소웨토 사건 후에도 백인 정부는 변하지 않았다. 아파르트헤이트 통치 20여 년간 백인들이 고소득, 고기술 일자리를 독차지함으로써 수십~수백만 명의 흑인들은 도시로부터 시골로 이주해야 했다. 특히 아프리카너 우선정책(Afrikaner-first Policy)으로 말미암아 단순 노동자였던 아프리카너들이 종래 영국계가 지배했던 공무원 직을 독차지했다. 달콤한 맛에 길들여진 백인들은 좀처럼 기득권을 내려놓으려고 하지 않았다.

넬슨 만델라

1975년 앙골라와 모잠비크가 게릴라군에 의해 접수되고 이듬해 소웨토에서 큰 봉기가 일어나자 ANC 투쟁에 동참하는 사람들이 급격히 늘어났다. 1만 4,000여 명의 젊은이들이 남아공을 떠나 ANC에 가입했다. 많은 신병이 ANC가 앙골라 북부에 설치한 군사훈련소에서 훈련을 받았으며 이들 중 우수한 자원은 소련과 동독으로 파견되어 추가 훈련을 받았다. 남아공 국경에서 불과 80km 떨어진 모잠비크 수도 마푸토는 ANC의 전략본부가 되었다. MK는 사령부를 마푸토로 옮겼으며 조 슬로보는 1977년 아내 루스와 함께 아예 마푸토에 정착했다. 보츠와나, 스와질랜드, 레소토에도 ANC 지부가 설치되어 내부적으로 소통을 강화하고 신입회원을 받아들이는 역할을 담당했다. 1977년부터 MK는 선택적인 사보타지 작전을 전개했다. 이들은 경제에 손상을 주거나 백인의 안보에 위협을 미칠 수 있는 선전 효과가 큰 시설을 공격 목표로 정했다. 흑인 거주지 내의 백인 경찰서, 관공서, 철도 및 전기 시설 등이 이들의 목표였다.

80년대에 이르자 MK의 공격은 보다 과감성을 띄었다. MK 게릴라들은 산업시설과 유류 저장탱크를 폭파시켰으며 볼트레커후그테(Voortrekkerhoogte)에 있는 군사기지를 공격했다. 1982년에는 케이프타운 근처의 쾨베르그(Koeberg) 원자력발전소에 폭발물이 투척되어 원자로와 변전기가 파손되었다. 1983년에는 프리토리아의 군사 건물에 폭탄 차량이 돌진하여 16명이 사망하고 200여 명이 부상을 당했다. 이는 남아공 역사상 가장 심각한 사보타지였다. 남아공 정부는 보복 조치에 나섰다. 백인 정부는 군사 작전을 전개하는 한편 인근 국가들이 자발적으로 ANC를 축출하지 않을 경우 경제제재를 가하겠다고 위협했다. 남아공의 주요 목표는 마푸토였다. 남아공군은 우익인 레나모[2] 반군을 훈련시키고 이들에게 무기와 군사물자를 제공했다. 레나모가 모잠비크 내 교량, 철도, 도로, 학교, 병원 등을 공격함으로써 불안한 정세가 지속되었다. 1982년에는 남아공이 보낸 소포폭탄이 터져 루스 퍼스트가 사망했다. 앙골라, 레소토, 스와질랜드 등에도 비슷한 테러 사건이 발생했으며 남아공의 암살조가 이곳저곳에서 암약했다. 남아공의 압력에 견디지 못한 이웃 국가들은 하나씩 하나씩 무너졌다. 1984년 모잠비크는 800여 명의 ANC 요원들을 추방했다. ANC는 작전본부를 전선으로부터 멀리 떨어진 잠비아 수도 루사카로 옮겨야 했다.

60년대의 경제붐은 기술의 발달과 함께 산업구조에 근본적인 변화를 초래했다. 산업이 발달함에 따라 남아공은 보다 많은 숙련 노동자를 필요로 했는데 백인만으로는 수요를 다 채울 수 없었다. 백인 기업가들은 정부에 정책 변화를 요청했다. 이들은 백인이 기능직을 독차지하고 있는 구조를 개선함으로써 흑인도 능력에 따라 기술을 배운 후 필요한 일자리에 고용될 수 있도록 조치해줄 것을 요청했다. 백인 기업가들은 단순 노동력보다 고등교육을 받고 기술을 보유한 안정적인 흑인 노동력을 원했다. 일손이 부족한 기업인들은 틈만 나면 보타 대통령에게 산업계는 흑인 숙련 노동자를 필요로 한다는 사실을 강조했다. 흑인 숙련공을 양성하기 위해서는 흑인의 교육 기회

---

2) 레나모(Renamo : Mozambican National Resistance)는 백인 로디지아 정권의 전복을 꾀하는 흑인 게릴라에 대한 신생 모잠비크 인민공화국의 지원을 저지하기 위해 1976년 백인 로디지아 장교들에 의해 결성되었다. 남아공 백인 정부는 좌익 프렐리모에 저항해 싸우는 레나모의 적극적인 후원자 역할을 담당했다. 레나모의 폭력 행위로 인해 모잠비크에서는 1980년 말까지 최소 10만 명이 죽고 100만 명 이상의 난민이 발생했다.

를 넓혀 백인 전용 기술학교나 대학교에도 입학을 허용해야 했다. 기업인들은 또한 노사관계를 정상화하기 위해 흑인 노조 설립을 허용해야 한다고 보타를 설득했다. 흑인 노동자들이 스트라이크를 벌일 경우 생산 감소를 우려했던 것이다.

이밖에도 기업인들은 흑인 중산층 양성을 위해 흑인에게 도시 거주권을 허용하고 흑인들이 집을 가질 수 있도록 모기지 제도를 도입할 것을 제의했다. 백인 정부는 다른 방법이 없자 기능 분야에도 흑인을 일부 고용하는 것을 허용했다. 그러나 백인이 감독(supervisors) 직을 독차지하고 흑인은 반드시 백인 감독의 지휘 통제를 받도록 했다. 영국과 미국은 소웨토 사건 이후 외국회사들이 남아공 내에서 영업하지 않도록 압력을 가했다. 국제사회는 또한 흑인 노동조합 결성을 허용토록 압력을 가했다. 국제적 압력에 봉착한 백인 정부는 차별 시스템을 유지하기 위해 약간 완화된 정책을 택했다. 정책 변화의 골자는 흑인 숙련 노동자에게 다소의 특혜를 부여하는 것이었다. 즉, 흑인 숙련 노동자에게 도시에서 거주할 권리를 부여한 다음 항구적인 도시 노동자로 근무할 수 있도록 했다. 백인들은 이 숙련 흑인을 미숙련 흑인과 백인 간의 완충 장치로 이용하려고 했다.

보타는 아파르트헤이트 제도를 근본적으로 변화시킬 의사는 전혀 없었지만 경제 회생을 위해 몇 가지 불필요한 법을 폐기했다. 그중 하나는 흑백 간 결혼 금지법을 폐기하는 것이었다. 이 법의 폐기에 항의하여 1982년 14명의 국민당 의원들이 탈당하여 보수당을 창당했다. 그러나 이미 남아공에도 변화의 물결이 일기 시작했으며 백인 정부의 안간힘에도 불구하고 시대적인 조류를 거스를 수 있는 묘안은 없었다.

1979년 만델라는 네루 인권상 수상자로 결정되었다. 올리버 탐보가 그를 대신해서 상을 받았다. 1980년부터 탐보는 'Free Mandela' 캠페인을 전개했다. 이 포스터가 처음 런던에 붙었을 때 사람들은 'Free'가 이름이고 'Mandela'가 성이라고 생각할 정도로 만델라에 대해 몰랐으나 캠페인을 전개하면서 점차 그가 어떤 사람인지 알게 되었다. 만델라를 세상에 알리는 데에는 위니도 일조했다. 만델라의 아내인 위니가 브란포트로 유배되어 외로운 투쟁을 벌이고 있다는 소식이 세상에 알려지면서 서방 저널리스트와 외교관들이 그녀를 주기적으로 찾았다. 위니는 브란포트의 좁은 집을 개조하여 생활환경을 개선했으며 정원을 만들었다. 그녀는 방송 통신 과정으로 사회학 학위를 취득했다.

언론은 위니를 '나라의 어머니'로 묘사하며 그녀를 띄우기 시작했다. 사실 이때부터 위니의 일탈행위가 시작되었다. 과격하고 폭력적인 성격을 가진 데다 심한 외로움과 극한의 어려움 속에서 지내야 했던 위니로서는 세상이 자신을 인정해주자 한 줄기 빛을 본 것으로 생각했다. 자만심이 생기고 이기심이 발동했다. 위니는 점차 반아파르트헤이트 투쟁을 자신의 개인 비즈니스로 간주했다. 그녀는 술에 젖어 살았으며 툭하면 폭력을 행사했다. 이웃 사람들은 그녀를 존경하기보다 과격한 성격과 폭력 때문에 그녀를 두려워했다. 1981년 런던대학 학생회는 만델라를 명예 총장으로 선출했다.

1982년 4월 만델라는 남아공 정부의 지시에 의해 시술루, 믈라바, 믈랑게니 등과 함께 로벤섬으로부터 케이프타운 동남쪽 토카이(Tokai)에 있는 폴스무어 감옥으로 이송되었다. 만델라와 동료 3인은 감옥의 맨 꼭대기인 4층에 수용되었다. 이들은 4층 전체를 사용했다. 4층에는 넓은 방과 화장실, 두 개의 욕조와 두 개의 샤워실이 있었으며 침구와 시트, 타월도 모두 깨끗했다. 18년간 돌마루 위에 깔린 얇은 매트 위에서 살아온 이들에게 폴스무어는 고급 호텔과 같았다. 이들은 왜 자신이 갑자기 폴스무어로 이송되었는지 궁금해했으나 그 이유는 곧 밝혀졌다. 백인 당국은 이들의 영향력을 차단시키려 했으며 그것이 갑작스러운 이송의 이유였다. 로벤 감옥은 점차 혁명의 학습장이 되면서 혁명가들에게 하나의 신화를 창조했다. 로벤 감옥은 남아공에서뿐만 아니라 세계적으로 점차 전설이 되어가고 있었다. 만델라를 비롯해서 고위 지도부를 이끄는 원로들이 이러한 신화의 중심이었다. 당국은 이들을 격리할 필요성을 절실히 느끼고 있었다. 수개월 후 고위 지도부 멤버이자 연락책임자인 캐티마저 폴스무어로 옮겨옴으로써 모든 사실이 명백해졌다.

만델라는 폴스무어에서는 콘크리트에 갇혀 살았으므로 로벤섬의 자연을 그리워했다. 그러나 폴스무어의 식사는 로벤과는 비교가 되지 않을 정도로 훌륭했다. 폴스무어에서는 신문과 잡지 구독도 허용되었다. 타임지나 런던에서 발간되는 Guardian Weekly 같은 잡지도 구독할 수 있었다. "폴스무어는 로벤과 비교하면 5성급 호텔과 같았다."라고 만델라는 회고하고 있다. 만델라는 넓은 방에서 매일 습관적으로 운동을 계속했다. 새벽에 일찍 일어나 제자리 달리기, 팔굽혀펴기, 윗몸 일으키기 등 1시간 반 정도 운동을 한 후 일과를 시작했다. 폴스무어에서는 가족 면회도 로벤섬에 비해 훨씬 더 편했고 면회

조건도 좋았다. 유리 창문에서 마이크로폰을 통해 위니와 대화를 나누던 만델라는 어느 날 감옥 당국이 마련해준 별도 방에서 가족을 만났다. 면회 정책이 완화된 것이었다. 이곳에서 만델라는 21년 만에 처음으로 아내와 딸의 손을 만지고 그들을 포옹할 수 있었다. 만델라는 폴스무어에서도 그의 취미인 텃밭 가꾸기를 시작했으며 재배한 야채를 주방과 교도관들에게 나누어주었다.

밖에서는 ANC와 백인 정부 간 충돌이 점차 격화되었다. 1981년 남아공군은 마푸토의 ANC 사무실을 습격하여 여자와 아이들을 포함 13명을 살해했다. 1982년 12월에는 MK가 케이프타운 교외의 쾨베르그 원자력발전소에서 폭발물을 터뜨렸으며 여러 개의 군사시설과 공공시설에 폭발물을 부착했다. 같은 때 남아공군은 마세루의 ANC 사무실을 습격하여 부녀와 아이들을 포함 42명을 살해했다. 82년 3월에는 남아공 정보부가 런던에 있는 ANC 지부를 폭파했으며 82년 8월 조 슬로보의 아내이자 맹렬한 투사인 루스 퍼스트가 망명지인 마푸토에서 우편물에 설치한 폭탄으로 사망했다.

MK는 1983년 5월 프리토리아에서 최초로 차량 테러를 감행했다. 군사 시설을 목표로 한 것이었으나 민간인 사상자도 발생했다. 양측 간에 무력 투쟁은 점차 격화되는 양상을 보였다. 4년 반 동안 112회의 공격과 폭발 사고가 있었다. 백인 정부는 흑인, 인도인, 혼혈인을 분리시키는 전략을 구사했다. 1983년 11월 국민투표에서 백인은 의회를 백인, 인도인, 혼혈인 등 셋으로 구분하는 보타의 안을 통과시켰다. 이는 국제사회에 대해 백인 정부가 아파르트헤이트를 완화하려는 것처럼 보이게 하는 눈속임이었으나 사람들은 속지 않았다. 그러나 보타의 철저한 반공산주의 노선은 마가렛 대처 수상과 로날드 레이건 대통령의 지지를 이끌어냈다. 대처와 레이건은 만델라를 적으로 간주했고 반면 보타와 부텔레지를 우군으로 생각했다.

1984년 새로운 의회를 구성하는 선거에 80% 이상의 인도인과 혼혈인이 참가하지 않았다. ANC는 반아파르트헤이트 투쟁을 주도하는 세력으로서 점점 더 국민의 인기를 얻어 가고 있었으며 1984년에는 ANC 활동을 옹호하는 투투(Desmond Tutu) 대주교가 노벨평화상을 수상했다. 'Free Mandela' 운동이 가열되자 1985년 1월 31일 보타 대통령은 의회에서 만델라가 정치적 도구로서 폭력을 포기할 경우 그를 석방하겠다고 공개적으로 제안했다. 그리고 이 제안은 이어 모든 정치범들에게 확대되었다. 이는 만델라의 석방에 대한 장애물이 남아공 정부가 아니라 만델라 자신이라는 점을 세상에 보여주려는 의도였다. 이는 또한 만델라와 ANC를 이간시키려는 책략이기도 했다.

이와 비슷한 제안은 지난 10년간 6번이나 있었다. 라디오를 통해 보타의 이러한 제안을 들은 만델라는 즉각 반박에 나섰다. 그는 ANC가 폭력을 택한 것이 아니라 자신들에게 행해진 폭력에 대해 저항할 수밖에 없었다는 사실을 강조했다. 만델라는 만일 자신이 풀려나 과거와 같은 상황으로 돌아간다고 해도 체포되었을 때와 똑같은 행동을 할 것이라는 사실을 천명했다. 만델라는 이어 아내 위니를 통해 보타의 이러한 제의는 절대 받아들이지 않을 것임을 다시 한 번 명백히 밝혔다.

세상은 빠르게 바뀌고 있었다. 데클레르크는 보수적인 사람이었으나 세상의 변화에 민감했다. 그는 국민당 대표가 된 후 몇 차례 해외

여행을 하면서 이러한 변화를 체험했다. 가장 극적인 변화는 소련에서 고르바초프가 개혁 정책을 펼침으로써 일어났다. 페레스트로이카와 글라스노스트를 앞세운 고르바초프의 혁신은 소련의 해체를 야기함으로써 공산주의는 종언을 고했고 미국과 소련은 더 이상 남아공에서 부딪칠 일이 없게 되었다. 남아공은 이제 냉전시대와 같이 전략적 요충지가 아니라 오히려 두통거리로 남게 되었다. 워싱턴에게 있어서 남아공이 '공산주의에 대한 보루'라는 말은 이미 낡은 단어가 되었고 모스크바도 이제 더 이상 공산주의를 수출하기 위해 ANC를 지원할 필요가 없었다. 점차 악화되는 생활수준으로 인해 남아공 백인의 불만은 쌓여만 갔다. 해외에서 반아파르트헤이트 세력의 활동은 보다 거세졌으며 경제 및 스포츠 제재로 인한 후유증이 날이 갈수록 피부로 느껴졌다.

이러한 상황 변화 속에서 실용주의자인 데클레르크는 신속한 조치를 취했다. 대통령으로 선출된 2주 후인 1989년 9월 데클레르크는 고반 음베키를 로벤섬으로부터 석방했다. 그리고 얼마 후에는 시술루와 7명의 ANC 간부들을 석방했다. 8만 명의 군중이 이들을 환영하기 위해 조벅의 축구장에 모였다. 이제 남은 사람들은 만델라, 그리고 그와 함께 폴스무어에 수감된 동료들이 전부였다. 데클레르크의 지시를 받은 정부 고위 관료들이 만델라 측과 비밀협상에 나섰다. 협상이 원만히 진행되자 데클레르크는 곧바로 의회를 소집했다. 1990년 2월 데클레르크는 의회에서 행한 연설에서 남아공의 새로운 역사를 썼다. 그는 아파르트헤이트 체제의 해체를 선언한 것이다. 그는 ANC, PAC, 공산당 등 31개 불법단체에 대한 해금을 선언했

넬슨 만델라

고 비폭력으로 수감된 모든 정치범의 석방과 사형집행 정지를 선언했으며 비상사태로 인해 부과된 모든 제한의 철폐를 선언했다. 데클레르크는 "협상의 때가 도래했다."라고 말했다.

시곗바늘은 40년 전으로 돌아갔다. 이제 ANC는 다시 합법적인 단체로 돌아왔고 만델라의 사진과 말도 언론에 실릴 수 있게 되었다. 2월 9일 만델라가 데클레르크를 다시 만났을 때 그는 만면에 웃음을 띠고 있었다. 데클레르크는 이틀 후 만델라를 석방하기로 결정했다고 말했다. 만델라는 "예스"라는 말이 거의 입 밖으로 나올 뻔했으나 꾹 참고 가족과 ANC가 그의 석방을 준비할 수 있도록 1주일간의 말미를 요청했다. 27년간 기다려온 꿈이 이루어지는 것을 1주일 늦추더라도 격식을 갖춰 감옥에서 나오겠다는 의도였다. 만델라는 또한 그를 조벅에서 석방하겠다는 데클레르크의 제안에 대해서도 자신이 마지막으로 수감되었던 빅토르 페르스테르(Victor Verster)에서 두 발로 걸어 나오고 싶다고 말했다. 조벅은 물론 만델라의 본거지였으나 만델라는 27년간 케이프타운에 있었다. 석방 후 맨 처음 자유를 누려야 할 곳은 당연히 케이프타운이 되어야 한다고 생각했던 것이다.

만델라의 반응에 난감한 표정을 짓던 데클레르크는 각료들과 상의가 필요하다고 하면서 방을 나갔다. 잠시 후에 돌아온 데클레르크는 외국 언론에 알리는 등 이미 석방 준비를 다 해놓았기 때문에 날짜를 바꾸는 것은 불가능하다고 말했다. 그러면서 타협책으로 조벅이 아니라 빅토르 페르스테르에서 석방되는 안을 제시했다. 만델라는 더 이상 고집부리지 않았다. 만델라가 동의하자 데클레르크는 위스키를 가져오게 해서 건배를 제안했다. 술을 마시지 않는 만델라는 마시는 흉내만 내었다.

만델라는 즉시 위니와 시술루에게 전화해서 그의 석방 계획을 알렸다. 이들은 다음날 전세기 편으로 케이프타운에 오기로 했다. 2월 11일 만델라는 아내 위니와 나란히 페르스테르 감옥의 문을 걸어 나와 운집한 카메라맨과 군중 앞에 섰다. 만델라는 드디어 세상으로 다시 나온 것이다.

#15
만델라의 눈부신 말년

석방된 만델라는 첫날밤을 흑인 타운에서 지내려 했다. 그러나 안전이 확보되지 않아 투투 대주교의 관저(Bishopscourt)에서 지내기로 했다. 만델라는 케이프타운 시청 앞 그랜드 퍼레이드(Grand Parade)에서 첫 연설을 할 계획이었다. 그러나 이 계획은 순조롭게 이루어지지 않았다. 그의 석방을 환영하기 위해 나온 인파가 너무 거대했기 때문이다. 군중은 만델라에게 열광했다. 열성파들이 그의 차에 올라가 환호함으로써 차가 부서질 지경에 이르렀다. 당황한 운전사는 무조건 차를 몰고 정처 없이 달렸다. 이 때문에 계획된 연설 시간이 훨씬 지나고 말았다.

만델라가 인도인 친구 집에서 쉬고 있는데 투투 대주교로부터 전화가 걸려왔다. 지금 광장에서는 만델라가 나타나지 않아 거의 폭동이 일어날 지경에 이르렀다는 것이다. 만델라는 공포에 사로잡힌 운전사를 달래 겨우 광장으로 갈 수 있었다. 광장에는 수만 명의 인파가 몰려 있었다. 만델라는 "국민의 지치지 않는 영웅적인 희생으로 이 날이 올 수 있었다."라고 서두를 꺼냈다. 그러면서 그는 남은 생애를 아파르트헤이트를 철폐하고 남아공에 민주적인 정부를 수립하는데 바치겠다고 말했다. 사람들은 열광했다.

비숍스코트로 돌아온 만델라는 투투 대주교를 얼싸안았다. 투투는 그의 말과 용기로 암흑 속에서 살아온 사람들에게 빛과 희망을 주는 사람이다. 남아공 흑인에게 '희망의 등대'인 두 사람은 서로 포용하면서 감격의 눈물을 흘렸다. 저녁에 스톡홀름에서 전화가 왔다. 가장 기다리던 올리버 탐보로부터의 전화였다. 탐보는 뇌졸중으로 쓰러져 스웨덴에서 요양 중이었다. 만델라와 탐보는 너무 기뻐 말을 제대로 잇지 못한 채 곧 만날 것만을 약속했다.

다음 날 기자회견을 가진 뒤 만델라는 위니와 함께 케이프타운에서 며칠 머무르려 했다. 이때 조벅에 있는 투투 대주교 부인으로부터 전화가 왔다. 그녀는 만델라가 지체 없이 비행기를 타고 조벅으로 날아올 것을 주문했다. 만델라가 바로 오지 않을 경우 조벅에서 폭동이 일어날 가능성이 높다는 것이었다. 만델라 일행은 그날 밤 즉시 조벅으로 출발해야 했다. 그러나 조벅에 도착한 만델라는 자신의 집인 올란도 웨스트 8115번지로 들어가지는 않았다. 수천 명의 군중이 이 집을 에워싸고 있었기 때문이다. 대신 만델라 부부는 한 ANC 후견자의 집에서 두 번째 밤을 보냈다.

다음날 만델라는 흑인 중심지역인 소웨토의 퍼스트 내셔널 뱅크 (First National Bank) 스타디움에서 대중연설을 했다. 스타디움 내에만 8만 5,000명의 군중이 운집했고 밖에도 12만 명이 모였다. 만델라는 홈커밍을 즐길 여유가 없었다. 흑인의 생활과 주변 환경이 너무 참담했기 때문이다. 그는 인종차별이 없는 민주적인 남아공을 건설할 것을 군중에게 약속했다. 연설이 끝난 후 세 번째 맞이하는 저녁은

넬슨 만델라

그토록 그리던 올란도 웨스트 집에서 지낼 수 있었다.

감옥에서 풀려난 지 2주가 조금 지났을 때 만델라는 루사카로 갔다. ANC 집행위원회에 참석하기 위해서였다. 27년간 보지 못했던 동료들을 만난다는 생각에 가슴이 설레었다. 그곳에서 만델라는 각국 정상들을 만났다. 짐바브웨의 무가베 대통령, 잠비아의 카운다 대통령, 보츠와나의 마시레 대통령, 모잠비크의 치사노 대통령, 앙골라의 도스 산토스 대통령, 우간다의 무세베니 대통령 등이었다. 만델라가 풀어야 할 과제는 오랜 세월 함께 해온 동료들의 의심을 해소하는 것이었다. 이들은 만델라가 그동안 변하지 않았는지, 과거의 만델라가 사라진 것은 아닌지, 자신들을 배신한 것은 아닌지 의심하고 있었다. 항간에는 만델라가 백인 정부에게 매수되어 비싼 옷을 입고 좋은 와인을 마시며 최고급 음식을 먹고 있다는 소문이 돌고 있었다. 만델라는 이러한 낭설을 일소시켜야 했다. 만델라는 정직하게 모든 것을 밝히는 것이 가장 좋은 방법이라는 사실을 알고 있었다.

요양 중인 탐보를 대신해서 ANC 의장 대리에 은조(Alfred Nzo)가 선출되었고 만델라는 부의장에 선출되었다. 석방된 후 6개월 동안 만델라는 아프리카 전역을 순방했다. 그리고 나서 만델라는 스웨덴으로 갔다. 올리버 탐보를 만나기 위해서였다. 27년 만에 만난 두 사람은 마치 청년시대로 돌아간 것 같이 즐거워했다. 탐보는 만델라에게 ANC 의장직을 맡아줄 것을 권유했다. 그러나 만델라는 거절했다. 탐보가 선거로 ANC 의장이 되었으므로 다음 의장도 반드시 선거를 통해 선출되어야 한다는 것이 만델라의 생각이었다. 그는 비민주적인 방법으로 권력을 차지할 생각이 없었다.

4월에는 10만 명의 군중이 모인 가운데 런던의 웸블리에서 만델라를 위한 국제 콘서트가 개최되었다. 많은 나라의 예술인들이 이 콘서트에 참가했으며 실황은 TV로 전 세계에 중계되었다. 만델라는 또한 뉴욕 양키스타디움에서 열린 환영회에서 특별 연설을 했다. 그러나 만델라가 국제관계에 관해 언급할 때에는 그의 인기가 떨어졌다. 미국 본토에서 행한 연설이었음에도 불구하고 그는 쿠바의 카스트로와 리비아의 카다피를 칭찬하는 말을 했다. 그는 쿠바와 리비아가 ANC를 도운 것을 상기하면서 이들 국가와의 의리를 지킨 것이었으나, 이 국가들의 인권문제에 관심이 없다고 말한 것은 지나쳤다. 미국 언론은 만델라의 발언에 실망과 유감을 표명했다. 만델라가 미국을 방문한 주요 목적은 부시 정부가 남아공에 대한 경제제재를 유지토록 요청하기 위한 것이었다. 이러한 목적으로 미국에 온 만델라가 미국이 가장 혐오하는 쿠바와 리비아를 찬양한 것은 미국인의 심경을 건드리기에 족했다.

　1993년 6월 3일은 만델라에게 가장 감격스러운 날 중 하나였다. 밀고 당기는 오랜 교섭 끝에 드디어 이날 남아공 역사상 최초로 범국민이 참가하는 민주적인 선거를 1994년 4월 27일 실시하기로 결정했기 때문이다. 이 선거에서 400명으로 구성되는 헌법 의회 대표를 선출한 후 헌법 의회에서 신헌법을 제정키로 했다. 그리고 헌법이 제정된 후에는 헌법 의회에서 새로운 대통령을 선출하기로 합의했다.

　1993년 만델라는 데클레르크와 함께 노벨평화상 공동 수상자로 선정되었다. 이는 루툴리와 투투 대주교에 이어 남아공에서 세 번째 수상이었다. 만델라는 무력 투쟁을 옹호했기 때문에 노벨평화상 수상은 기대하지 않았다. 노벨상은 그에게 전혀 예기치 않았던 선물이었다. 흑백 합의에도 불구하고 국민 통합으로 가는 길은 결코 평탄치 않았다. 인카타는 선거 불참을 선언했으며 부텔레지의 사주를 받은 줄루왕 즈웰리티니(Zwelithini)는 콰줄루의 자치와 독립을 선언했다.

정당 등록 마지막 날인 1994년 2월 12일까지 인카타, 보수당, 아프리카너 민족전선(Afrikaner Volksfront)이 등록하지 않았다. 선거를 보이콧한 것이다. 보푸타츠와나 홈랜드도 선거 불참을 선언하고 남아공에 편입되는 것을 거부했다. 이렇게 되자 일부에서는 선거를 연기해야 한다는 의견도 있었지만 만델라는 이를 단호히 거절했다. 만델라는 이들이 마음을 바꾸어 선거에 참여토록 모든 노력을 기울였는데 극적으로 문제가 해결되었다. 보푸타츠와나에서는 쿠데타가 일어나 대통령이 축출됨으로써 애로가 없어졌다. 부텔레지도 마지막 순간에 줄루족의 왕권을 유지한다는 조건으로 선거에 참여키로 입장을 바꾸었다.

4월 27일 아침 만델라는 나탈주의 푸른 동산 위로 해가 떠오르는 광경을 지켜보았다. 그는 더반 부근의 이난다(Inanda)에 있는 한 시골학교의 교정에 서있었다. 그가 이 학교에 온 이유는 이곳에 ANC의 창건자인 존 두베(John Dube)가 묻혀 있기 때문이었다. 그는 두베의 묘에 화환을 바치면서 문득 자신이 혼자가 아니라는 생각을 했다. 그는 이미 고인이 되어 오늘 투표에 참가하지 못하는 올리버 탐보, 브람 피셔, 알버트 루툴리 등을 생각하면서 만감이 교차하는 모습이었다.

역사상 최초로 실시된 4월 27일 민주선거에서는 3일에 걸쳐 흑인과 백인이 몰려와 투표소 앞에 길게 늘어서 있다가 투표권을 행사했다. ANC는 62.6%를 득표했다. 이는 단독으로 헌법을 제정할 수 있는 3분의 2에는 미치지 못하는 득표였지만 기대에 부응하는 압승이었다. 이로써 ANC는 국회 의석 400석 중 252석을 얻었다. ANC는 트란스발과 북서부, 케이프 동부와 프리 스테이트에서 압승했다. ANC는 인카타의 본거지인 콰줄루/나탈에서도 32%를 얻었다. 국민당은 20% 득표에 그쳤다. 5월 2일 데클레르크는 백인의 패배를 시인했다. 그는 백인 정부가 물러나고 다수인 흑인 정부가 수립될 것임을 선언했다.

1994년 5월 10일 75세의 넬슨 만델라는 마침내 통합민주국가로 거듭난 남아공의 초대 대통령으로서 의회 앞에서 선서했다. 프리토리아 유니언 빌딩 내에 있는 노천극장에서 대통령 취임식이 개최되었는데 이 장소는 중요한 행사가 있을 때마다 사용하던 백인 전용 행사장이었다. 타보 음베키(Thabo Mbeki)가 제1 부통령 그리고 데클레르크가 제2 부통령으로 함께 취임했다. 만델라는 그가 평생을 바쳐 염원하고 투쟁해온 자유를 얻은 것이다. 만델라와 함께 남아공 내 모든 사람들도 진정한 자유를 얻게 되었다. 만델라는 "이 아름다운 나라에서는 한 인종이 다른 인종을 지배하여 세상의 비웃음거리가 되는 그런 일은 다시금 일어나지 않을 것"이라고 천명했다. 만델라가 취임 선서를 마치자 국가원수를 포함한 4,000여 명의 귀빈들이 일제히 자리에서 일어나 아낌없이 박수를 보냈다. 하늘에서는 공군 제트기들이 남아공 국기 모양을 그리는 에어쇼를 벌이며 최초의 흑인 사령관에게 경의를 표했다. 실로 가슴이 뭉클한 순간이었다. 수많은 사람이 감격의 눈물을 흘렸다.

만델라는 높은 산을 올라왔다. 그러나 그에게는 더 높이 올라가야 할 산들이 기다리고 있었다. 아파르트헤이트 체제로 인해 남아공은 백인이 움켜쥐고 있었다. 거의 모든 흑인은 제한적인 교육을 받은 단순 노동자에 불과했다. 그렇다고 백인을 쫓아낼 수도 없었다. 그의 과제는 흑인 다수를 소외시키지 않는 가운데 백인의 안정과 평화를 도모하는 것이었다. 만델라는 우선 대통령실의 백인 직원부터 장악했다. 그는 곧 이들과 좋은 관계를 구축했고 이들의 절대적인 신임을 얻었다. 만델라는 직원과 그들 가족의 이름을 일일이 기억했다. 만델라는 대통령 관저에 살면서도 새벽 4시 반에 일어나 운동을 하고 침구를 정돈하고 아침 식사 전에 구내를 산보했다. 그는 모든 직원, 하인, 정원사 등과 일일이 악수를 하고 대화를 나누었다. 데클레르크는 이러한 만델라를 보고 "그는 자신이 접촉하는 사람으로 하여금 특별한 느낌을 주게 만드는 비범한 재능을 가지고 있다."라고 평가했다.

실상 만델라는 넓은 관저에서 사람들에 둘러싸여 있으면서도 매우 고독한 사람이었다. 그의 명성이 높아질수록 고독감은 더 커졌다. 그의 딸 진지는 "슬픈 사실은 아버지가 매우 외롭다는 것을 누구도 알지 못한다는 점"이라고 말했다. 가까운 친구들도 하나씩 하나씩 그의 곁을 떠났다. 탐보는 죽었고 시술루는 내각에 있지 않았다. 올리버 탐보의 죽음은 만델라에게 특히 큰 타격이었다. 만델라-탐보-시술루는 50년 동안 ANC의 투쟁을 이어온 3인방이었다. 만델라와 탐보는 포트헤어 시절부터 시작하여 청년 리그, 변호사 동업, 저항 캠페인, 반역 재판, 무력 투쟁 결성 등을 함께 해왔고 만델라는 투옥된 후에도 탐보를 잊은 적이 없었다. 만델라가 감옥에서 풀려난 지 얼마 되지 않아 스톡홀름에서 탐보를 만난 것은 그의 인생에 있어서 가장 기쁜 순간 중 하나였다. 이러한 절친 탐보가 먼저 세상을 떠났으니 만델라는 깊은 외로움을 느끼지 않을 수 없었다. 남아공은 올리버 탐보를 기리기 위해 2005년 '요하네스버그 국제공항'의 명칭을 'OR 탐보 국제공항'으로 변경했다.

감옥에서 나온 만델라는 위니와 정상적인 부부 관계를 유지하려 했으나 위니는 이에 응하지 않았다. 그녀에게는 이미 그녀 나이의 절반 정도 밖에 되지 않는 애인이 있었다. 위니는 애인을 결코 포기하지 않을 것임을 공공연하게 밝혔다. 위니는 만델라와 별거한 후에도 계속 말썽을 일으켰다. 만델라는 선거를 통해 ANC 국회의원이 된 위니를 예술부 부장관에 임명했다. 그러나 위니는 곧 재정 비리를 비롯한 각종 비리에 휘말렸다. 위니는 ANC가 백인의 비위를 맞추는 데만 혈안이 되어있다고 비난했다. 만델라의 강요에 못 이겨 그녀는 이 발언을 공식적으로 사과했으나 곧 군중들 앞에서 "여러분의 고통은 과거보다 훨씬 더 커졌다."라고 말했다. 만델라는 결국 그녀를 해임시켰으나 위니는 법원에 소송을 내고 해임에 저항했다. 만델라는 할 수 없이 그녀를 잠시 복직시킨 후 다시 해임시켜야 했다. 위니는 끝까지 만델라에게 가장 큰 두통거리로 남았다.

만델라는 종횡무진으로 활동했다. 그는 흑인 추장, 서양식 대통령, 스포츠맨, 철학자 등 여러 가지 역할을 해야 했다. 만델라의 체력과 정력은 주변을 놀라게 했으나 몸에 문제가 없는 것은 아니었다. 그는 채석장에서 일할 때 빛의 반사 때문에 얻은 부상으로 눈에 문제가 있어서 사진을 찍을 때 플래시 사용을 금했다. 로벤섬에서 일할 때 다친 무릎이 온전치 않아 나중에는 이층 침실에 올라갈 때에도 부축을 받아야 했다. 때때로 기력이 쇠진해지자 의사들은 장기 휴식을 권했다. 그러나 그는 아플 때마다 오뚝이처럼 일어섰으며 대통령 전용기로 장거리 여행하는 것을 휴식으로 대신했다. 그는 시차도 금방 극복할 정도로 순발력이 뛰어났다. 의사들은 그의 체력이 나이보다 20년은 앞섰다고 입을 모았다. 그러나 고령에도 불구하고 무리해서 열심히 일함으로써 여러 가지 부작용이 드러났다. 아무리 정력적이라고 해도 빡빡한 하루 일정은 고령의 만델라에게는 살인적인 것이었다.

대통령이 되기 전에도 그는 매일 아침 5시에 일어나 운동을 했으며 7시에는 조벅의 ANC 본부에 있는 사무실로 출근하여 일을 했다. 그의 일과는 면담, 회의, 인터뷰, 연설, 협상, 방문, 업무오찬, 기금 모금 행사, 만찬 행사 등으로 늘 가득 차 있었다. 그는 밤 9시 반에 집으로 돌아와 그때부터 문서를 보거나 독서를 했다. 만델라가 이러한 일정을 소화할 수 있었던 이유는 그에게는 이제 비로소 진짜 인생이 시작되었기 때문이었다. 그는 이제부터 인생에서 정말로 이루어내야 할 것이 있기 때문에 이 모든 것을 견뎌낼 수 있었다. 대통령이 되기 전 또는 된 후에도 해외여행은 쉴 새 없이 계속되었다. 연이은 비행기 여행으로 청력이 점차 감소되었고 발목은 늘 부어있었다. 다리를 제대로 펴지 못해서인지 그의 걸음걸이는 점차 더 뻣뻣해졌다.

업무 과중이 지속되면서 만델라는 늘 가족을 그리워했다. "일이 많은 것에는 곧 익숙해지지만 너무 많은 일은 가정생활을 파괴한다. 나는 애들이 그립다. 인생 말년에 애들과 더불어 지내면서 그들이 재잘거리는 것을 보고 싶다"라고 말하곤 했다. 대통령으로서의 만델라는 검소했다. 그에게는 두 개의 커다란 관저가 있었으나 가급적이면 손자들이 있는 하우톤(Houghton) 자택에서 지내는 것을 선호했다. 그의 연봉은 기본급이 55만 2,000랜드에 추가로 많은 수당이 주어졌으나 그는 봉급의 3분의 1을 그가 세운 아동 구호단체에 기증했다. 자서전, 노벨평화상 등으로부터 나오는 다른 수입의 대부분도 만델라는 자선단체나 ANC에 기증했다. 그는 탐욕과 부패가 없는 리더십의 모범을 보여주려고 했다. 그는 "우리는 살찐 고양이처럼 살아서는 안 된다."라고 말하곤 했다.

만델라는 조용히 그리고 평화적으로 정권을 인수했다. 그가 너무 조용히 정권을 이양 받았기 때문에 백인 사회는 앞으로의 전도에 대해 낙관할 정도였다. 그러나 실제적으로 나라를 개조하는 작업은 길고도 어려웠다. 백인 위주로 되어있는 모든 시스템을 하나부터 열까지 뜯어고쳐야 할 형편이었다. 지방정부, 경찰, 군, 관료 제도, 교육 개편 등 굵직한 현안들이 꼬리를 물고 기다리고 있었다. 정부부처를 개혁하는 일은 보이는 저항은 물론 보이지 않는 저항에 부딪혔다. ANC는 자리를 보전하기 위해 강력히 저항하는 백인 관료들을 교체하기 시작했는데 예상보다 긴 시간이 걸렸다. 이들을 대신할 자격 있는 흑인 전문 관료를 양성하는 데만도 많은 시간이 필요했다. 특히 지방정부의 경우 중간 레벨 흑인 관료의 숫자가 크게 부족하여 체제

개편에 심각한 장애를 초래했다.

만델라가 물려받은 남아공은 겉으로 보기에는 그럴싸했다. 금, 다이아몬드, 백금, 크롬, 망간 등 자원이 풍부한 세계적인 광업국인 데다가 금융과 사법 체계가 잘 갖추어져 있고 조벅 주식시장은 세계 10위 규모였다. 비록 정부의 비호하에 있지만 제조업이 활발했고 도로, 철도, 항구, 공항 등 인프라도 수준급이었으며 전화 통신 서비스도 안정적이었다. 대학들도 수준급이어서 국가가 필요로 하는 인재를 무난히 배출해내고 있었다. 1,200억 달러의 GDP는 아프리카 내에서는 따라올 나라가 없었다.

그러나 속을 들여다보면 문제투성이였다. 우선 국고가 텅 비어있었다. 흑인 정부가 들어서기 18개월 전 해외로 빠져나간 막대한 자금으로 인해 국고는 위험한 수준에 놓여있었다. 막대한 외채로 인해 예산의 5분의 1이 이자를 갚는데 지출되어야 했고 공식 실업률이 33%에 달했다. 이런 문제들을 극복하는데 오랜 세월이 걸렸다. 만델라의 5년 임기가 끝날 즈음에야 겨우 백인 위주의 경제에서 흑인이 주도하는 경제로 탈바꿈할 수 있는 토대가 마련되었다. 흑인의 생활을 개선하기 위한 몇 가지 계획들은 현실성이 없는 것으로 밝혀지기도 했다. 5년 내 100만 호의 집을 짓는다는 계획 그리고 많은 일자리를 창출한다는 계획 등이 도마 위에 올라 수정되었다. 아프리카너 정부 때부터 만연한 부정부패를 일소하는 것도 큰 과제였다.

만델라 자신은 검소한 생활을 하면서 봉급의 3분의 1을 자선기관인 아동 기금(Children's Fund)에 기증했다. 그러나 ANC 국회의원들은 봉급 인상으로 비난을 자초했다. 이에 대한 조치로 만델라는 자신과 국회의원의 봉급 삭감을 발표했다. 증가하는 범죄, 랜드화의 가치 하락, 부패 스캔들, 병원과 학교에서의 소요 등 문제가 꼬리를 이었다. 만델라는 이러한 문제들을 방치해두지 않았다. 그는 늘 최선을 다해 해법을 찾고자 노력했다. 만델라는 한편으로는 결연하게 또 한편으로는 냉정하게 치안과 질서를 지키고 흑인들의 헛된 요구를 물리치기 위해 노력했다. 그가 자주 쓰는 용어는 '인내'였다. 만델라는 그가 입버릇처럼 외치던 화합을 위해 온갖 정성을 다했다. 그는 과거 아파르트헤이트 정권의 수장들에게 늘 안부를 전했으며 그와는 노선이 다른 야당 인사, 극우파 인사들과도 교류했다. 만델라는 심지어 30년 전 리보니아 재판에서 자신을 기소했던 퍼시 유타르 검사를 오찬에 초대하기도 했다.

만델라는 과거사를 정리하기 위해 1996년 2월부터 진실과 화해위원회(Truth and Reconciliation Commission)[1]를 가동했다. 오랜 세월 동안 인종차별로 혹독한 시련을 겪은 남아공에서 과거사를 정리하지 않고 앞으로 나아갈 길은 없었다. 데클레르크와 공안 관련자들은 일반사면을 주장했으나 ANC는 이를 허락하지 않았다. 백인들 대부분은 아픈 상처를 건드리면 덧날 수밖에 없으므로 과거를 덮어두자는 의견이었다. 이들은 "흑백 모두가 잔학 행위를 저질렀다. 그러므로 용서

---

1) 진실과 화해위원회는 아파르트헤이트가 자리 잡은 1960년 이래 저질러진 범죄를 공개하고 보복 대신 화해를 유도하기 위해 설립되었다. 케이프타운에 본부를 두고 높은 존경을 받는 데스몬드 투투 대주교를 위원장으로 하여 3개 위원회로 구성되었다. 1위원회는 흑백 양측이 저지른 인권 유린을 조사하고 정치폭력 희생자들과 범인들의 증언을 청취했다. 2위원회는 범인들의 사면 신청을 심사했으며 3위원회는 희생자들의 복권을 담당했다. 1995년에 발족한 진실과 화해위원회는 2년 동안 2만 장이 넘는 서류를 검토하고 849명을 사면했으며 5,392건의 사면 신청은 기각했다. 위원회의 청문회는 일반 대중에게 공개되었으며 매주 특별 보고서를 텔레비전으로 발표했다. 진실과 화해위원회는 전반적으로 성공을 거두었지만 '화해'에 치중한 나머지 '정의'가 뒷전으로 밀려났다는 비난을 받기도 했다.

하고 잊는 것이 상책이다."라고 주장했다.

오랜 논쟁 끝에 범죄자들이 우선 진실을 밝힌 후 그들의 행위가 정치적이었다는 것이 증명되면 개별 사면을 하는 것으로 합의되었다. 만델라의 모토는 '과거를 잊지 않되 악행을 용서하는 것'이었다. 위원장으로는 투투 대주교가 임명되었다.

청문회는 재판, 고백 및 도덕적 연극이 합쳐진 것과 같은 형태로 진행되었다. 2년 동안 열린 청문회에서 살인, 고문, 납치 등 각종 악행이 밝혀졌으며 이는 언론에 낱낱이 공개되었다. 악행은 대부분 아파르트헤이트 당국에 의한 것이었으나 ANC도 반역과 배신 등에 연루된 회원 22명을 처형했다고 고백했다. 위니는 스톰피(Stompie) 살해 사건과 1980년대 말 그녀를 둘러싼 범죄 행위를 끝까지 부인했다. 위원회는 1998년 10월 보고서를 완성했으나 말썽은 지속되었다. 폭파 행위를 은폐한 혐의로 유죄가 인정된 데클레르크는 법원에 상소하여 승소함으로써 그와 관련된 보고서의 일부분이 삭제되었다.

보고서에 대해서는 데클레르크 뿐 아니라 ANC도 불만이었다. 타보 음베키는 법원에 보고서의 출간을 중지해줄 것을 요청하는 소송을 내기까지 했다. 보고서가 나온 후 일부에서는 일반사면을 하자는 주장이 있었으나 만델라는 끝까지 개별 사면을 고집했다. 위원회에서는 많은 증언이 이루어지고 어느 정도 진실이 밝혀졌으나 어두운 시절 저질러졌던 수많은 악행과 범죄를 모두 드러내는 것은 불가능한 일이었다. 감춰진 많은 진실은 결국 파헤쳐 지지 않은 채 영원히 묻히고 말았다. 진실과 화해위원회는 일종의 쇼로써 끝났다. 그러나 이 위원회의 활동은 만델라가 처음 의도했던 대로 사람들의 가슴에 뭉친 응어리를 다소 해소하는 데에는 성공한 것으로 평가되었다.

1997년 12월 만델라는 ANC 총회에서 의장직을 사퇴했다. 그는 1999년까지 대통령직만 수행키로 결정했다. 새 의장에는 타보 음베키 그리고 부의장에는 주마가 선출되었다. 부의장직에 출마한 위니는 3,500명의 대의원 중 불과 127표 획득에 그쳐 낙선했다. 강경 공산주의자였던 고반 음베키의 장남 타보 음베키는 14세에 ANC 청년리그에 가입했고 이후 공산당에 가입했다. 20세 때인 1962년 ANC는 그를 외국으로 유학 보냈는데 음베키는 만델라가 풀려난 1990년까지 남아공에 돌아오지 않았다. 망명 기간 동안 음베키는 영국 서섹스(Sussex) 대학에서 경제학 학위를 취득했고 소련에서 군사훈련을 받았다.

음베키는 만델라와는 대조되는 성격을 가진 지도자였다. 내성적이고 책벌레 스타일인 음베키는 백인 사업가 및 언론인들과는 거리를 두었으며 대부분의 보좌관을 BCM으로부터 데려왔다. 사람을 가리는 음베키는 소수 측근들과만 어울리는 스타일이었다. 백인과 인도계는 음베키가 인종 카드를 사용함으로써 남아공의 다인종·다민족적 이미지가 손상되지 않을까 우려했다.

1999년 3월 만델라는 의회에서 그의 마지막 연설을 했다. 이제 무대를 영원히 떠날 준비가 된 것이다. 만델라는 왼쪽으로 가면 벼랑, 오른쪽으로 가면 평지가 있는 기로에서 남아공을 오른쪽으로 이끈 인물이다. 만델라가 통치한 지난 5년간 남아공은 실로 많은 변화를 겪었다. 백인들은 더 이상 특권과 우월을 누릴 수 없게 되었다. 남아공은 브라질이나 멕시코와 같이 신흥경제국가로서 성장을 지속했다.

남아공을 안정시킨 데에는 무엇보다도 흑인들이 보인 아량이 크게 작용했다. 흑인들이 백인에 대해 계속 적대감을 가졌더라면 남아공의 장래는 어두웠을 것이다. 흑인으로 하여금 용서하고 아량을 베풀도록 영감을 불어넣고 이를 실천토록 한 사람이 바로 만델라였다. 그는 국민에게 과거를 바라보지 말고 새로운 미래를 건설하는데 총력을 기울여주도록 주문했으며 국민은 이를 받아들였다.

그러나 만델라는 흑인 대다수가 원하는 사회를 만들 수는 없었다. 그의 집권 중 가장 혜택을 입은 사람들은 흑인 중산층이다. 교육을 받고 기술을 가진 흑인 중산층은 이 시기에 엄청나게 성장했다. 만델라의 통치 중 흑인의 5% 정도가 중산층으로 도약할 수 있었다. ANC 간부들도 이 흐름을 놓치지 않았다. 많은 사람이 수년 내에 큰 재산을 모을 수 있었다. 그러나 95%의 흑인들은 빈곤층으로 남았다. 이들의 삶은 아파르트헤이트 통치 때에 비해 나아진 것이 거의 없었다. 흑흑 간의 빈부 격차는 엄청나게 벌어졌다. 빈부 격차는 갈등의 온상이 되었다. 부패가 만연하고 실업자, 빈민, 부랑자가 속출했다. 실업률은 전보다 훨씬 높은 30~40%대로 치솟았다. 이로써 남아공 사회는 분열되고 치안이 보다 불안해졌으며 많은 숙제를 안게 되었다.

만델라가 심혈을 기울여 건설한 남아공은 만델라가 원하는 방향으로 가지 않았다. 후임자 음베키는 에이즈 정책 실패뿐 아니라, 무기 거래 비리, 경제정책 실패, 도당 정치, 독재적인 스타일 등 여러 가지 문제를 야기했다. 음베키는 그가 발탁한 주마가 정치적 거물로 다가서자 그를 낙마시키기 위해 온갖 술책을 동원했지만 그의 뜻대로 되지 않았다. 결국 주마가 음베키에 이어 남아공의 제3대 대통령이 되었다. 그러나 주마는 음베키에 못지않게 문제가 많은 사람이었다. 낮은 계층 출신에 정상적인 교육을 받지 못한 주마는 10년 동안 로벤섬 감옥에 있으면서 겨우 문자를 깨우친 사람이었다. 주마는 뇌물, 횡령, 사기, 공갈, 협박, 돈세탁, 강간 등 온갖 혐의로 기소되어 끊임없이 재판을 받았다. 음베키와 주마의 통치를 거치면서 ANC는 매우 부패한 정당으로 전락했다. ANC 간부 중 많은 사람이 엄청난 부를 쌓았고 많은 사람이 전과자였다. 이를 지켜보는 만델라의 심정이 매우 착잡했을 것임에 틀림없다.

만델라는 은퇴 후에도 사회활동을 게을리하지 않았다. 80대 중반임에도 불구하고 그의 일정은 늘 빡빡했다. 그는 아동 복지를 위해 그리고 HIV-AIDS 격퇴를 위해 모금 활동을 벌이고 연설을 했다. 만델라는 2008년 90세 생일에 런던의 하이드 파크에서 열린 대규모 팝콘서트에서 연설했다. 그는 HIV-AIDS 퇴치를 위해 그의 죄수번호를 딴 '46664'라는 자선단체를 설립했다. 그의 에이즈 퇴치 활동은 억지 논리를 내세워 에이즈 피해를 확산시킨 후임 음베키와 확연히 비교되었다. 만델라는 HIV가 에이즈를 발병시킨다고 공공연하게 말함으로써 음베키를 자극했다. 화가 난 음베키는 만델라와의 면담을 거부했다. 그러나 사람들은 만델라의 말에 공감했다. 특히 HIV 양성인 임산부로부터 태어난 아이들을 구하기 위해 항레트로바이러스 약을 써야 한다는 만델라의 입장에 공감했다. 만델라는 2005년 7월 54세된 그의 아들 막가토가 에이즈로 사망했다고 공개적으로 발표함으로써 이러한 사실을 숨겨온 관례를 깨뜨렸다.

만델라는 이웃나라의 지도자 무가베와 사이가 좋지 않았다. 그는 국민을 해방시켰다는 지도자가 영구집권을 꾀하는데 분노했다. 2008년 선거에서 진 무가베가 폭력을 통해 재집권하자 만델라는 그를 공개적으로 비판했다. 만델라는 무가베의 족벌정치와 부패를 혐오했다. 만델라는 자신이 옳다고 생각하면 주저하지 않고 실행하는 '실천가'로서의 입지를 평생 지켰다. 만델라는 대통령이 된 후 워싱턴과 런던의 반대에도 불구하고 쿠바를 방문했다. 쿠바군이 아파르트헤이트 시절 남아공군과 싸워 희생한 업적을 기리기 위해서였다. 그는 2003년 미국이 이라크를 침공하자 이를 '큰 실수'라고 비판했다. 이로 인해 그는 한동안 미국 및 영국과 소원한 관계를 감수해야 했다.

만델라의 위대함은 단순히 그의 특별한 경력으로부터 나오는 것은 아니다. 그의 위대함은 그의 탁월한 경력보다 그의 인간미, 겸손, 자신을 낮추는 자세, 유머 감각과 고귀함 등으로부터 나온다. 만델라는 결코 자신의 이미지에 담을 쌓지 않았다. 그렇기 때문에 사람들로부터 동떨어지지도 소원하지도 않았다. 그는 늘 국민과 함께 하고 소통하는 지도자였다. 늘 친절하고 인자한 모습으로 누구에게나 접근하는 지도자였다. 이것이 만델라의 아이콘이라면 아이콘일 것이다. 만델라는 2013년 12월 5일 95세를 일기로 사망하여 고향 쿠누에 묻혔다.

PART 2
로버트 무가베

1

무가베의 성장과 가정

로버트 무가베는 15년간 로디지아 백인 정부에 대항해서 게릴라 투쟁을 벌이다가 1980년 짐바브웨의 독립과 함께 권력을 잡았다. 집권 10년 동안은 억압 정책과 1당 독재체제를 구사했음에도 불구하고 탈 식민 시대에 있어서 아프리카의 가장 진보적인 지도자 중 하나로 평가받았다.

무가베 정부는 교육에 몰두한 결과 독립 당시 2%에 불과하던 중·고등학교 진학률이 1990년까지 70%로 증가했으며 문자해득률은 45%에서 80%로 증가했다. 무가베는 또한 보건 분야에서 괄목할만한 진전을 이루었다. 의료시설을 대폭 확충함으로써 대부분 시골 주민은 그들이 사는 곳으로부터 걸어가서 의료 진료를 받을 수 있게 되었다. 무가베는 또한 6,500여 명의 상업 농장주를 비롯 30만 명에 달하는 백인들이 짐바브웨에 잔류토록 설득하는데 성공했다. 흑인만으로 경제를 유지할 수 없는 현실에서 이는 현명한 선택이었다.

그러나 2000년 신헌법에 대한 국민투표가 부결된 후부터 무가베는 급격히 다른 길을 걷기 시작했다. 스스로 게릴라라고 칭하는 퇴역군인협회는 무가베에게 보상금 지급, 무상 의료와 교육 제공, 그리고 토지 배분을 요구했다. 퇴역군인들의 요구가 점차 거세어지자 무가베는 백인이 소유하고 있는 상업 농장을 몰수하여 흑인에게 나누어주는 극단적인 방안을 택했다. 이로써 무가베는 짐바브웨의 외환 소득 절반 이상을 벌어들였던 농업의 몰락을 자초했으며 이를 계기로 짐바브웨의 경제는 날개 없는 추락을 맛 보아야 했다. 이로부터 8년간 짐바브웨의 경제는 눈에 띄게 쇠락을 거듭했다. 수천 개의 사무실, 가게, 공장 등이 문을 닫았다. 인플레는 하늘로 치솟았고 짐바브웨인 80%가량이 실업자가 되었다. 인구의 4분의 1이 보다 나은 삶을 찾아서 유럽과 남아공 등지로 떠났다. 부모들이 더 이상 학비를 감당할 수 없자 학생 3분의 1이 학교를 그만두어야 했다. 인구의 20%가 HIV에 감염되었으며 하루 400명 이상 에이즈와 관련된 병으로 사망했다. 짐바브웨 여성의 평균수명은 1991년 61세에서 2006년에는 34세로 추락했다.

1924년 하라레 북서쪽 100km 지점에 있는 쿠타마(Kutama)에서 태어난 무가베는 학창 시절에 외조부모의 보살핌을 받으며 자랐다. 아버지는 말라위인이었고 어머니는 짐바브웨의 다수족 쇼나 출신이었다. 무가베는 매우 단정하고 얌전한 소년으로 공부에 몰두했으며 취미로는 테니스를 좋아했다. 열심히 공부한 무가베는 1942년 교사 자격을 얻었는데 당시 교사자격증은 대단한 것이었음에도 불구하고 누구에게도 뽐내는 법이 없었다. 그는 늘 조용하고 주위 사람들에게 친절했으며 누구도 거칠게 대하지 않았다. 무가베는 항상 원하는 것은 무엇이든지 이룰 수 있다는 신념에 차 있었다. 그에게는 'impossible'이라는 단어가 없었다. 무가베는 여섯 명의 아이들 중 세 번째였다.

로버트 무가베

| 로버트 무가베

위의 형 두 명이 모두 일찍 사망하여 무가베가 장남이 되었다. 그의 아버지 가브리엘(Gabriel)은 큰 아들 마이클(Michael)이 사고로 죽은 후 크게 상심하여 집을 뛰쳐나가 남부 대도시 불라와요에서 살다가 나중에 재혼했다. 마이클은 천재라는 소리를 들을 정도로 지적인 능력과 체력이 뛰어난 아이였는데 호리병에 독이 들어있는지 모르고 이 병으로 물을 마시다가 죽고 말았다.

아버지는 솜씨가 좋은 목수였다. 가브리엘은 나중에 3명의 배다른 아이들을 데리고 쿠타마로 돌아온 후 고향에서 죽었다. 무가베는 자식들을 돌보아주지 않은 아버지를 미워했다. 10세 때 집을 떠난 아버지로 인해 어머니 보나(Bona)는 힘든 삶을 살았다. 어머니는 집안의 장자가 된 무가베에게 모든 기대를 걸었다. 보나는 원래 수녀가 되려고 했을 정도로 신앙심이 깊은 가톨릭 신자였다. 보나는 장남 마이클이 사제가 되기를 원했으나 그가 죽은 후에는 무가베가 사제가 되기를 원했다.

쿠타마에 있는 가톨릭계 학교인 프란시스 자비어(Francis Xavier College)에 입학 허가를 받은 아이들은 행운아였다. 이 학교에서는 제대로 된 교육을 받을 수 있었기 때문이다. 무가베도 운 좋게 이 학교에 입학했다. 무가베는 학교에서 열심히 공부하면서 독실한 신앙생활을 병행했다. 한 번도 미사에 빠진 적이 없었고 어머니처럼 교회 활동에도 적극적이었다. 쿠타마에 새 신부가 부임했다. 제롬 오헤아(Jerome O'Hea)라는 아일랜드 신부였다. 그는 전임자들이 만들어 놓은 엄격한 타부를 깨뜨리고 학생들에게 현대적이면서 현실적인 세계관을 심어주었다. 제롬은 제자들 가운데 가장 성실하고 재능 있는 무가베를 주목했다. 제롬은 무가베가 큰 인물이 될 가능성이 있다고 보고 그를 프란시스 자비어를 대표할만한 학자로 키우기 시작했다. 무가베는 어머니 보나의 인생이 걸린 특별한 자식으로서 그리고 학교에서 촉망받는 학생으로서 중압감을 느꼈으나 최선을 다해 '좋은 학생'이 되려고 노력했다. 내성적인 무가베는 대부분 시간을 홀로 보냈다. 책이 그의 유일한 친구였다. 그는 할아버지가 들판에서 가축을 돌보라고 하면 한 손에는 채찍 그리고 다른 한 손에는 책을 들고 다녔다. 어머니는 "무가베가 언젠가는 큰 인물이 될 것"이라고 한 제롬 신부의 말을 신봉했다. 보나는 제롬이 무슨 계시를 받고 이러한 말을 한 것으로 생각했다.

어머니와 선생님 두 사람으로부터 특별한 취급을 받게 된 무가베는 이들을 실망시키지 않으려고 보다 열심히 공부했다. 그러나 무가베의 이러한 태도는 보통 학생들에게는 놀림감이었다. 무가베가 특별할수록 애들은 그를 조롱하고 놀려댔다. 보나는 가톨릭의 성인과 같이 엄격한 사람이었으며 자식을 위해 최선을 다했다. 무가베는 어머니의 투철하고 엄격한 성정을 그대로 물려받았다. 보나가 무가베를 동년배 애들과 다른 특별한 아이로 성장하도록 강요함으로써 어린 무가베는 콤플렉스에 빠졌다. 철저하게 왕따가 된 무가베는 대인

로버트 무가베

관계에서 열등감을 가지게 된 것이다. 어려서부터 무가베는 누구와도 타협하지 않았다. 애들과 의견이 다르면 그는 타협하는 대신 애들을 피해 보이지 않는 곳으로 피신했다.

비천한 출신에 집에 전기도 없고 먹을 것도 부족한 무가베가 어린 시절 어려움을 극복한 것은 역경을 절제로써 이겨내는 예수회(Jesuit) 스타일을 익힌 결과였다. 무가베는 절제만이 역경을 극복하고 승리하는 지름길이라고 굳게 믿었다.

무가베는 1945년 고향 쿠타마를 떠났다. 교사가 되기로 굳게 결심한 무가베는 여러 가지 자격증을 얻는데 몰두했다. 그로부터 10년 동안 그는 로디지아의 이곳저곳에서 학생들을 가르쳤고 남아공의 포트헤어 대학에 다녔으며 가나에서 교사 훈련 과정을 거쳤다. 무가베는 포트헤어 시절 ANC 청년 집회에 자주 참가했으며 간디의 비폭력 저항운동에 감명을 받았다고 한다. 포트헤어 시절 무가베는 니에레레, 치테포, 카운다 등과 알게 되었다. 이들의 영향을 받은 무가베는 영국으로 가서 법률 공부를 하여 변호사가 된 뒤 독립운동에 가담할 생각도 가졌다.

1951년 최초로 학위를 딴 후 무가베는 로디지아, 탄자니아, 잠비아 등에서 계속 공부하며 교사 생활을 했다. 1958~1960년간 무가베는 교사로서 대부분 시간을 가나에서 보냈다. 무가베는 이상주의자였던 초대 가나 대통령 콰메 은크루마로부터 큰 영향을 받았다. 가나에서 무가베는 같은 교사 출신인 샐리 헤이프론(Sally Hayfron)을 만났다. 무가베는 첫눈에 샐리에게 반했다. 샐리는 열정적이고 적극적인 여성이었다. 그녀는 짐바브웨도 가나와 같이 독립해야 한다고 말하면서

| 무가베와 샐리

"짐바브웨 국민은 스스로의 권리를 찾기 위해 봉기해야 한다."라고 주장했다. 적극적인 샐리와는 반대로 조용하고 근신하는 성격을 가진 무가베는 자신과는 다른 샐리의 성격을 사랑했다. 1960년 정식으로 교제를 시작한 두 사람은 곧 결혼했다. 결혼식은 솔즈베리(Salisbury : 지금의 하라레)에서 가졌다.

샐리는 무가베의 여동생 사비나(Sabina)와는 사이가 좋지 않았으나 시어머니 보나와는 사이가 좋았다. 보나는 무가베가 참가하는 집회에서 샐리가 무가베를 도와주는 모습을 보면서 두 사람이 천생배필이라고 믿었다. 두 사람 사이에 아들이 태어났다. 무가베는 이 아이의 이름을 나모(Nhamo)라고 지었는데 이는 '고통받는 나라'라는 뜻이다. 세 살배기 나모는 무가베가 로디지아에서 체포되어 감옥에 갇혀있을 때인 1966년 가나에서 죽고 말았다. 나모가 죽은 후 샐리는 주로 런던에서 살았다. 샐리는 무가베가 이끄는 게릴라 군의 유니폼을 공급했으며 무가베가 감옥에서 공부할 수 있도록 도왔다. 샐리는 신실하고 인내심이 강한 사람이었다. 언제 감옥에서 나올지 모르는 무가베를 끈질기게 기다렸다. 11년 동안 기다린 끝에 샐리는 무가베를 다시 만날 수 있었다.

로버트 무가베

샐리 자신도 로디지아에 있는 동안 두 번 투옥되었다. ZANU 여성 리그를 구성한 혐의였다. 그러나 샐리는 투옥을 두려워하지 않을 정도로 강했다. 무가베는 속으로는 부글부글 끓으면서도 싫어하는 사람과 태연히 함께 앉아 웃고 이야기하는 사람이다. 그러나 샐리는 반대였다. 그녀는 자신의 생각과 느낌을 솔직히 드러내는 타입이었다. 샐리는 무가베의 자존심에 상처를 입히지 않고 그의 아이디어에 반대할 수 있는 극소수의 사람 중 하나였다. 무가베는 어려운 문제에 봉착할 때마다 결정을 미루고 "집에 돌아가 샐리와 상의해야겠다."라고 말하곤 했다. 샐리는 무가베에게 인생의 동반자이자 정치적 동지였다. 두 사람은 교사라는 직업을 공유했고 '공정하고 평등한 사회 구현'이라는 정치적 모토를 공유했다. 샐리는 무가베가 그의 인생에서 전적으로 신뢰한 유일한 사람이었다.

무가베가 정권을 잡은 후 내각을 구성할 때마다 샐리는 밑바닥 민심을 무가베에게 전해주었다. 장관 후보에 대한 세간의 평을 가감 없이 전했으며 무가베는 이를 심각하게 새겨들었다. 샐리는 무가베에게 오른손, 가장 친한 친구, 멘토 그리고 정치적 동지와 같은 존재였다. 두 사람은 서로를 깊이 존경하고 사랑했다. 샐리는 무가베와 다툴 때에도 그를 모욕하는 법이 없었으며 제3자에게 남편에 관한 이야기를 절대 하지 않았다. 샐리는 무가베를 자신의 정치적 야망을 실현시켜줄 대리인으로 생각했다.

샐리는 1992년 고질적인 신장 질환으로 60세의 젊은 나이에 사망했다. 무가베의 상심은 이루 말할 수 없었다. 샐리에게는 친구가 많지 않았고 무가베에게는 친구가 거의 없었다. 따라서 이들은 서로에게 보다 소중한 존재였다. 비교적 청렴한 것으로 알려진 샐리도 부패와 전혀 연관이 없지는 않았다. 윌로우게이트(Willowgate)로 알려진 자동차 관련 스캔들에 그녀가 연관되어 있었다. 샐리가 죽은 후 그녀의 모든 재산을 가나에 있는 쌍둥이 동생에게 물려주었다는 소식을 듣고 화가 난 무가베가 대통령궁의 창문에 의자를 집어던졌다는 일화도 있다. 샐리가 따뜻하고 겸손하며 관대한 성격은 아니었던 것 같다. 강한 성격을 가진 그녀는 짐바브웨 국민에게 별 인기가 없었다. 이것은 샐리가 비단 외국인이기 때문만은 아니었던 것 같다. 샐리는 국민들에게 오만한 퍼스트레이디로 비추어졌다.

무가베의 두 번째 부인 그레이스(Grace Marufu)는 대통령궁의 타자수로 있다가 무가베의 눈에 띄었다. 그녀는 젊고 미인이었으며 무가베는 아이를 절실히 원했다. 그레이스는 무가베에게 아들 둘과 딸 하나를 낳아주었다. 이 중 두 명은 샐리가 죽기 전에 태어났다. 두 사람 사이의 깊은 관계는 샐리가 죽기 7년 전부터 이미 시작되었다. 그레이스는 샐리와 달리 지성적인 사람은 아니었으며 자신을 위해 사치하고 호화로운 생활을 즐기는 인물로 알려져 있다. 그녀는 전 중앙은행장 고노와 염문을 뿌리기도 했다.

1996년 무가베는 오랜 내연관계 끝에 마침내 그레이스와 결혼했는데 그녀는 무가베보다 40년 이상 연하였다. 무가베와 그레이스의 결혼은 다윗과 밧세바의 결혼을 연상케 한다. 무가베는 유부녀였던 그레이스의 이혼을 종용한 뒤 그녀의 전 남편을 중국으로 쫓아버렸다. 일개 비서에서 졸지에 퍼스트레이디가 된 그레이스는 무가베의 좋은 내조자가 되기는커녕 그에게 짐이 되었다. 그녀의 재물과 쇼핑에 대한 욕심은 끝이 없었다. 90%에 달하는 국민이 굶주리고 있는 동안 그녀는 해외를 돌아다니면서 엄청난 쇼핑을 했고 사는 집을 궁궐과 같이 꾸몄다. 짐바브웨 국민은 그녀를 'Amazing Grace', '구찌 그레이스', '짐바브웨의 마리 앙투아네트', 또는 'sotto voce(the First Spender)' 등으로 조롱했다. 그레이스는 2009년 홍콩에서 명품 쇼핑을 하다가 자신을 촬영하던 사진 기자를 폭행한 혐의로 입건되기도 했다.

그레이스는 여성으로서 정치권 2인자인 조이스 무주루 부통령에 대한 비판 공세를 높인 끝에 2014년 12월 그녀를 쫓아내고 자신과 동맹관계인 므난가와를 부통령으로 앉히는데 성공했다. 2005년 런던에서 최초로 무대에 오른 'Breakfast with Mugabe'라는 연극에서 젊은 극작가 프레이저 그레이스(Fraser Grace)는 무가베, 그레이스 그리고 무가베의 망상을 치료하기 위해 대통령궁으로 초청된 정신과 의사 간의 관계를 그리고 있다. 프레이저는 "무가베가 이 연극에서 자신의 모습을 발견했으면 좋겠다."라고 말하고 있다. 이것은 무가베가 그만큼 정신적으로 불안한 상태에 놓여있다는 의미이다.

#2
무가베의 **정치 입문**

　교사로서 조용히 살아가려던 무가베가 왜 그리고 어떻게 정치인이 되었는가? 1960년대 초반 무가베는 가나에서 좋은 직장을 가지고 있었으며 반려자도 만났다. 그 당시 무가베의 꿈은 가나에서 정착하여 샐리와 함께 행복하게 사는 것이었다. 그러나 그가 아내를 가족에게 인사시키려 짐바브웨로 돌아왔을 때 그곳에서는 민족주의 운동이 발흥하고 있었다. 민족주의자들의 열의는 높았으나 마땅한 지도자가 없었다. 그때 이들은 무가베라는 사람에 관한 이야기를 들었다. 당시 교사는 짐바브웨에서 가장 존경받는 직업이었다. 그런데 무가베는 가나에서 교사들을 가르치고 있었으므로 보다 뛰어난 지성을 가진 사람이었다. 무엇보다도 무가베는 콰메 은크루마가 아프리카의 해방을 위해 활동하고 있는 가나에서 일하고 있었다. 무가베에게는 포트헤어 대학교 졸업장이 있었고 그의 아내 샐리도 교사 출신으로 뛰어난 지성인이었다. 이러한 배경에 매료된 민족주의자들은 무가베에게 민족해방운동에 가담해 줄 것을 요청했으며 샐리의 조언에 따라 무가베는 이를 수락했다. 이러한 것이 무가베가 정치인이 된 배경이다.

　　　　　　　　　　　　　　　　　　　　로버트 무가베

한때 무가베의 비판자였다가 오랜 측근이 된 조나탄 모요(Jonathan Moyo)[1]는 이렇게 말하고 있다.

> "민족주의자들은 무가베가 그들과 뜻을 같이 하고 있어서 그를 추대한 것이 아니다. 무가베는 높은 교육을 받았고 수준 높은 영어를 구사했다. 그는 가나에서 좋은 직장을 갖고 만족할만한 봉급을 받고 있었다. 평범하게 보이지만 이러한 점이 무가베를 그들보다 우월한 존재로 느끼게 만들었다. 무가베는 스스로 지도자가 되려고 해서 된 것이 아니다. 그냥 굴러 들어온 것이다."

1960년 무가베는 로디지아에서 휴가 중 우연히 첫 연설을 하게 되었고 이것이 계기가 되어 당시 은코모가 당수로 있던 국가민주당(National Democratic Party)에 가입했다. 지적인 능력과 수사가 뛰어난 무가베는 곧 당에서 공보위원장을 맡았다. 1961년 NDP(국가민주당)가 금지되자 ZAPU(짐바브웨 아프리카 인민동맹)가 이를 대체했다. 1963년 무가베는 시트홀레(Ndabaningi Sithole)가 이끄는 ZANU(짐바브웨 아프리카 민족동맹)에 가입했으며 시트홀레는 무가베를 당 사무총장으로 임명했다. 서로 다른 종족을 배경으로 구성된 ZANU와 ZAPU는 곧 경쟁관계에 돌입했다. ZANU는 쇼나족 그리고 ZAPU는 은데벨레족을 축으로 했다. 양 당은 이념적으로도 접근 방식이 달랐다. ZANU는 은크루마 같은 이상주의자 그리고 정당으로는 남아공의 PAC(범아프리카회의) 등에 의해 영향을 받았다. ZANU는 마오주의도 이념적으로 신봉하여 중국은 나중에 군사훈련 및 무기 공급의 원천이 되었다. 이에 반해 ZAPU

---

1) 1957년에 태어난 조나탄 모요는 2005년과 2008년에 무소속으로 국회의원에 당선되었다. 모요는 2000-2005년간 공보장관을 역임하였으며 2013년 무가베 단독정부 수립 후 공보장관으로 재임명되었다.

는 보다 정통적인 공산주의와의 연계를 꾀했다. 이런 연고로 ZAPU 는 공산주의 창시국인 소련, 쿠바 그리고 남아공의 ANC 등과 가까운 관계를 유지했다.

무가베는 11년간의 고통스러운 감옥 생활을 견딜 수 있는 방법으로 공부를 택했다. 처음에는 솔즈베리 감옥에 있다가 미드랜드주 궤루(Gweru)에 있는 감옥으로 옮겨 6명의 다른 정치범들과 함께 지냈다. 음식은 형편없었으며 그나마 상한 경우도 많았다. 잠들어 있는 죄수들 몸 위로 쥐가 기어 다녔고 이가 들끓었다. 얼마 후 무가베는 퀘퀘(Kwekwe) 근처에 있는 감옥으로 이관되었다. 타고난 교사인 무가베는 감옥에서도 선생 노릇을 했다. 그는 죄수들에게 언젠가는 오게 될 해방에 미리 대비해야 한다고 설교했다. 그는 죄수 중 고등학교를 졸업한 사람들을 선생으로 포섭해서 다른 죄수들을 가르치도록 했으며 그 자신은 교장 역할을 맡았다. 그리고 오후에는 스스로를 위한 공부를 했다.

무가베는 감옥에서 방송통신 과정으로 7개의 학위를 취득했다. 런던의 한 대학에서 법학 그리고 남아공 대학에서는 행정학 및 경제학 학위 등을 취득했다. 그 당시 감옥에 함께 있었던 사람들은 무가베가 밤을 새워 공부했다고 증언하고 있다. 책을 구할 수 없었던 무가베는 샐리의 도움에 전적으로 의존했다. 샐리는 런던의 도서관에 처박혀 무가베가 필요로 하는 자료를 필사해서 감옥으로 전달했다. 그가 공부에 열중하며 지내던 1966년 12월 어느 날 무가베는 누이동생 사비나로부터 아들 나모가 열병으로 사망했다는 소식을 듣게 된다. 무가베의 상심은 이루 말할 수 없을 정도로 커서 며칠 동안 어느 누구도

로버트 무가베

그를 달랠 수 없었다. 아들을 장사지내기 위해 며칠 휴가를 달라는 청원이 기각되자 무가베의 분노는 극에 달했다. 무가베는 이 일을 두고두고 마음속에 간직했다.

무가베는 감옥에서 자신을 유난히 괴롭히던 한 영국 간수를 모욕하기 위해 일부러 자신의 전매특허가 된 '히틀러 콧수염'을 기르기 시작했다고 한다. 어떤 사람들은 무가베가 감옥에서 받은 정신적, 육체적 고통이 나중에 그가 국민에게 행한 발작의 형태로 나타났다고 말하기도 한다. 나치즘이나 아파르트헤이트는 많은 사람을 정신적으로 황폐화시켰다. 이를 극복하고 영웅으로 등장한 만델라와 같은 사람은 극히 예외적인 경우에 속한다. 고통받은 사람들 대부분은 평생을 트라우마 속에서 살아야 했다. 무가베도 예외가 아니었다.

무가베는 이중적인 사람이다. 그를 만난 사람들은 무가베가 '영국 신사'라고 말한다. 누구에게나 친절하고 겸손하며 조용조용하게 말하는 무가베에게 매료되었다는 사람들이 많다. 그러나 무가베가 대중연설을 할 때에는 완전히 다른 모습을 보인다. 야구 모자를 쓰고 핏대를 올리며 소리를 꽥꽥 질러대는 모습, 그것이 대중연설가로서 무가베의 특징이다. 이중 어떤 모습이 참 무가베일까? 어려서부터 경험한 트라우마, 늘 자제하고 감춰온 감정, 모욕, 동료들로부터 당한 배신, 감옥 생활에서 경험한 고통과 두려움, 이러한 요소들이 종기처럼 자라나 무가베라는 이해하기 힘든 괴물을 형성하게 되었다.

어릴 때 외톨이로 자란 무가베는 조그만 비판에도 견디지 못한다. 어떤 비판이라도 그의 가슴에 비수와 같이 꽂히기 때문이다. 그는 반대나 다른 의견을 용납하지 못한다. 그에게 사람은 두 종류 밖에 없다. 그와 함께 하던지 아니면 그와 적이 되던지 둘 중 하나이다. 무가베는 곁에 자신을 숭상하고 치켜 주는 사람을 늘 필요로 한다. 이러한 사람으로 둘러싸여야 무가베는 자신감을 가지고 보다 강해질 수 있다. 이런 점에서 무가베는 만델라와 상반되는 사람이다. 만델라는 자신의 적을 오히려 가까이 두었기 때문이다. 적을 옆에 두어야 관리하기 쉽다는 것이 만델라의 생각이었다.

무가베가 정치판에 뛰어든 후 그에게 영향을 미친 첫 번째 인물은 테케레(Edgar Tekere)이다. 테케레는 무가베와 함께 ZANU를 창설했다. 테케레는 별명이 'Two Boy'로 불릴 정도로 체력이 좋은 사람이었다. 이 별명은 축구를 할 때 그가 선수 두 명 몫을 한다는 의미에서 붙여졌다. 아버지는 성공회 교회 사제였다. 동부 짐바브웨의 마코니(Makoni)족 귀족 출신인 그의 어머니는 1896년 영국 식민주의자들에 저항해 반란을 일으켰던 유명한 추장 칭가이라(Chingaira)의 후손이다. 그녀는 아들로 하여금 백인과 싸우도록 부추겼다. 테케레가 백인 농장주 한 명을 사살했다고 말했을 때 그녀는 무릎을 꿇고 아들 발에 키스를 할 정도로 반골이었다.

무가베와 테케레 그리고 은칼라(Enos Nkala), 니아굼보(Maurice Nyagumbo) 이 4명은 Super-ZANU로 알려졌다. 이들이 연합하여 당시 ZANU 지도자 시트홀레를 몰아냈기 때문이다. 시트홀레가 이언 스미스를 암살하려다 체포된 후 무력 투쟁을 포기하는 쪽으로 변절했다는 것이 축출의 이유였다. 무가베는 지도자를 임의로 축출하는 것과 같은 하극상은 옳지 않은 행동이라고 반대했으나 다른 3명의 강압에 못 이겨 동의한 것으로 알려졌다. 이것은 무가베가 그렇게 원칙에 충실한 사람은 아니라는 사실을 보여준다. 무가베가 아직 감옥에 있던 1974년 시트홀레가 축출되면서 그 자리는 자연스럽게 무가베의 차지가 되었다. 1975년 ZANU의 망명 군사령부 지휘관이던 치테포 (Herbert Chitepo)가 잠비아에서 의문의 암살을 당했다. 시트홀레가 축출되고 치테포까지 죽으면서 공석으로 남게 된 ZANU 사령탑에 중앙위원회는 무가베를 지명했고 그는 이를 수락했다. 이로써 공식적으로 ZANU는 완전히 무가베의 손에 떨어지게 되었다.

#3
무가베의 게릴라 투쟁

1974년 11월 감옥에서 풀려난 무가베는 잠비아로 갔으나 카운다 대통령의 냉대를 받았다. 잠비아의 지원을 얻지 못한 무가베는 다시 로디지아로 돌아왔다가 이듬해인 1975년 4월 테케레 등과 함께 걸어서 모잠비크 국경을 넘어 사모라 마셸의 캠프로 들어갔다. 마셸은 자신의 캠프로 들어온 무가베를 보호하면서 그를 유심히 지켜보았다. ZANU와 ZAPU 양측으로부터 지원 요청을 받은 마셸은 어느 쪽을 지원할지 아직 결정을 내리지 못하고 있었다. 무가베가 마셸의 지지를 확보하기까지는 2년이 넘게 걸렸다.

마셸은 내성적이며 조용조용하게 이야기하는 이 샌님이 과연 게릴라를 지휘할 수 있을지 확신을 갖지 못했던 것이다. 책벌레 무가베는 군복 입기를 싫어했으며 지휘관들과 소통이 원활하지 못 했다. ZANU의 군사조직 ZANLA(잠바브웨 아프리카 민족해방군) 내에는 샌님 스타일인 무가베가 군을 지휘하는 것에 반대하는 사람들이 많았다. 그러나 무가베는 이들의 반대에도 불구하고 마셸을 설득하는데 성공했다. 무가베는 예상보다 훨씬 끈질긴 사람이었으며 자신이 원하는 것을 쟁취하는 데에는 탁월한 면이 있었다.

마셸의 지원을 얻은 1977년이 되면 무가베는 이미 당 사무총장뿐 아니라 ZANLA의 총사령관까지 맡게 된다. 군 경력이 없고 군 지휘관들과 소통도 원활하지 못한 무가베는 군을 통솔하기 위해 비상수단을 강구했다. 보안부대를 자신의 권력 기반으로 삼는 방법을 배운 것이다. 즉 보안부대를 통해 군 지휘관을 감시하고 군과 정보부를 통해 정치인을 감시하는 시스템을 고안한 것이다. 무가베가 이때 익힌 책략은 지금까지도 지속되고 있다. 무가베는 ZANLA를 장악한 후 백인에 대한 게릴라 투쟁을 강화해 나갔으나, 동시에 이 전쟁은 ZANLA와 ZAPU의 군사조직인 ZIPRA(짐바브웨 인민해방군) 간의 내전이기도 했다. 이 내전은 짐바브웨가 독립한 후에도 80년대 내내 지속되었다. ZANLA와 ZIPRA는 여러 면에서 달랐다. 중국에서 군사훈련을 받은 ZANLA는 모택동 식의 지연 전술에 능했다.

반면 ZIPRA는 소련식의 재래식 전투를 선호했다. ZIPRA는 많은 병력을 투입해서 한 곳을 점령하는 전투 방식을 취했음으로 ZANLA에 비해 병력 손실이 더 컸다. 따라서 계속해서 많은 병력을 보충해야 했다. 1977년 중반만 해도 ZANLA 3,000명, ZIPRA 100~200명 정도에 불과하던 병력 숫자는 1979년에는 ZANLA가 1만 7,000명 그리고 ZIPRA는 2만 명으로 크게 늘어났다. ZANLA는 1970년대에 벌인 게릴라 활동을 두 번째 투쟁(Second Chimurenga)으로 규정했다. 첫 번째 치무렝가는 1890년대 백인 정복자에 저항하는 현지 흑인 종족의 연대투쟁이었다. 이들은 적-흑-백으로 무늬가 그려진 스카프를 두르고 다녔다. 빨간색은 피, 검은색은 게릴라들이 전투 때 '적에게 노출되지 않음'을 의미했으며, 흰색은 게릴라들의 시력을 향상시켜 적의 정찰로부터 쉽게 벗어날 수 있음을 의미했다.

게릴라는 1972년부터 로디지아의 동북부에 항구적인 거점을 마련했고 이 거점은 7년 후 휴전이 이루어질 때까지 유지되었다. 일단 거점을 마련하자 게릴라들은 혁명전쟁을 본격적으로 수행할 수 있을 것으로 생각하여 로디지아 내 도로·철도·통신 등 정부 시설이나 백인 농장 등 거점 공격 목표에 대한 기습을 강화했다. 게릴라들이 가장 노리는 시기는 12월부터 2월 사이 우기철이었다. 이 시기에는 나무와 풀 등으로 쉽게 위장할 수 있고 물이 풍부했기 때문이다. 반면 9월과 10월은 게릴라의 희생이 가장 크고 고전하는 시기였다. 모든 곳이 말라붙어서 은닉이 어렵고 물이 부족했으며 쉽게 정부군의 공격 목표가 되었기 때문이다. 로디지아 정부군으로서는 포르투갈이 모잠비크로부터 철수하고 프렐리모가 전역을 장악하자 동부 국경 전체가 큰 구멍이 되었다. 동부 지역 이곳저곳에 동시다발적으로 침투하는 게릴라를 모두 막기에는 역부족이었다.

ZANLA는 전투 지역을 셋으로 구분했다. 북부의 잠비아-짐바브웨권과 북동부의 모잠비크-짐바브웨권 그리고 남서부의 보츠와나-짐바브웨권이 그것이다. 이중 보츠와나-짐바브웨권에서는 작전이 거의 없었으므로 유명무실했다. 그러나 북부와 북동부 작전지역에서는 치열한 전투가 벌어졌다. ZANLA는 각 전투 구역에 1896~97년 당시 활동했던 영웅이나 무당들의 이름을 붙였다. 네한다(Nehanda), 차미누카(Chaminuka), 타카위라(Takawira), 탕궤나(Tangwena) 등이 그것이다. 잠비아에서 살해된 게릴라 지도자 치테포의 이름을 따서 'Chitepo' 구역을 별도의 작전 지역으로 분리하기도 했다.

ZANLA의 전투 체제는 최소단위인 분견대가 10~15명으로써 이들이 모여 100~200명 정도 되는 소부대를 이루었고, 여러 개의 소부대가 모여 중간 부대, 그리도 이들이 모여 하나의 군을 형성했다. 총사령관인 무가베를 비롯 최상위 지휘부에 있는 사람 중 군사전문가는 거의 없었다. 따라서 이들의 작전 지시는 군사적인 판단에 의해서 보다 정치적 고려에서 이루어지는 경우가 더 많았다. 그러나 이러한 관례는 1973년 군사전문가인 통고가라(Josiah Tongogara)가 군사령관으로 취임하면서부터 바뀌었다. 통고가라는 누구의 지시도 받지 않고 자신의 군사적인 판단에 의해서만 작전을 지휘했다. 1979년 12월 통고가라가 죽자 그의 부관 렉스 농고(Rex Nhongo는 별명이며 본명은 Solomon Mujuru임)가 사령관으로 대를 이었다.

ZANLA는 또한 프렐리모의 군사조직인 FPLM과 긴밀히 협력했다. ZAPU의 지도자 은코모는 투쟁을 하면서도 늘 이언 스미스 정부와의 협상 가능성을 염두에 두고 있었다. 반면 통고가라는 적과는 절대 협상하지 않는 베트콩식 투쟁을 선호했다. 그는 무력 투쟁이 지속되는 한 더 이상 잃을 것이 없으며 시간은 자신의 편이라고 생각했다. 그러나 로디지아 정부는 달랐다. 시간은 이들에게 우호적이지 않았다. 날이 갈수록 국제여론이 악화되고 게릴라의 기습으로 경제활동이 위축되었기 때문이다. ZANLA이든 ZIPRA이든 무기는 전혀 부족하지 않았다. 동맹국들이 아낌없이 무기를 지원했기 때문이다. 이들은 주로 소련, 유고, 중국, 루마니아 등에서 제작된 무기를 사용했다.

ZIPRA는 한때 소련이 제공한 탱크와 장갑차 등으로 중무장하여 게릴라가 아닌 정규군 수준으로 격상되기도 했다. 그러나 소련이 제공한 중무기는 잠비아 내 캠프를 지키는 수비용으로만 사용되었고 로디지아군을 직접 공격하는 전투용으로는 사용되지 않았다. 로디지아의 항공기는 수시로 모잠비크 내 게릴라 기지를 공습했으므로 피해가 컸으나 모잠비크나 앙골라군이 보유한 항공기는 동원되지 않았다. 모잠비크와 앙골라의 좌익 반군들이 수적으로 약세인 항공기의 손실을 우려했기 때문이다. 전쟁 초기 로디지아 공군기의 공습에 속수무책으로 당했던 게릴라의 대공 방어 능력은 그러나 전쟁 말경에는 상당한 수준으로 향상되었고 이에 반해 로디지아 공군의 공습 능력은 크게 위축되었다.

ZANLA와 ZIPRA는 전투 자금을 주로 아프리카통일기구(OAU) 해방위원회로부터 지원받았는데 심사 기준은 게릴라 활동의 빈도에 있었다. 따라서 이들은 자금을 얻기 위해 활동의 질보다는 빈도수를 높이는데 더 집중했다. 전투가 거듭되면서 경험을 쌓은 ZANLA는 1970년대 후반쯤 되면 훨씬 더 프로다운 모습을 보였다. 군사훈련과 고급 무기 공급을 통해 병력의 질이 높아졌을 뿐 아니라 기획 능력과 정보 수집 능력 등이 현저히 향상되었다. 이들은 이제 정규군과 비슷한 수준으로 올라섰다.

이에 비하면 ZIPRA의 군사 능력은 답보 상태에 머물렀다. ZIPRA는 게릴라 군을 프로 수준으로 끌어올리는데 실패했다. 전반적으로 ZANLA가 상승곡선을 그린 반면 ZIPRA는 평행곡선 또는 하향곡선을 그렸다. 그러나 군기와 교육, 훈련 등 측면에서는 ZIPRA를 더 높이 평가하는 견해도 다수 있었으므로 ZIPRA를 실패한 군사조직으로 볼 수는 없다.

로버트 무가베

게릴라들은 로디지아 정부에 협력하는 흑인을 배신자로 간주하여 잔인하게 살해하거나 불구로 만들었다. 그러나 게릴라의 일반적 테러 행위는 제한적이었으며 이들은 처벌 대상을 고르는데 매우 신중했다. 전쟁 후반기인 1978~79년 중 게릴라들은 백인 농장에서 일하는 흑인 노동자들을 대상으로 테러를 자행했다. 아이로니컬하지만 이는 훨씬 후인 2000년 백인 농장 몰수 시에 자행된 테러의 예행연습 격이었다. 마을 주민들은 질투심에서 부유한 사업가, 교수, 공장 관리인 등을 백인 조력자 또는 배신자로 거짓 고발하여 처형되도록 하는 경우가 흔했다. 이를 알게 된 게릴라들은 나중에는 고발자가 공개적으로 고발토록 하고 처형 시 고발자의 입회를 의무화했다. 이렇게 되자 고발 건수가 현격히 줄어들었다.

ZIPRA와 ZANLA 두 단체를 놓고 볼 때 ZIPRA의 잔학 행위가 ZANLA에 비해 훨씬 덜했다. ZIPRA는 보다 신중했고 규율이 더 잘 갖추어져 있었다. 이에 비해 ZANLA의 조직 운영은 훨씬 더 느슨했고 보다 넓은 지역을 장악하고 있었으므로 ZANLA에 의해 처형된 민간인의 숫자가 훨씬 더 많았다. 게릴라 활동 초기에는 로디지아군이 테러를 저지른 게릴라를 추적하여 사살하는 확률이 매우 높았다. 1966~72년 사이에는 거의 대부분 게릴라들이 습격 후 추격을 받아 사살되었다. 그러나 1972년부터 게릴라의 활동 무대가 점차 넓어지더니 1976년경에는 로디지아 전국이 게릴라의 활동 무대로 변모했다. 숫자가 많아지고 무대가 넓어진 게릴라를 로디지아군이 모두 소탕하는 것은 불가능했다. 로디지아는 사격 부대(Fire Force)라는 공격 헬기 전투부대를 구성해서 신속 작전을 펼쳤다. 사격 부대는 사건 현장에 즉시 출동하여 헬기 위에서 게릴라를 사살하거나 낙하산 부대를 지상에 투입하여 게릴라를 공격했다. 사격 부대는 명성을 날렸으나 게릴라 숫자가 많아지면서 한계에 부딪쳤다. 게릴라들은 이 밖에도 여러 가지 교란 전술을 써서 사격 부대의 기능을 약화시켰다.

게릴라의 구호는 매우 단순했다. "무가베 만세! 사모라 마셀 만세! 무조레와를 처형해라! 배신자를 처형해라! 제국주의 주구를 처형해라!" 등 모두 짧은 문장으로 된 것들이었다. 이들은 이 구호를 몇 시간이고 외치면서 사기를 북돋았다. 독립 후 경쟁상대인 ZAPU 세력을 대상으로 한 ZANU의 제3차 투쟁에서는 식민시대 백인의 꼭두각시였던 '무조레와' 대신 새로 무가베의 정적으로 등장한 노조 지도자 '창기라이'가 타도 대상으로 바뀌었다. 그러나 다른 구호는 옛날과 마찬가지였다. 15년 동안의 내전에서 약 3만 명이 사망했다. 로디지아 정부에 의하면 이중 10,506명의 게릴라가 로디지아 내에서 죽었고 약 1만 명은 잠비아와 모잠비크 내 캠프에서 죽은 것으로 알려져 있다. 로디지아군의 희생자는 1,047명으로 이중 75~80%가 흑인이었다. 백인 희생자는 약 400명에 불과했다. 그리고 7,772명의 민간인이 사망한 것으로 로디지아 정부는 발표했다.

#4
랑카스터 회의와 **무가베의 집권**

무가베가 게릴라 투쟁으로 승리를 앞두고 있던 1979년 9월 갑자기 영국의 중재로 런던에서 로디지아 문제 해결을 위한 회담이 개최되었다. 런던의 랑카스터 하우스(Lancaster House)에서 열린 이 회의는 다분히 조작되고 강압적인 회의이기는 했으나 모든 당사자들이 모여 로디지아 문제를 일괄적으로 협상하는 장소였다. 같은 해 5월 수상이 된 마가렛 대처는 영국에 오랫동안 짐이 되어온 로디지아 문제를 속히 해결하려고 했다. 이러한 대처의 소망을 뒷받침한 사람은 당시 외무장관 캐링턴(Lord Carrington)이었다. 뼈대 있는 남작 집안의 후손인 캐링턴은 강단이 있고 위트가 풍부했다. 그리고 술책과 협상에 능했다. 한 번은 협상 중 분노한 은코모가 커피 테이블을 주먹으로 내리친 적이 있었다. 다음날 회의가 열렸을 때 이 커피 테이블은 치워지고 없었다. 캐링턴은 태연히 "테이블이 박살 날까 겁나서 치웠다."라고 말했다.

캐링턴은 막후 협상을 통해 이언 스미스의 꼭두각시인 무조레와 주교가 이끄는 백인 정부와 무가베와 은코모가 함께 이끄는 민주전선(PF : Patriotic Front)이 회의에 참가토록 유도하는데 성공했다. 처음에는 거의 모두가 이 회담을 회의적으로 생각했다. 이언 스미스와 무조레와는 이구동성으로 "자유롭고 공정한 선거를 통해 1979년 6월 연합정부가 수립되었다. 이 정부는 흑인 무조레와를 수상으로 하고 있으며 내각에도 흑인이 다수이다. 영국과 미국은 우리에게 무엇을 더원하는가? 국제사회는 속히 로디지아를 승인해야 하며 이것이 로디지아 문제의 끝이다."라고 주장했다. 그러나 영국은 "이런 식으로 나가면 전쟁이 그치지 않을 것이며 로디지아는 결코 국제사회의 승인을 얻을 수 없다."라고 설득했다. 마침내 무조레와는 8월 22일 의회에서 랑카스터 하우스 회담에 참석하겠다고 발표했다.

무가베와 캐링턴의 닮은 점은 스스로에 대한 우월감이었다. 그러나 그 본질은 달랐다. 영국 귀족 출신인 캐링턴의 우월감이 혈통에서 나온 것이었다면 무가베의 우월감은 이러한 전통적 우월감에 대한 방패막이로 만들어진 것이었다. 캐링턴은 회의 참석자 모두에 대해 막강한 압력을 가했다. 이 압력에 굴하지 않고 홀로 버틴 사람은 무가베뿐이었다. 캐링턴은 선거를 통해 정권을 흑인에게 넘겨주는 대신 백인이 차지하고 있는 토지에 대한 권리를 인정토록 하는 협상 전술을 구사했다.

무가베는 만만치 않았다. 그는 기본적으로 백인은 식민주의자이므로 이들이 차지한 땅은 불법이며 따라서 인정할 수 없다는 전략으로 맞섰다. 협상 끝에 무가베는 흑인 정부가 필요시 백인 소유 토지를 수용할 수 있고 이에 따른 보상금을 영국과 미국이 부담한다는 조건으로 백인의 토지소유권을 인정했다. "캐링턴은 마치 거미줄을 쳐놓은 거미처럼 중앙에서 모든 것을 조종했다."라고 은코모는 회고하

로버트 무가베

고 있다. 랑카스터에서 캐링턴이 가장 인상적으로 생각한 인물은 이
언 스미스 정부의 국방장관인 피터 월스(Peter Walls) 장군과 그의 카운
터파트인 ZANU의 군사령관 통고가라였다. 캐링턴은 리더십이나 카
리스마로 보아 신정부에서 통고가라가 대통령 그리고 무가베가 총리
가 될 가능성이 높은 것으로 생각했다. 캐링턴은 무가베를 '협상에는
거의 참가하지 않고 뒤에서 술책을 부려 협상이 타결되지 않도록 훼
방만 놓았던 인물'로 기억하고 있다.

회담은 9월 10일 시작되어 3개월이 조금 지난 12월 21일 합의문서
에 서명하고 종료되었다. 3개월간의 협상은 길지도 짧지도 않은 것
이었다. 여러 제안이 공식회의에 회부되었지만 중요한 결정은 막후
협상에서 이루어졌다. 이 막후 협상을 주도한 사람은 물론 캐링턴과
무가베였다. 밀고 당기는 협상 끝에 1979년 크리스마스를 며칠 앞두
고 마침내 최종 합의가 이루어졌다. 로디지아의 초대 대통령이 되기
원했던 은코모는 처음부터 속히 합의를 이룬 뒤 문서에 서명하려 했
다. 그러나 무가베는 달랐다. 그는 게릴라전이 계속되면 얼마 지나지
않아 자신에게 승리가 돌아올 것으로 생각했다. 따라서 합의를 이루
거나 합의문서에 서명할 생각이 없었다.

무가베는 몇 번이고 회의장을 박차고 나가려고 했다. 이러한 그에
게 제동을 걸고 설득하는 역할은 주로 사모라 마셸이 맡았다. 로디
지아 내전으로 큰 피해를 감수하고 있던 니에레레와 마셸, 두 사람의
적극적인 개입이 없었더라면 아마 무가베는 끝까지 합의문서에 서
명하지 않았을 것이다. 로디지아 보안군은 무가베의 협상 타결을 압
박하기 위해 모잠비크 내 ZANU 본거지에 대한 전격 기습 작전을 전

개하여 ZANU와 프렐리모 양측에 큰 타격을 입히기도 했다. 결과적으로 이러한 군사적 압박도 한몫을 담당했다. 12월 21일 합의문서가 서명되었고 12월 28일 휴전이 발효했다. 이듬해 1월 4일 1만 8,000명의 게릴라들이 로디지아로 들어와서 집합장소에 모인 후 무기를 내려놓았다.

그러나 휴전 발효와 거의 동시에 군사령관 통고가라가 모잠비크에서 의문의 교통사고로 사망했다. 통고가라의 갑작스러운 죽음에 대해서는 여러 설이 있다. 그중 하나는 무가베가 자신의 유력한 라이벌이던 41세의 카리스마 넘치는 지도자를 제거했다는 설이다. 통고가라는 게릴라는 물론 국민들 사이에서도 인기가 높았으며 사심 없는 진정한 지도자로 존경받고 있었다. 통고가라가 랑카스터 하우스 협상 시 ZIPRA와 타협하려 했기 때문에 살해되었다는 설도 있다. 그러나 모두 확인할 수 없는 주장들이다. 중요한 것은 통고가라가 죽음으로써 무가베의 유력한 경쟁자가 사라졌으며 그의 죽음은 또한 앞으로 무가베와 경쟁하려는 사람들에게 경종을 울려주었다는 사실이다.

선거를 앞두고 ZANLA와 ZIPRA는 각각 모잠비크와 잠비아 내의 본거지에 많은 병력과 무기를 집결시켰다. 이들은 만일 선거 결과가 자신에게 불리하게 나올 경우 다시 전투에 나설 심산이었다. 1980년 1월 27일 무가베는 56번째 생일을 앞두고 로디지아로 돌아왔다. 무가베는 자신의 본거지인 마쇼나랜드(Mashonaland)[1]에서 열광적인 환영을 받았다. 무가베는 쇼나족에게 자유와 평화를 가져온 구세주로 숭

---

1) 짐바브웨의 중앙과 북부에 위치한 쇼나족의 본거지이다.

로버트 무가베

상되었다. 또한 무가베는 그동안 여러 차례 암살 기도에서 생존함으로써 불사조와도 같은 이미지를 지니게 되었다. 랑카스터 회담에서 까다로웠던 일 중 하나는 무조레와 수상으로 하여금 선거 전에 사임토록 하는 것이었다. 기득권을 쥐고 있는 무조레와가 사임하지 않을 경우 무가베가 선거에 동의할 리 만무했다. 캐링턴은 주저해하는 무조레와를 설득했다. 그는 "모든 사람이 당신이 수상이 될 것으로 믿고 있다. 그러니 다시 돌아올 때까지 슬리퍼를 사무실에 잠시 벗어두라."라고 말했다. 무조레와가 사임한 후 행정 공백을 막기 위해 서둘러 크리스토퍼 솜스(Christopher Soames : 그의 부인 메리는 처칠의 딸임)가 영국의 마지막 총독으로 현지에 파견되었다.

무조레와가 완전히 속았다는 느낌이 들 정도로 무가베는 2월 말 실시된 선거에서 압승했다. 570명의 영국 경찰이 투표장을 감시하는 가운데 주민 270만 명이 투표에 참여했다. 1980년 3월 4일 선거관리위원회는 투표 결과를 발표했다. 의회 내 흑인에게 배정된 80석 중 57석을 ZANU가 차지했다. 은코모의 ZAPU는 마타벨레랜드(Matabeleland)[2]에서 20석을 차지했고 79년 선거의 승리자인 무조레와는 불과 3석을 차지하는데 그쳤다. 영국과 로디지아 및 남아공은 모두 은코모의 ZAPU와 무조레와의 아프리카 국가

| 조슈아 은코모(Joshua Nkomo)

---

2) 짐바브웨의 서쪽과 남쪽에 위치하며 남아공 및 보츠와나와 국경을 맞대고 있는 은데벨레족의 본거지이다.

회의(African National Council)가 다수당을 다투고 무가베의 ZANU는 불과 몇 석을 얻는 것에 불과할 것으로 예측했다. 그러나 현실은 이들의 예측대로 돌아가지 않았다.

렉스 농고(솔로몬 무주루)가 이끄는 7,000명의 ZANLA 게릴라들은 짐바브웨 전역으로 퍼져 주민들로 하여금 무가베에게 투표토록 강요했다. 특히 마쇼나랜드 이스트(Mashonaland East), 빅토리아(Victoria) 및 마니카랜드(Manicaland) 등 인구 밀집 지역에서 집중적으로 압박 작전이 전개되었다. 게릴라들은 주민이 누구에게 투표하는지 알고 있다고 협박하면서 무가베에게 투표하지 않는 사람은 선거 후 총살될 것이라고 경고했다. ZANLA 게릴라가 저지른 잔학 행위를 잘 알고 있는 주민들은 공포에 사로잡혔다. ZANLA 게릴라들은 백인 농장을 습격하여 성공할 경우 농장주는 물론 그의 가족 그리고 흑인 노동자와 그들의 가족까지 모두 살해하는 잔학성을 보였기 때문이다. 게릴라는 청소년과 여성 단체를 자신의 정치적 도구로 적극 활용했다. 아프리카 정치에서 전통적으로 협박과 강압은 중요한 수단 중 하나이다. 무가베는 이를 적극 활용했다.

솜스 총독은 ZANU의 협박에 관한 보고를 받고 있었으나 현실적인 이유 때문에 이를 알고도 묵인했다. 그에게는 무사히 선거를 치르는 것이 무엇보다 중요했다. 만일 무가베가 선거를 보이콧할 경우 국제사회의 비난이 모두 그에게 쏟아질 것을 두려워했다. 투표는 2월 27일에 시작되어 5일간 지속되었다. 탄자니아의 니에레레는 캐링턴에게 "무가베가 승리하는 것이 나을 것"이라고 했다. 만일 패할 경우 그가 이끄는 게릴라군이 결코 결과에 승복하지 않을 것이라는 이유

로버트 무가베

때문이었다. 그러나 막상 무가베가 대승을 거두자 니에레레는 캐링턴에게 "왜 그렇게 대승을 거두도록 방관했느냐?"라고 따져 물었다고 한다. 그는 선거에서 무가베가 압승하는 것이 앞으로 짐바브웨에 가져올 위험성을 예측하고 있었기 때문이다.

선거 일주일 전 솜스는 무가베를 호출하여 "ZANLA 게릴라들이 벌이고 있는 협박을 그치지 않을 경우 영국은 당신의 승리를 인정하지 않을지도 모른다."라고 경고했다고 한다. 물론 무가베는 이러한 경고에 콧방귀도 뀌지 않았다. 무가베가 생애 처음 맞이하는 선거에서 협박 전술을 구사했다는 사실은 흥미롭다. 무가베는 이후 계속해서 선거 때마다 시비를 일으켰기 때문이다. 무가베와 샐리는 솜스 총독 부부와 매우 친근한 관계를 유지했다. 이들은 초기의 어색한 관계를 극복한 후 급속도로 가까워져서 자주 만나고 서로 의지하는 관계로까지 발전했다. 1987년 9월 크리스토퍼가 사망했을 때 무가베 부부는 특별기를 타고 런던에 와서 장례식에 참가했다. 그리고 샐리가 죽었을 때 메리 솜스는 엘리자베스 여왕의 특사 자격으로 하라레에서 열린 장례식에 참가했다.

선거 기간 내내 중무장한 로디지아 병력이 정부청사, 도로, 통신망 등을 장악하고 있었음에도 불구하고 우려했던 쿠데타는 일어나지 않았다. 사령관인 월스 장군은 "로디지아는 다른 아프리카 국가의 복사판이 되지 않을 것"이라고 말했다. 무가베는 자신도 놀랄 만큼 완벽한 승리를 움켜쥐었으며 쿠데타의 희생양이 되지도 않았다. 1980년 4월 18일 짐바브웨는 무가베를 수상으로 하는 독립국으로 다시 태어났다. 솜스 총독은 'mission impossible'이라고 불리던 그의 임무를 완수하고 마르크스주의자인 흑인 지도자에게 짐바브웨를 넘겨주었다. 백인들은 모두 도망갈 준비를 갖추고 있었다. 바로 그때 무가베는 월스 장군과 함께 TV에 출연하여 조용한 목소리로 화합과 단결을 주창했다. 그는 결코 백인이 두려워하고 있는 국유화는 없을 것이며 토지와 주택에 대한 소유권을 보장할 것임을 약속했다.

백인들은 악마로 생각하고 있던 무가베가 명확하고 신념에 찬 정치인으로 대중 앞에 나타나자 놀라움을 금치 못했다. '블랙 히틀러'는 졸지에 백인의 희망으로 등장했다. 무가베는 집권 후 약속을 지키는 모습을 보이기 위해 백인 정부의 보안 장관이었던 플라워(Ken Flower), 농업장관 노만(Denis Norman), 재무장관 스미스(David Smith) 등 백인들을 장관으로 재 등용했다. 백인 상류층의 생활 방식은 독립 전이나 독립 후나 다를 바가 없었다. 이들은 그동안 누려왔던 특권을 계속해서 누렸다. 은코모에게는 실권이 없는 의전적인 대통령 자리가 권유되었으나 그는 이를 받아들이지 않았다. 무가베의 꼭두각시가 되는 것을 싫어했기 때문이다. 은코모는 대신 내무장관으로 임명되었다.

#5
군 재편과 **구쿠라훈디 작전**

독립 후 군을 재편하고 게릴라를 해산하는 것이 큰 과제로 떠올랐다. 1980년 6월 해산청(Demobilization Directorate)이 설립되었다. 구로디지아군, ZANLA, ZIPRA 합쳐서 거의 10만 명에 해당하는 병력이 대상이었다. 이중 새로 창설되는 3만 5,000명의 짐바브웨군(ZNA) 외에는 모두 해산 대상이었다.[1] 해산 대상자에게 일자리를 찾아주는 것이 가장 큰 과제였다. 무조건 쫓아낼 수만은 없었기 때문이다. 무가베는 마오쩌둥이 내전 후 중국군을 농업과 건설에 투입해서 국가 재건을 위해 활용한 전례를 짐바브웨에 적용하려고 했다. 그는 "투쟁은 계속된다. 이번에는 국가 발전을 위한 투쟁이다."라고 말하면서 게릴라를 건설공사에 투입했다.

그러나 짐바브웨는 중국이 아니었다. 건설을 위해서는 정부가 자

---

1) 짐바브웨는 1980년 독립하면서 남로디지아 정부군, 짐바브웨아프리카민족동맹(ZANU)의 무장 게릴라 조직인 짐바브웨아프리카민족해방군(ZANLA), 짐바브웨아프리카인민동맹(ZAPU)의 무장 게릴라 조직인 짐바브웨아프리카인민혁명군(ZIPRA) 등을 통합하여 짐바브웨 국방군(ZNA)을 창설했다. 구쿠라훈디 작전 종결 후인 1987년 10월 헌법 개정을 통해 짐바브웨는 내각책임제에서 대통령중심제로 정부 형태를 전환하고 상·하원에 배정된 백인 의석 제도를 폐지했다. 신헌법에 의한 단일후보로 무가베가 초대 대통령에 취임했으며 11월에는 ZANU와 ZAPU가 ZANU-PF(짐바브웨아프리카민족동맹-애국전선)로 통합되었다.

금과 자재 등 필요한 요소를 제때 공급해야 하는데 그렇지 못했다. 정부는 투입된 게릴라의 봉급도 제대로 지급하지 못했다. 게릴라들은 능력 없는 정부를 불신했다. 건설 현장에서 일하는 게릴라가 크게 줄어들자 정부는 이 계획을 포기해야 했다. 게릴라 지도자들은 전쟁 중에는 신병에게 전쟁이 끝나면 백인이 가지고 있는 토지와 일자리를 나누어 주겠다고 약속했으나 이것은 빈말에 불과했다. 게릴라들에게 총 대신 쟁기를 주어 농부로 만드는 일도 뜻대로 되지 않았다. 게릴라 중 농업을 원하는 사람이나 농사일에 익숙한 사람은 극소수에 불과했다. 대부분은 도시에 있는 직장과 집 그리고 차를 원했다. 이들의 욕구를 충족시켜주기에는 정부 재원이 너무 부족했다.

허술한 장부 관리와 부정부패로 유령 군인들이 판을 쳤다. 이들은 봉급은 꼬박꼬박 타갔으나 실제적으로는 한 번도 전투에 참가한 적이 없는 그림자 군인들이었다. 백인들이 갑자기 빠져나가자 행정에 공백이 생겼다. 봉급과 병참 등을 둘러싸고 사기와 협잡이 난무하여 수백만 달러가 순식간에 사라졌다. 구로디지아군 그리고 양 게릴라 부대인 ZANLA와 ZIPRA를 ZNA로 통합하는 것은 큰 이권이 달린 문제로써 암투의 대상이었다.

무가베는 은근히 ZANLA에게 특혜를 주었다. ZANLA의 게릴라 대장 렉스 농고와 ZIPRA 사령관 마수쿠(Lookout Masuku)는 모두 육군 중장으로 임명되었으나 농고가 흑인 최초 ZNA 사령관직을 차지했다. 사령관 농고는 ZANLA가 군에서 중요한 자리를 차지해야 한다는 점을 늘 강조했고 무가베는 이에 암묵적으로 동조했다. 그러나 백인 출신의 초대 군사령관 월스는 ZANLA보다 ZIPRA를 더 높이 평가했다.

로버트 무가베

그는 사석에서 "나에게 ZIPRA를 준다면 아프리카 전체를 지배할 수도 있다."라고 말할 정도였다.

무가베는 영국 군사자문 훈련팀(BMATT : British Military Advisory and Training Team)이라고 하는 군사자문단을 구성하여 영국인으로 하여금 ZNA를 양성케 했다. BMATT의 눈에도 군대의 질로 봐서는 ZIPRA가 더 나았다. ZANLA는 조직과 규율이 훨씬 더 느슨했다. 어떤 부대는 부대원 중 성병환자가 45%에 달할 정도였다. ZIPRA는 교육과 훈련이 잘 되어 있고 재래식 전투에서 능력을 발휘할 수 있는 역량을 갖추고 있었다. 그러나 ZIPRA만을 중용할 수는 없었다. 정치적인 고려에서 ZANLA를 등용하는 것은 필수적이었다. 문제는 ZANLA와 ZIPRA 간에 균형을 유지하는 것이었다. ZIPRA와 ZANLA 간의 뿌리 깊은 갈등은 곧 양 진영 간의 정면충돌로 이어졌다. 1980년 11월 불라와요에서 시작된 양측 간의 교전은 이틀 동안 지속되었으며 이로 인해 55명이 사망하고 400명 이상이 부상했다. 수개월 전 무가베가 은코모를 내무장관직에서 해임시킨 것이 양측 간의 갈등을 부추겼다. 은코모는 강하게 반발했으나 별 소용이 없었다. 무가베는 절충 끝에 은코모를 수상실 국무장관에 임명하고 내각의 안보위원회 위원직을 유지토록 타협했다.

잠비아와의 관계를 둘러싸고도 ZANLA와 ZIPRA는 갈등을 노출했다. 1975년 카운다가 잠비아 내에서 ZANU의 활동을 금지한 후 짐바브웨와 잠비아 간의 사이는 벌어져 있었다. 짐바브웨가 독립한 후에도 무가베는 이를 잊지 않았다. 사모라 마셸과 줄리어스 니에레레가 짐바브웨를 방문할 때에는 구국의 지원자로서 최대한의 예우를 베풀었다. 하라레의 금융 중심가에 있는 'Jameson Avenue'는 'Samora Machel Avenue'로 개칭되었으며 'Kingsway'는 'Julius Nyerere Way'가 되었다. 그러나 카운다가 짐바브웨를 방문했을 때 그에게 주어진 것은 시내 변두리에 있는 초라한 'Railway Avenue'를 'Kenneth Kaunda Way'로 개칭하는 것이었다. 카운다는 이러한 모욕을 결코 잊지 않았다. 무가베와 카운다는 서로 모욕을 주고받은 폭이 되었다. 양 대통령은 재임 중 계속 불편한 관계로 남았다.

BMATT의 반대에도 불구하고 무가베는 제5군단이라는 특수부대를 창설하고 그 훈련을 북한 교관에게 맡겼다. 처음에 북한 대표단이 하라레에 와서 군사 원조와 훈련을 제의했을 때 무가베는 이를 거절했다. 그러나 북한은 다시 대표단을 보냈다. 이때 사정은 지난번과는 달랐다. 무가베는 점차 군사 분야에서 고립되고 있었다. 영국은 차차 손을 떼고 있었고 미국은 군사 지원에 반대하는 입장이었다. 반면 소련과 동구 국가는 모두 은코모 편이었다. 무가베가 자신과 가까운 중국으로부터 단독 군사 지원을 요청할 경우 서방의 지원이 끊어질 우려가 있었다. 뿐만 아니라 남아공의 심기를 자극하여 무역 제재를 당하거나 심지어 군사 보복을 당할 가능성도 있었다. 이러한 때 북한의 제안은 갑자기 매력적인 것으로 다가왔다.

무가베는 1980년 10월 김일성과 비밀협정을 체결했다. 그리고 1981년 8월까지 100명이 넘는 북한 교관들이 짐바브웨에 도착했다. 김일성은 선물로 10대의 T-55 탱크와 트럭 및 대포 등을 무가베에게 주었다. 5군단의 본부는 냥가(Nyanga)[2] 산맥에 있었으며 총 병력은

---

2) 짐바브웨의 동쪽 끝에 위치하고 있으며 모잠비크와의 국경을 형성하고 있는 고원지대이다.

로버트 무가베

3,000~3,500명에 달했다. 이들의 훈련은 비밀리에 진행되었다. 이들은 모두 ZANU에 충성하는 쇼나족 출신으로만 구성되었다. 사람들은 5군단을 어디에 쓰려고 양성하는 것인지 의구심을 가졌으나 정확한 내용을 알 수는 없었다. 한참 시간이 흐른 후에야 비로소 5군단의 존재 이유를 알 수 있게 되었다. 북한은 T-54 탱크, 장갑차 및 대포 등 1,250만 짐달러에 달하는 무기를 선물로 가져왔다. 5군단의 훈련 방식은 BMATT의 방식과는 전적으로 달랐다. 병력은 모두 NATO 소화기가 아닌 AK-47 소총으로 무장되었으며 북한식으로 교육을 받았다. 5군단은 그들이 받는 특혜로 인해 다른 부대의 시기 대상이 되었다. 엘리트로 선발된 5군단 부대원들은 오만하게 굴며 종족에 대한 증오를 여과 없이 드러냈다. 1982년 초까지 5군단의 훈련은 완료되었다. 군인들은 태권도를 구사하며 북한식 보법으로 걸어 다녔다. 5군단이 최초로 대중 앞에 선을 보인 것은 1982년 12월이다. 짐바브웨군 창건 기념식에 나타난 것이다. 무가베는 부대장 페렌스 쉬리(Perence Shiri)에게 '구쿠라훈디'[3]라고 수가 놓아진 5군단 기를 하사했다. 이로써 악명 높은 구쿠라훈디 작전의 포석이 깔아졌다.

이 사건, 즉 1980년 짐바브웨의 독립 후 무가베 대통령이 정권 확립 과정에서 남부지역의 소수 은데벨레족 2만여 명을 잔인하게 학살했던 구쿠라훈디 작전은 국민들 가슴속에 여전히 깊은 상처로 남아 있으며 무엇보다 당시 사건을 주도했던 인물(무가베 대통령, 므난가와 부통령 등)이 아직도 요직을 차지하고 있기 때문에 이 사건의 진상이 밝혀지

---

3) 구쿠라훈디(gukurahundi)라는 것은 쇼나어로 '추수 후 짚을 날려버리는 바람'이라는 뜻이다. ZANU 지도자인 무가베는 소련이 그를 쫓아내고 ZAPU 지도자인 은코모(Nkomo)로 대체하려하자 불안을 느껴 이러한 학살을 자행했다는 설도 있다.

| 구쿠라훈디 작전

지 않고 있다. 무가베가 이 작전을 전개한 것은 라이벌 조슈아 은코
모를 몰아내고 ZANU의 일당독재 체제를 확립하기 위한 것이었다.
처음에 5군단이 목표로 삼았던 사람들은 과거 ZIPRA 소속 군인과
ZAPU 당원이었으나 점차 희생자의 범위가 넓어져 민간인 특히 여자
와 아이들까지 포함되었다. 무가베는 무자비한 작전 끝에 마침내 목
표를 이루었다. 1987년 12월 견디다 못한 은코모가 단일화 협약에 서
명함으로써 ZAPU와 ZANU가 ZANU-PF 1당으로 통합된 것이다. 인
권단체 등은 구쿠라훈디 사건의 진실을 밝히고 책임자를 가려내기
위해 노력해 왔으며 이로 인해 끊임없이 정부의 탄압을 받았다.

　5군단의 훈련이 끝나자 무가베는 이제 기회가 왔다고 생각했다.
평계로 삼은 것은 마타벨레랜드에서 발견된 다량의 무기였다. 1982
년 2월 무가베는 불라와요로부터 북쪽으로 35km 떨어진 곳에 위치
한 아스코트 농장(Ascot Farm)에서 30개의 대형 무기 상자가 발견되었

로버트 무가베

다고 발표했다. 이 상자에는 AK-47 소총 3,000정, 피스톨, 샘 미사일, 박격포탄, 지대공 무기, 지뢰 등이 들어있었다. 무가베는 이 무기를 은코모가 쿠데타를 자행하려는 증거라고 주장했으나 사실 이것은 ZIPRA가 해산할 때 내놓은 무기를 모아놓은 것에 불과했다. 은코모와 ZAPU는 무가베의 주장을 강력히 부인했으나 소용없었다.

무가베는 이 밖에도 불라와요 인근 곳곳에서 은닉한 무기가 발견되었다고 발표했다. 무가베는 또한 은코모가 두 차례에 걸쳐 남아공 정부 인사, 구로디지아군 사령관 및 합참의장 등과 만나 쿠데타 발발 시 남아공의 지원을 얻는 문제를 협의했다고 발표했다. 발표 직후 무가베는 은코모와 ZAPU 소속 장관들을 해임하고 다벵과(Dumiso Dabengwa), 마수쿠(Lookout Masuku) 등과 같은 ZIPRA 출신 고위 장성들을 반역죄로 기소했다.

이렇게 해서 1983년 1월부터 구쿠라훈디 작전이 전개되었다. 구쿠라훈디는 해방전쟁 중에는 백인을 쓸어버린다는 뜻으로 쓰였는데 이제 마타벨레랜드의 쓰레기를 쓸어버린다는 뜻으로 사용되었다. 그 '쓰레기'는 물론 ZAPU 당원과 ZIPRA 소속 군인을 의미했다. 무가베의 총신인 쉬리가 5군단 사령관을 맡았다. 5군단은 직접 수상실로부터 지시를 받았다. 5군단의 작전이 개시되자 이들은 법 위에 있음을 강조했다. 이들은 경찰이나 다른 군부대에 대해 자신들은 무가베 외에는 누구에게도 구속되지 않는다고 말했다. 이들의 말대로 5군단은 통상적인 군 지휘 체계에서 벗어나 있었다. 이들은 다른 부대와는 달리 BMATT가 아닌 북한으로부터 훈련을 받았을 뿐 아니라 복장도 달랐다. 5군단은 북한이 제공한 AK-47 소총과 함께 색다른 종류의 무기를 소지했고 이들이 소지한 무전기와 암호 체계는 다른 부대와 소통이 불가능한 것들이었다. 5군단은 붉은색 베레모를 착용했는데 베레모는 곧 은데벨레족에게 공포의 상징으로 떠올랐다.

5군단을 마타벨레랜드에 투입한 처음 목적은 ZIPRA 잔당을 소탕하기 위한 것이었으나 점차 민간인에게 그 촉수가 미쳤으며 수법도 보다 잔인해졌다. 작전 개시 6주 만에 2,000명이 살해되었고 수천 명이 부상당했으며 수백 명의 부녀자가 강간당했다. 그리고 셀 수 없을 만큼 많은 가옥이 소실되었다. 수년간 지속된 구쿠라훈디 작전으로 인한 전체 사망자 수는 2만여 명에 달하는 것으로 추산된다. 수십수백 명씩 마을 사람들을 잡아 학교 등 공공장소에 모아놓고 구타와 교육을 병행하여 얼을 빼어놓은 뒤 집단으로 처형시켰다. 온갖 종류의 잔학한 행위가 어른, 아이, 남자, 여자 구분 없이 행해졌다. 많은 사람이 학살당하고 여성들이 집단으로 강간당했으며 입에 담기 어려울 만큼 짐승과도 같은 행동들이 취해졌다.

5군단은 거의 인간으로서의 이성을 잃은 것 같았다. 5군단은 해 질 무렵부터 해 뜰 때까지 엄격히 통금을 시행했다. 통금 시간에 이동하는 사람은 발견하는 대로 현장에서 사살했다. 5군단은 또한 물자 이동을 엄격히 통제했다. 이로 인해 외부로부터 식량 공급이 끊긴 많은 주민이 굶어죽었다. 군인들은 주민들로 하여금 스스로 무덤을 파게 한 후 처형했으며 마을 전체를 불태워 없애고 사람들을 산 채로 화형 시켰다.

5군단은 구쿠라훈디 첫해에는 마타벨레랜드 북부를 주공격 목표로 정했고 그다음 해에는 남부를 목표로 했다. 5군단은 주민들에게 무조건 ZANU를 지지토록 강요했다. 종족과 지역적인 연계로 인해 마타벨레랜드 주민의 대부분은 ZAPU를 지지했으나 이제 ZANU 당원증을 보유하는 것이 생명을 보전하는 길이었다. 주민들은 당원증을 발급받기 위해 ZANU당 사무소 앞에 길게 줄을 섰다. 하루 종일 또는 밤을 새워 줄을 서는 일도 비일비재했다. 줄 서서 기다리는 주민에게 군인들은 ZANU를 찬양하는 노래를 부르도록 강요했다. 잔학 행위는 주로 1983~84년 동안 집중되었으나 1985년도까지 이어졌다. 5군단 사령관 쉬리는 구쿠라훈디 작전에서 공을 인정받아 공군사령관으로 영전했다.

마타벨레랜드에서의 학살 소식이 전해지자 짐바브웨에 주재하는 영국, 미국, 네덜란드, 벨기에, 캐나다 등 9개 NGO 단체들은 합동으로 무가베와의 면담을 요청했다. 무가베는 이들에게 구체적인 증거를 제시하라고 했다. 이들은 사진을 포함한 구체적인 증거를 대통령실에 제출했으나 아무런 응답도 얻지 못했다. 서방 언론에 학살 소식이 일부 전해졌으나 짐바브웨 언론은 시종일관 침묵했다. 짐바브웨 언론은 외국 기자의 보도가 날조 또는 왜곡된 것이라고 비난했다. 당시 보안 장관 므난가와는 코웃음을 쳤다. 그는 "반역자들은 바퀴벌레이고 5군단은 DDT"라고 말했다. 종주국인 영국은 처음부터 끝까지 소극적인 태도로 일관했다. 4년간 지속된 구쿠라훈디에서 정확하게 얼마나 많은 사람이 피해를 입었는지 아는 사람은 아무도 없다. 최소한 2만여 명이 죽었을 것으로 추측될 뿐이다. 1986년 말 5군단은 임무를 마치고 해체되었다. 5군단은 일반 부대 편제로 개편되었으며 다른 부대들이 행하는 것과 동일한 훈련을 받고 통상적인 임무를 수행했다.

　당시 북한은 짐바브웨 장교를 북한으로 데려가거나 아니면 북한 교관을 파견하여 특수부대를 양성했는데 북한에 의해 훈련받은 장교들이 지금도 군부 내에 다수 남아 있다. 이들은 북한식 태권도를 구사하고 북한 군가를 즐겨 부른다. 이들이 전역해서 민간인이 되어도 훈련과 교류를 통해 형성된 북한과의 유대관계는 여전하다. 이들 대부분이 북한을 지지하며 북한에 대한 향수에 젖어 있다. 구쿠라훈디 사건 후에도 짐바브웨는 군인과 정보요원을 북한에 파견하여 특별훈련을 시키는 등 상호 긴밀한 협력 관계를 유지해 왔다. 북한은 현재 대사관을 유지하지 않고 통상대표부만을 운영하고 있으나 2008년 선거에도 북한이 개입했다는 소문이 있었다.

　구쿠라훈디가 시작된 지 불과 며칠 후 은코모는 최소한 95명이 살해되었다는 보고를 받았다. 은코모는 급히 기자회견을 소집하여 진상을 설명하고 정부에 즉각적인 작전 중지를 요청하려 했다. 그러나 은코모는 기자회견에서 결정적으로 잘못된 정보를 제보했다. 전 로디지아 대통령이었던 구메데(Josiah Gumede)가 5군단 군인들로부터 구타당해 죽었다고 말했던 것이다. 구메데가 구타당한 것은 사실이었으나 그는 부상을 입고 집에 이틀 동안 누워있었지 죽은 것은 아니었다.

　1983년 2월 5일 정부 기관지 헤럴드는 정부가 ZAPU를 해체하고 은코모를 체포할 것을 촉구하는 기사를 실었다. 2월 20일 정보부(CIO)는 불라와요 공항에서 조벽으로 출국하려던 은코모와 4명의 경호원을 체포했다. 은코모는 프라하에서 열리는 범공산권 회의에 참가하려던 길이었다. 은코모는 8시간 동안 연금되었다 풀려났으나 그의 경호원들은 6개월간 수감되었다. 은코모는 일시적으로 풀려났으나 실제적으로는 불라와요 자택에 연금되었다.

3월 5일 밤 27명의 공수부대원과 5군단 군인이 은코모 자택을 습격했다. 이들은 은코모의 운전기사와 지나가던 행인 1명을 사살했다. 습격자들은 집을 샅샅이 뒤졌지만 은코모를 찾지 못했다. 은코모는 습격을 미리 예상하고 다른 곳에 잠적해 있었다. 만일 그가 집에 있었더라면 사살되었을 것이 확실했다. 은코모를 찾지 못한 군인들은 근처 동네를 봉쇄하고 1,000여 명을 체포했다. 신변에 위험을 느낀 은코모는 10명의 보좌관들과 함께 국경을 넘고 부시 지대를 건너 인근 보츠와나로 도피했다. 장거리 도피 중 130킬로그램의 거구인 은코모를 그의 경호원들이 업어서 날라야 했다. '공적 1호'로 낙인찍힌 은코모는 암살을 겨우 모면한 뒤 런던으로 도피했다.

평소 은코모와 친분이 있는 론로(Lonrho) 그룹 회장 로우랜드(Tiny Rowland)가 그를 도와주었다. 이렇게 해서 은코모는 일시적이지만 런던으로 망명했다. 망명생활 5개월 만인 8월 16일 은코모는 선거에 참여하기 위해 짐바브웨로 돌아왔다. 구쿠라훈디로 인해 공포에 질린 은데벨레족은 겉으로는 ZANU를 지지하는 듯했다. 이제 선거에서도 은데벨레족은 ZANU의 손을 들어줄 것처럼 보였다. 그러나 실상은 달랐다. 1983년 8월 런던에서 돌아온 은코모는 그해 선거에서 마타벨레랜드의 모든 의석을 휩쓸었다. 주민들은 처절한 탄압에도 불구하고 결코 무가베에게 굴복하지 않은 것이다. 오히려 구쿠라훈디 탄압으로 인해 마타벨레랜드의 야당 지지는 움직일 수 없는 전통으로 굳어졌다. 은코모와 ZAPU를 지지한 은데벨레족은 이후에는 창기라이와 MDC를 지지함으로써 이 지역의 야당 지지 성향은 지속되고 있다. 구쿠라훈디가 끝난 후 정치생명을 보존하기 위해서는 다른 방법이 없다고 본 은코모는 무가베와 타협했다.

1987년 12월 27일 은코모가 단일 협약(Unity Accord)에 서명함으로써 ZAPU는 ZANU에 흡수되어 ZANU-PF로 통합되었다. 12월 31일 헌법 개정안이 통과되어 은코모는 대통령실 소속 3명의 선임장관 중 한 명으로 임명되었다가 나중에 제2 부통령이라는 직함이 주어졌다. 수상실이 없어지고 무가베는 대통령으로 취임했으며 일당 독재체제를 완비했다. 1988년 4월 무가베는 정치범 사면을 발표했다. 정부는 이어 화합 차원에서 일반 죄수들에 대해서도 사면을 단행했다. 형량의 3분의 1 이상을 채우고 형기가 1년 미만 남은 사람들이 대상이었다. ZAPU가 ZANU-PF에 흡수됨으로써 모든 권력이 대통령과 ZANU-PF 간부들에게 집중되었다. 의회는 거수기(rubber stamp)로 전락했다. 랑카스터 협정에 따라 창설된 상원이 폐지됨으로써 백인에게 할당된 20석이 사라졌다. 의석은 100석에서 150석으로 늘어났으나 120석만이 선거를 통해 선출될 뿐이고 나머지 30석은 추장, 주지사, 정치적 동지 등 무가베가 임명하는 사람으로 채워졌다. 무가베는 실질적으로 행정부와 입법부를 동시에 장악했다.

구쿠라훈디 사건은 결코 작은 사건이 아니다. 지금은 무가베와 그 일당들이 정권을 장악하고 있으므로 사건을 파헤치는 일이 원천적으로 봉쇄되어 있지만 무가베가 물러나고 나면 분명히 이 문제가 다시 거론될 것이다. 수만 명에 달하는 사람들이 죽거나 다치거나 실종된 대규모의 참사이기 때문이다. 짐바브웨는 과연 구쿠라훈디를 비롯한 학살 사건의 진상을 어떻게 밝히며 그 결과를 어떻게 처리해야 할까?

구쿠라훈디의 진상을 밝히기 위한 첫 단계는 말할 필요도 없이 무가베와 그의 측근들이 권좌로부터 물러나는 것이다. 이들이 바로 구쿠라훈디를 일으킨 장본인이기 때문에 이들이 권력을 잡고 있는 한 진상조사에 응할 리는 만무하다. 진상이 밝혀지면 책임자를 어떻게 처벌해야 할까? 이 문제는 사실 매우 어려운 문제이다. 진상을 알게된 피해자 가족이 그냥 넘어가려 하지 않을 것이기 때문이다. 그러나 보복 차원에서 관련자를 처벌할 경우 짐바브웨는 더 큰 피해를 입을 가능성이 높다. 피는 피를 부르고 보복은 보복을 부르는 것이 세상의 이치이기 때문이다. 짐바브웨보다 더 큰 고통을 당한 이웃나라 남아공의 사례가 참고가 될 것이다.

만델라는 아파르트헤이트 시절에 저지른 죄악에 대한 진상을 파헤쳤으나 책임자에 대해서는 관용을 베풀었다. 만델라가 설치한 진실과 화해위원회(TRC)는 상처 입은 사람들의 마음과 영혼을 달램으로써 내전의 발발을 막고 수십 년 동안 곪았던 환부를 치료할 수 있었다. 이를 발판으로 남아공은 큰 혼란 없이 통합국가로 재출발할 수 있었다.

짐바브웨의 경우에도 남아공과 같이 우선 진실을 밝히는 것이 급선무이다. 피해자들은 가해자가 누구인지 알고 있으며 이들은 서로 얼굴을 보고 살아가고 있다. 피해자는 도대체 누가 왜 작전 명령을 내렸으며 같은 국민에게 그러한 잔학 행위를 저질러야 했는지 그 이유를 알고 싶어 한다. 이들은 사건의 내막을 처음부터 끝까지 상세히 알기 원한다. 아프리카의 전통적 문화에서는 어떤 사람이 폭력적인 죽음을 맞이할 경우 '복수의 영(ngozi)'으로 나타나 가해자를 괴롭힌 다고 한다. 아프리카인들은 가해자에 관한 진실이 밝혀져야만 이 '은 고지'가 사라진다고 믿고 있다. 남아공의 TRC와 같은 진상조사 위원 회를 통해 진실이 밝혀지면 은고지에 관한 논쟁이 사라질 것이다.

TRC의 대상은 구쿠라훈디뿐 아니라 그동안 밝혀지지 않았던 독립 전쟁의 피해자, 농장 몰수 사건의 피해자, 무람밧치나 사건(도시 빈민 소탕작전)의 피해자, 선거 시 폭력 행위로 인한 피해자 등 짐바브웨의 음침한 과거사로 확대될 수 있을 것이다. 짐바브웨가 과거의 어두운 그림자를 청산하는 것은 밝은 미래로 나아가기 위해 꼭 필요한 일이 다. 과거를 묻어두고 어정쩡한 자세로 나아갈 경우 때때로 시비와 폭 력이 재발할 가능성이 다분하다. 남아공과 마찬가지로 짐바브웨에게 도 어려운 일이겠지만 TRC를 통해 폭력과 고통으로 점철된 과거를 밝힌 후 용서와 화해로써 이를 정리하는 것이 성숙한 짐바브웨로 나 아가는 발판이 될 것이다.

로버트 무가베

#6
무가베의 **폭력정치와 복수정치**

　무가베와 그의 전임자 이언 스미스는 여러 가지 면에서 닮았다. 두 사람 다 민주주의를 원치 않았으며 독재정치를 펼쳤다. 두 사람 다 법을 무시하고 폭력을 행사했다. 집권 초기 무가베의 폭력 정치는 스미스의 로디지아 시절과 무척 닮아있었다. 두 사람 다 인종차별주의자였고 외국인을 혐오했다. 스미스는 "천 년이 지나도 로디지아에서 흑인 통치는 이루어지지 않을 것"이라고 자신 있게 말했던 사람이다. 두 사람 다 비판을 수용하지 않았으며 그들이 초래한 위기에 대해 자신보다는 제3자인 영국을 비난했다. 무가베의 백인 농장 몰수는 따지고 보면 영국 식민주의자로부터 배운 것이었다.

　1889년 세실 로드는 은데벨레족 왕 로벤굴라(Lobengula)로부터 광산 개발권을 얻은 후 광범위한 영토 확장에 나섰다. 4년 후 로드는 은데벨레 왕국을 공격하여 땅과 가축을 빼앗고 이를 백인 정착자들에게 무상으로 분배했다. 이로부터 70년 후 흑인은 빼앗긴 나라와 땅을 되찾기 위해 일어섰다. 물론 국제정세의 흐름은 이들에게 유리했다. 가나를 시초로 많은 아프리카 국가들이 독립하고 흑인이 국정을 장악했다. 다른 나라들이 약진하는 것을 보고 고무된 짐바브웨의 독립

투사들은 짐바브웨도 쉽게 독립할 수 있을 것으로 생각했다.

그러나 백인 정권의 대표로 나온 이언 스미스(Ian Smith)는 만만한 사람이 아니었다. 백인 농장주 출신으로 16년간 국회의원 생활을 한 스미스는 별로 내놓을만한 업적도 그리고 정치적 재능도 없는 사람으로 보였다. 그는 어눌한 연설가였으며 구사할 수 있는 어휘도 매우 제한적이었다. 그러나 1964년 4월 자치 정부 수상으로 선출된 후 이언 스미스는 그동안 감추어진 진면목을 드러냈다. 그는 정치적 투쟁에서 탁월한 재능을 가지고 있는 불굴의 투사 스타일이었다. 스미스는 로디지아 내 22만 백인의 힘을 모아 1965년 11월 백인 정권 수립을 선언했으며 이에 저항하는 흑인 민족주의자들과 이후 15년에 걸쳐 치열한 전쟁을 치렀다.

1975년 모잠비크의 독립은 스미스의 로디지아 정부에 결과적으로 큰 타격을 입혔다. 모잠비크가 프렐리모의 무대가 되자 그동안 잠비아를 근거지로 잠베지 강을 넘나들며 어렵게 투쟁하던 ZANU 게릴라들의 활동이 훨씬 더 편해졌기 때문이다. 이들은 이제 가깝고 이동하기 쉬운 서부 모잠비크의 테테(Tete)[1]를 근거지로 활동할 수 있게 되었다. 이제 1,200km나 되는 로디지아와 모잠비크 간의 긴 국경선은 ZANU 게릴라가 자유롭게 활동할 수 있는 무대로 변모했다. 게다가 프렐리모의 눈부신 성공은 ZANU도 끈질기게 투쟁하면 언젠가 성공할 수 있다는 본보기가 되었다.

사실 로디지아에서 게릴라 투쟁이 본격화한 시기는 11년 동안 감

---

1) 테테주는 모잠비크 서부에 위치하고 있으며 석탄의 주산지이다. 테테에는 특히 화력이 좋은 점결탄(coking coal)이 대량으로 매장되어 있는 것으로 알려져 있다.

로버트 무가베

옥살이를 했던 무가베와 은코모가 석방된 1974년 12월이었다. 책벌레였던 무가베는 감옥에 있는 동안 이미 혁명투사로 변신해 있었다. 그는 무력을 통한 투쟁이 아니고는 백인으로부터 독립할 수 없다는 신념으로 무장했다. 1976년쯤 되면 게릴라의 활동이 왕성해져서 로디지아는 잇달아 큰 타격을 입기 시작했다. 게릴라들이 모잠비크 본거지로부터 동부 로디지아를 습격하여 백인 농장을 습격하고 상점을 약탈하며 지뢰를 매설하고 지방 흑인 주민을 선동하는 일이 잦아졌다. 남부 은데벨레족의 지도자 은코모도 스미스와의 협상이 결렬되자 본격적으로 무력 투쟁에 나섰다.

로디지아의 상황은 점차 악화되었다. 키신저는 로디지아 문제 해결을 위해 모종의 역할을 하려 했으나 여의치 않았다. 1976년 9월 프리토리아에서 이언 스미스를 만난 키신저는 로디지아 문제의 해결을 위한 5가지 제안이 담긴 문서를 수교했다. 그 첫 번째는 로디지아가 2년 내 흑인 다수 통치를 인정한다는 내용이었다. 이 문서를 본 스미스는 좌중을 둘러보면서 "내 유언장에 서명하기를 원하는군"이라고 중얼거렸다. 전쟁이 지속되면서 승리를 확신한 무가베는 지구전을 계속하기 원했으나 무가베를 돕는 모잠비크의 사모라 마셸과 잠비아의 케네스 카운다는 피로감이 쌓여 어떻게든 협상을 통해 문제를 속히 해결하려 했다. 모잠비크와 잠비아는 모두 무가베의 게릴라에게 근거지를 공급했다가 여러 가지로 피해를 보고 있었다.

앞에서도 언급한 바 있지만 바로 이러한 때 영국의 중재로 런던에서 로디지아 문제 해결을 위한 회의가 열리게 된 것이다. 마셸은 만일 무가베가 회의 참석을 거부한다면 모잠비크는 ZANU 게릴라에 대한 지원을 중단하겠다고 위협했다. 게릴라전을 통한 영광의 승리를 확신했던 무가베는 이 회의에 참석할 마음이 전혀 없었으므로 몹시 화가 났으나 현실을 무시할 수는 없었다.

1979년 9월부터 시작된 회의 기간 내내 무가베는 가급적 협상을 결렬시키기 위해 비협조적인 전술로 나섰으나 마셀의 계속적인 설득과 위협에 직면했다. 결국 무가베가 랑카스터 협정으로 알려진 합의문서에 서명함으로써 로디지아 사태는 마침내 종료되었다. 1980년 2월 실시된 투표에서 무가베는 63%의 지지로 압도적인 승리를 거두었다. 은코모는 24%의 지지를 얻었으며 그동안 스미스 정부에 협력했던 무조레와는 불과 8%의 지지로 사실상 몰락했다. 로디지아의 백인 사회는 전전긍긍했다.

그동안 무가베의 언행을 보고 판단할 때 도피하는 것 외에는 다른 방법이 없는 것으로 생각했다. 그러나 1980년 4월 18일 짐바브웨의 독립일에 행한 연설에서 무가베는 화해와 용서를 강조했다. 짐바브웨에서는 모잠비크나 앙골라에서 일어난 것과 같은 백인의 엑소더스는 일어나지 않았다. 무가베는 집권 후 스미스의 압제적인 정책을 답습했다. 예를 들어 그의 중앙집권 정책은 15년여에 걸친 스미스의 계엄 정책으로부터 배운 것이다. 이후 약 20년 동안 백인들에게 유화적이던 무가베가 갑자기 이들에게 비수를 들이대기로 결심한 것은 1999년경이었다. 백인 농장주들이 떠오르는 야당 MDC에게 자금을 지원한 사실을 무가베가 알게 된 것이다. 무가베는 자신이 그동안 백인에게 너무 친절했기 때문에 이들이 자신을 얕보고 배반한 것으로 판단했다. 무가베는 백인에게 본때를 보여주기로 결심했다.

로버트 무가베

무가베가 지도자로서 시종일관 엉망이었던 것은 아니다. 무가베는 집권 초기 10년 동안에는 아프리카에서 가장 혜안이 있는 지도자로 명성이 높았다. 그의 교육, 보건 및 사회복지 정책은 서방으로부터 찬사를 얻었다. 그는 하루에 16시간씩 일했으며 국제적인 명사들과 어깨를 나란히 했고 국민과 소통했다. 그러나 1990년대 이후 무가베는 초기에 보였던 지도자로서의 기풍과 혜안을 잃고 악명 높은 지도자로 전락하고 말았다. 무가베의 쇠퇴는 오랜 세월에 걸쳐 서서히 진행되었다.

복잡한 국내 정치를 피해 해외여행 다니기를 좋아하는 그를 짐바브웨대학교 학생들은 바스코 다 가마를 빗대 'Vasco da Mugabe'라고 불렀다. 니에레레가 '아프리카의 진주'라고 일컬을 정도로 풍요로웠던 짐바브웨는 무가베의 쇠퇴와 더불어 함께 몰락했다. 백인의 토지소유권을 지키기 위해 서방이 제공한 원조 자금은 토지 개혁을 위해 사용되지 않고 무가베 측근의 사적인 목적을 위해 남용되었다.

모요(Jonathan Moyo)는 1990년대에 와서 무가베가 갑자기 태도를 바꾼 것은 처음 10년간 친서방적인 정책에도 불구하고 서방이 자신을 배신한 것에 대한 반발이었다고 말한다. "무가베는 서방이 지원한 내부 반란으로 거의 권력을 잃을 뻔했다. 이에 대해 무가베는 보복을 다짐했다. 경제정책의 실패, 세계은행의 권고에 따른 구조조정 실패, 콩고 파병으로 인한 국가 재정 악화, 그리고 퇴역군인들의 보상 요구 등 악재가 겹치자 무가베는 마지막 승부수로 헌법 개정안을 국민투표에 부쳤는데 이것조차 거부되었다. 무가베의 분노는 하늘을 찔렀다." 이제 무가베에게 남은 유일한 카드는 백인 농장 몰수밖에 없었다. 무가베는 망설이지 않았다. 그는 과감히 마지막 카드를 사용했고 이로써 생존할 수 있었다. 그러나 그 대가는 혹독했으며 모든 부담은 결국 국민에게 돌아갔다.

모요는 무가베를 이렇게 평가한다. "무가베는 인정미 넘치는 사람이 아니다. 그는 영민한 정치인이자 생존의 달인이다. 또한 그는 매우 냉정하다. 웅변 빼놓고 그에게서 본받을만한 요소는 별로 없다. 그는 자신의 동족에 대해서도 냉정하기 짝이 없다. 그는 국민이 고통받고 죽어가도 눈 하나 깜짝하지 않는다. 그는 이러한 일에 감흥을 느끼지 못한다. 그의 감정이 늘 메말라있기 때문이다."

마타벨레랜드 출신으로 한때 강력한 무가베 비판자였다가 측근으로 돌아선 모요는 자신의 동족이 희생된 구쿠라훈디 작전에 대해서는 매우 비판적이다. 그의 아버지는 구쿠라훈디 작전 때 살해된 것으로 알려져 있다.

"무가베는 구쿠라훈디 비극에 대해 무관심하다. 그가 관심이 있었더라면 제5군단 지휘관으로 구쿠라훈디 작전을 주도했던 쉬리를 어떻게 공군 사령관으로 영전시킬 수 있었겠는가? 쉬리는 살인자이다. 이러한 사람을 영전시킨 것을 보면 무가베가 얼마나 냉정한 사람인지 알 수 있다. 5군단은 '이단자들이 태어나기 전에 없애야 한다.'면서 임산부를 죽였다. 그들은 사람을 산 채로 묻거나 광산의 갱도에 집어던졌다. 그들은 공공연하게 여자들을 강간했다. 이런 자들에게 어떻게 상을 내릴 수 있는가?" 이것은 거의 절규에 가까운 모요의 말이다.

구쿠라훈디는 종족 배경은 다르나 똑같이 권력에 굶주린 2명의 정

로버트 무가베

치인이 중심이 되어 일으킨 사건이었다. 무가베와 은코모는 랑카스터 협정 체결 후 로디지아 백인이 협정을 파기할 경우에 대비해 서로 무기를 은닉했다. 그러다가 남아공 정보부 지원하에 창설된 Super-ZAPU 조직원 113명이 쿠데타 음모에 연루된 것으로 드러나자 무가베는 이를 빌미로 삼았다. 사실 쿠데타는 일어나지도 않았고 무가베에게 어떤 해도 끼치지 않았다. 그러나 무가베는 이를 구실로 구쿠라훈디 작전 개시 명령을 내렸다.

"남아공 정보부는 은코모의 ZIPRA를 무가베의 ZANLA보다 훨씬 훈련이 잘 된 군대로 간주했다. ZIPRA와 ANC 간의 관계는 매우 긴밀했다. 남아공 정보부는 ZIPRA를 약화시킬 경우 짐바브웨 내에서 ANC 활동이 동결되어 ANC 게릴라가 남아공에 침투하는 것을 막을 수 있을 것으로 생각했다. 그래서 이들은 남아공 정부가 ZIPRA를 지원한다는 거짓 정보를 퍼뜨렸다. 이에 걸려든 무가베는 구쿠라훈디 작전을 전개했다. 그리고 그 결과는 참담한 것이었다."

이것이 모요의 설명이다. 계속해서 모요의 말을 들어보자.

"무가베는 갈등 속에서 번성하는 사람이다. 그가 부하를 통솔하는 방법은 설득이 아니라 협박이다. 그는 비가 오나 눈이 오나 끝까지 자신에게 충성하는 사람만 신뢰한다. 무가베는 장관 배우자의 이름을 잘 기억하지 못한다. 이것은 그가 장관들을 신뢰하는 부하로 대하지 않기 때문이다. 무가베는 장관들을 때와 필요성에 따라 정치적 이용 가치가 있는 인물, 기능적으로 쓸모가 있는 인물, 잠재적인 적 등으로 구분하고 있다."라고 모요는 말한다.

무가베의 내각은 2000년부터 분위기가 확 바뀌었다고 한다. 각료들은 자기들끼리 떠들고 있다가 무가베가 나타나면 모두 침묵을 지켰다. 그들은 모두 무가베를 두려워했다. 무가베는 점차 동료들로부터 유리되었고 소통이 단절되었다. 무가베는 국가가 매우 어려운 처지에 빠졌음에도 불구하고 각료 회의 시 코를 골며 자기도 했다. 무가베가 각료들로 하여금 마음대로 말하도록 놔두는 유일한 경우는 해외여행 때였다. 각료들은 모두 대통령과 함께 여행하는 것에 부담을 느꼈다. 긴 비행시간 동안 무가베 옆에 앉아서 계속 이야기를 해야 했기 때문이다. 무가베 자신은 거의 말을 하지 않았다. 그는 자꾸 장관에게 질문을 던지면서 말을 시켰다. 그는 정치적 가십에 귀를 기울였으며 장관들이 자신의 동료에 관해 이야기하는 것을 특히 즐겼다. 무가베에게는 1980년대가 황금기였다. 1980년대가 지나자 그는 예전처럼 열심히 일하지 않았다. 그는 일보다는 건강에 더 관심을 기울이고 가족들과 함께 지내는 시간이 예전보다 훨씬 많아졌다. 그는 점차 자유방임주의적인 스타일로 바뀌어 갔다.

로버트 무가베

#7
암초로 등장한 **토지문제**

1884년 트란스발 공화국의 보어인은 그들이 고쉔(Goshen) 또는 스텔라랜드(Stellaland)라고 부르는 베추아나랜드를 점령했다. 이 소식을 들은 케이프의 영국 정부가 군사 개입으로 위협하자 트란스발의 폴 크루거 대통령은 즉시 베추아나랜드에 대한 영유권을 부인했다. 그러나 그는 특공대를 그곳으로부터 철수시키지는 않았다. 이와 거의 동시에 독일은 서부의 다마라랜드(Damaraland)와 나마콰랜드(Namaqualand)를 점령했는데 이는 나중에 독일령 남서아프리카(현재 나미비아)의 토대가 되었다.

영국은 독일과 보어인이 손을 잡고 대서양 연안으로부터 중부 아프리카 쪽으로 세력을 넓히면서 포르투갈령 모잠비크와 연계하는 경우 북쪽으로의 진출이 막힐 것을 우려했다. 다급해진 영국은 1884년 크리스마스에 4,000명의 영국군과 현지 병력으로 이루어진 혼성부대를 서북쪽으로 파견했다. 이들은 보어인과 충돌 없이 1885년 3월 베추아나랜드를 점령했으며 영국은 이를 보호령으로 선포했다. 같은 해 9월 영국은 공식적으로 말로포(Malopo) 강 이남의 베추아나랜드를 자신의 영토로 선언했다. 프레데릭 셀루스(Frederick Courtney Selous)

등과 같은 이름난 사냥꾼들이 북쪽 땅에서 사냥을 하고 돌아오면서 그곳에 많은 자원이 있다는 소문을 퍼뜨렸으나 당시 영국은 북쪽 땅을 별로 중요한 것으로는 생각하지 않았다. 사냥꾼들은 또 로벤굴라(Lobengula)라는 전제적이고 포악한 왕이 이 땅을 지배하고 있다는 소문을 퍼뜨렸다. 소문을 들은 모험가들이 점차 로벤굴라 왕의 수도인 가불라와요(Gabulawayo : 지금의 불라와요)[1]로 몰려들기 시작했다. 이들은 로벤굴라로부터 광물 채굴권을 얻으려고 했으나 모두 실패했다. 그러던 중 세실 로드가 러드 등 3명으로 구성된 대표단을 파견했다. 이들은 로벤굴라에게 1,000정의 라이플과 10만 발의 탄환을 주면서 광물 채굴권 승인을 제안했다.

파격적인 조건에 감격한 로벤굴라는 이들과 협정을 맺고 마쇼나랜드를 포함한 전 영토에 걸쳐 광물 채굴권을 부여했다. 이것이 러드 양허(Rudd Concession)이다. 광범위한 양허권을 얻은 세실 로드는 의기양양하게 영국으로 돌아간 후 정부로부터 사병 양성 등 광물 개발에 관한 승인을 얻었다. 한편 로벤굴라는 뒤늦게야 자신이 너무 많이 양보한 것을 알고 협정을 파기하려 했으나 이미 엎지른 물이 되었다. 세실 로드는 영국남아프리카회사(British South Africa Company)를 설립하고 25만 파운드의 자금을 투자하여 마쇼나랜드로 원정대를 보내고 마페켕(Mafekeng)으로 가는 철도를 건설하기 시작했다. 400명의 무장한 원정대는 이미 점령한 마타벨레랜드를 지나 마쇼나랜드로 진군했

---

1) 불라와요(Bulawayo)는 짐바브웨 제2의 도시로써 '학살의 땅'이라는 의미를 갖고 있다. 짐바브웨 남서쪽 보츠와나와의 국경에서 약 100km 지점에 위치하며 해발 1,300미터에 이르는 고원지대에 있어 기후 조건이 양호하다. 1893년 영국이 은데벨레족을 진압하기 위한 거점으로 점령한 후 마타벨레랜드의 주도로 선정되었다.

로버트 무가베

다. 1890년 9월 13일 마쇼나랜드를 영국령으로 선포하는 공식 행사가 세실 광장(지금의 유니티 광장)에서 개최되었다. 마쇼나랜드는 마타벨레랜드나 줄루족과는 달리 대추장이 없고 여러 부족으로 갈라져 있었다. 로벤굴라가 무역거래를 통해 가끔 마쇼나랜드에 영향력을 미치기는 했으나 마쇼나랜드는 독립적인 지역으로서 결코 로벤굴라의 통치 하에 있지 않았다.

1890년 마쇼나랜드와 마타벨레랜드에 살고 있는 사람들의 숫자는 50만 명 정도였다. 이들은 종족 간의 전쟁, 아랍 노예상인, 질병 및 기근 등으로 인해 인구가 늘지 않았다. 이 당시 평균수명은 25~30세 정도에 불과했으며 이들은 토지 소유권에 대한 개념이 없었다. 넓은 땅에 비해 상대적으로 적은 인구가 살았으므로 소유권이 필요 없었기 때문이다. 살고 있는 땅, 농작물을 경작하고 있는 땅은 모두 개인의 것이었다. 개인 간의 경계나 종족 간의 경계 그리고 국가 간의 경계도 없었다. 울타리나 담도 없었다.

마쇼나랜드 원주민들은 다른 종족들과 마찬가지로 소의 숫자를 가지고 부를 측정했다. 이들은 나무를 베어내고 잡풀을 불로 태운 다음 밭고랑을 파서 씨를 뿌렸다. 수확이 좋으면 이 땅을 계속해서 사용했고 수확이 나쁘면 다른 곳으로 옮겨갔다. 독일 정도의 크기에 푸르고 기름지며 물이 풍부한 이 땅에 사는 사람들의 숫자는 극히 제한적이었다. 부족들은 방어가 쉬운 곳을 택해 몇 군데에만 모여 살았으므로 사람이 살지 않는 땅이 널려 있었다.

이러한 곳에 백인이 들어온 것이다. 백인들은 노동력이 부족한 이곳에서 농사를 지으려는 생각은 하지 않았다. 대신 백인들은 광산을 개발했고 흑인은 이들에게 식량을 공급했다. 이들은 서로 만족할 만한 공생관계를 유지했다. 1903년의 경우를 보면 흑인이 농작물 90%를 생산했으며 백인의 몫은 10%에 불과했다.

그러나 차차 문제가 발생했다. 우선 백인이 들어오면서 새로운 전염병이 생겨났다. 천연두로 사람이 죽었으며 소페스트병이 돌았다. 이러한 병은 전에는 없던 것들이었다. 소페스트가 돌자 백인들은 가축을 도살하기 시작했다. 이는 역병의 확산을 막기 위한 것이었으나 흑인들은 이를 이해하지 못하고 백인이 가축을 몰살하려는 것으로 생각했다. 흑인들은 마토포스 언덕(Matopos Hills)에 모여 무당에게 점을 치도록 했다. 무당은 지금 당장 백인과 전쟁을 치르지 않으면 앞으로 비가 오지 않을 것이라고 말했다. 흑인들은 곧 백인을 습격했다. 마타벨레랜드 전체가 반란을 일으킨 것이다. 1896년 3~4월 두 달 동안에는 흑인이 우세한 것으로 보였다. 그러나 백인이 전열을 가다듬고 우세한 화기로 반격하자 흑인들은 집을 버리고 모두 마토포스 언덕[2]으로 도피했다.

마쇼나랜드에서도 마타벨레랜드의 전철을 밟아 1896년 6월 반란이 일어났다. 양측에서 반란이 일어나자 군 병력이 분산된 백인은 어려움을 겪었으나 세실 로드가 개입하여 10월에는 마타벨레랜드의 반란을 진정시켰다. 가축의 대부분을 잃고 식량도 거의 바닥이 난 마타벨레인은 항복하는 외에 다른 선택이 없었다. 이들은 항복하면 모든

---

2) 마토포스 언덕은 불라와요 남쪽 50km 지점에 위치하며 넓이가 3,100 평방km에 달한다. 마토포스 언덕은 화강암으로 이루어진 구릉지대로 강의 침식과 풍화작용에 의해 깊은 계곡이 형성되었다. 정상에서 내려다보는 경치가 훌륭하여 세실 로드가 'World's View(세계적 전망대)'라는 이름을 붙였다. 정상에는 현지인들이 신성시하는 돌로 만든 신전이 있다.

일을 불문에 부치고 농부로서 살아가도록 허락하겠다는 세실 로드의 약속을 받아들였다. 그러나 집으로 돌아온 사람들은 백인들이 이미 자신의 땅을 차지해버렸음을 알게 되었다. 이것은 세실 로드의 약속과는 달랐다. 흑인들은 심한 배신감을 느꼈으며 이때의 일을 오랫동안 기억 속에 남겨두었다.

1897년 반란이 진압된 후 오랜 세월 동안 평화가 지속되었다. 그리고 이 땅은 남로디지아로 이름이 바뀌었다. 그러는 사이 남로디지아의 인구는 꾸준히 늘었다. 1890년 50만 명에 불과했던 인구는 1920년 100만 명, 1980년 독립 시 750만 명, 1990년 1,000만 명 그리고 2000년에는 1,300만 명으로 늘어났다. 인구가 늘어남에 따라 땅 문제가 불거지는 것은 세상의 이치이다. 땅 문제는 로디지아에서 늘 시한폭탄으로 남았다.

백인들은 점차 광업으로부터 농업으로 무대를 바꾸었다. 보다 넓은 땅을 차지하기 위해 이들은 흑인 거주지를 만들어 흑인이 사는 곳을 제한했다. 1900년대 초 흑인의 50%는 마쇼나랜드의 흑인 거주지에 살았다. 마타벨레랜드에서는 35%였다. 그러다가 백인은 토지 정책을 바꾸었다. 더 이상 흑인 거주지를 지정하지 않고 대신 원주민 구매 지역(Native Purchase Areas)을 만들어 가계 농업 이상의 농업에 종사하려는 흑인들은 땅을 사서 농사를 짓도록 한 것이다. 이는 백인이 땅을 독차지하는 것에 대한 흑인의 불만이 커지는 것을 방지하려는 심산이었다.

1930년에는 토지배분법(Land Apportionment Act)이 제정되었다. 이 법의 목적은 인종별로 땅을 나누려는 것이었다. 이 법에 따라 백인에게는 2,000만 헥타르 그리고 흑인에게는 불과 870만 헥타르(나중에 1,630만 헥타르로 증가)의 토지가 배분되었다. 그리고 이 법에 따라 흑인을 백인 지역으로부터 분리시키는 작업이 진행되었다. 많은 흑인들이 고향을 떠나 다른 지역으로 옮겨가야 했다. 그러나 이 작업은 제2차 대전 발발과 징용으로 인해 도중에 중단되었다. 전쟁터에서 돌아온 백인들에게는 정부로부터 비옥한 농지가 주어졌으나 흑인들에게는 그렇지 않았다. 백인들은 처음부터 흑인은 가계 농업으로 족하며 상업 농장을 경영할 수 있는 능력은 없는 것으로 치부했다.

1960년대에 들어와 흑인 민족주의가 강성해지면서 백인 농장주와 흑인 농부들 간에 갈등이 증폭되었다. 이들은 농장의 경계선, 가축의 방목, 물 사용 문제 등을 둘러싸고 끊임없이 충돌했다. 조슈아 은코모와 ZAPU 지도자들은 은데벨레족의 환심을 얻기 위해 독립하면 로벤굴라 시절과 같이 종족들에게 땅을 나누어주겠다고 했으나 내심으로는 불가능한 것으로 생각했다. 늘어난 인구와 부족한 땅을 감안할 때 백인들이 늘 강조하는 대로 상업 농장을 경영하지 않고는 국민을 먹여 살릴 수 없다는 사실을 인식했기 때문이다.

백인 농장과 흑인 농장 간의 격차는 엄청났다. 1,630만 헥타르에 이르는 160개 부족 경작지(Tribal Trust Lands)에 모두 67만 5,000개의 흑인 농장이 있었는데 농장당 평균 경작지는 24헥타르였다. 한편 흑인들이 개별적으로 구입한 아프리카인 구매 토지(African Purchase Lands)의 평균 경작지는 185헥타르였다. 반면 1,520만 헥타르에 이르는 6,682개 백인 농장의 평균 경작 면적은 2,290헥타르에 달했다. 면적뿐만 아니라 농장의 시설과 장비 그리고 생산성에 있어서 흑인 농장은 백인 농장과는 비교가 되지 않았다. 1978년 짐바브웨의 농업 생산은 5억 6,800만 짐달러였는데 이 중 90%를 백인 농장이 생산했다. 담배, 옥수수, 설탕, 쇠고기, 커피, 면화, 과일 등이 주요 생산물이었으며 이들은 짐바브웨 외환 수입의 대부분을 차지했다. 백인 농장은 또한 짐바브웨 노동력의 40% 이상을 고용했다.

이토록 흑백 간에 토지를 둘러싸고 부의 격차가 커짐에 따라 1979년 랑카스터 협상에서 가장 큰 쟁점은 땅이 없는 흑인들에게 어떤 방식으로 공평하게 땅을 배분하느냐는 점이었다. 반면 짐바브웨 국가 수입의 대부분을 차지하는 상업 농장을 보전하여 농업 생산을 유지함으로써 국가의 수입을 확보하는 것도 큰 과제였다. 이 두 가지 문제는 서로 모순된 것이었지만 짐바브웨로서는 조화롭게 해결해야 할 과제였다. 짐바브웨는 두 마리 토끼를 동시에 잡아야 할 입장에 처했다. 많은 흑인들은 백인을 이방시하고 있었으나 오랜 세월이 흐르면서 백인은 이미 짐바브웨인이 되어있었다.

1890년 이래 백인 농장은 이미 5대째 계승되고 있었다. 백인들은 땅을 담보로 은행에서 돈을 빌려 토지를 개간하였으며 토지의 주인은 이미 여러 번 바뀌었다. 랑카스터 협상에서는 토지를 2개의 카테고리로 나누었다. 상업 농지와 부족 전통 농지이다. 상업 농지는 누구나 자유롭게 사고팔 수 있는 땅이며 부족 농지는 전통적인 땅으로서 그 부족에 속한 사람에게만 배분해주는 땅이었다. 영국 정부는 재정착 프로그램에 따라 흑인 농부들의 정착을 지원해주기로 합의했다. 재정착에 필요한 자금은 영국과 짐바브웨 정부가 각각 절반씩 부담하기로 했다.

1980년 정부가 수립된 후 ZANU는 6,000만 짐달러를 들여 110만 헥타르의 농지에 18,000여 농가를 재정착시키는 사업에 착수했다. 첫 18개월 동안 52만 헥타르에 8,600 가정이 재정착했다. 처음 재정착은 손쉬웠다. 대부분 농장이 전쟁 때 버려진 것이거나 아니면 새로 개간해야 할 미개척지였기 때문이다.

1981년의 해산법(Demobilization Act)에 따라 게릴라들은 2년 동안 매월 185짐달러를 정부로부터 받았다. 이 지원금은 게릴라를 농부로 정착시키기 위한 것이었다. 게릴라들은 합동으로 농장을 만들고 집단으로 농업 훈련을 받았다. 정부는 이들에게 영농 자금을 저리로 빌려주었다. 35,763명의 게릴라들은 대부분 협동 농장을 선호했다. 1985년까지 1,423개의 농업 조합이 결성되었다.

그러나 이들은 몇 년을 넘기지 못하고 모두 몰락하고 말았다. 영농 능력 부족, 주먹구구식 회계 등이 주요 원인이었다. 처음에는 끈끈했던 동지 의식도 몇 년 가지 못 했다. 모두 자신의 이익을 확보하는 데에만 급급했기 때문이다. 농장이 해산되자 게릴라들은 뿔뿔이 흩어졌다. 1982년 정부는 570백만 짐달러를 들여 1983~85년간 16만 2,000농가를 재정착시킨다는 거창한 계획을 세웠다가 중단했다. 그 대신에 정부는 매년 1만 5,000농가를 재정착시키기로 계획을 수정했다. 그러나 이 계획은 1983년에만 반짝 성공했을 뿐 그 뒤로는 기대에 미치지 못 했다. 1986~87년간 불과 2,750농가가 정착했고 1988년까지 260만 헥타르에 42,000농가가 정착했다. 1990년까지 재정착한 농가수는 모두 52,000가구에 불과했다.

인구가 점점 늘어나는데 비해 재정이 부족한 정부로서는 역부족이었다. 재정착 사업은 은데벨레족이 거주하는 마타벨레랜드에서 가장 부진했다. 그 이유는 게릴라 전쟁 당시 습격을 피해 농장을 버리고 떠난 백인이 많은 마쇼나랜드나 마니카랜드에 비해 남아공과 가까운 마타벨레랜드를 떠난 백인은 거의 없었기 때문이다. 따라서 마타벨레랜드에서는 기본적으로 흑인들에게 나누어 줄 땅이 크게 부족했다. 1982년 8월까지 행해진 재정착 중 불과 10%만이 마타벨레랜드에서 이루어졌다. 마타벨레랜드 주민들은 전에 ZAPU가 약속했던 농지 배분을 이제 권력을 잡은 ZANU가 대신해줄 것으로 기대했다. 주민들은 정부가 백인 농장을 수용하여 이를 자신에게 배분해줄 것으로 기대했던 것이다. 그러나 정부는 오히려 백인 농장주들과 보조를 맞추었으며 흑인이 기대했던 것과 같은 일은 결코 일어나지 않았다.

마타벨레인들은 부족 영지를 넓혀 목축지로 사용하기 원했다. 이들은 조상의 뼈가 묻힌 곳에서 살기 원했지 다른 곳으로 이전하는 것에는 강력히 반대했다. 정부는 이들의 주장을 부르주아적인 사고방식으로 몰아붙였다. 정부와의 충돌이 곳곳에서 일어났다. 마타벨레랜드의 좌장인 조슈아 은코모는 짐바브웨에서 가장 큰 누아네치 목장(Nuanetsi Ranch)을 얻어 대농장주가 된 후에는 입을 다물고 마타벨레인의 주장에 동조하지 않았다.

1990년 12월 의회에서 헌법 개정안이 통과되었다. 이 개정안은 정부가 땅을 수용하는 대신 적절한 보상금을 지급하는 내용이었다. 땅주인은 정부의 조치에 대해 이의를 제기할 수 없도록 규정했다. 정부는 이로써 여차하면 백인 농장을 수용할 수 있는 권한을 갖게 되었다. 당시 법무장관 므난가와는 "보라, 우리들이 얼마나 신사적인가! 과거 우리 조상들은 백인에게 땅을 뺏겨도 어디에도 하소연할 데가 없었다. 그러나 우리는 다르다. 만일 우리가 백인의 땅을 취할 경우 정당하게 보상할 것이다."라고 말했다. 그러나 므난가와는 이때 이미 보상은 현금이 아니라 정부 채권으로 지급될 것임을 시사했다. 대법원장과 IMF를 비롯 여러 경로에서 이 헌법 개정안에 대해 우려하는 목소리가 있었으나 철저히 무시되었다. 무가베는 "우리는 16만 2,000명의 농민을 재정착시키려 노력했으나 여러 장애물로 인해 목표를 이루지 못 했다. 이제 새로이 땅을 얻어 농민을 재정착시키려는 우리의 계획에 더 이상 걸림돌은 없다. 수용된 토지에 대해서는 적절한 보상금을 지급할 것이다. 이 문제에 대해 법원에서 왈가왈부하는 일이 더 이상 없기 바란다."라고 못을 박았다. 이 헌법 개정을 이행하기 위한 토지수용법이 1992년 제정되었다.

토지수용과 관련된 부처는 토지·농업부, 지방정부·국가 주택부, 농촌자원·물 개발부, 재무부 등 4개 부처였다. 그러나 실제적으로 이 일을 집행하는 기구는 원로 장관 므시카(Msika)가 관장하는 국가 토지수용위원회였다. 1992년 7월 마침내 무타레 근교의 13개 농장이 첫 번째 수용 대상으로 선정되었다. 이들은 대부분 생산성이 높은 농장들이었다. 무가베 대통령이 직접 생산성이 높은 농장은 수용하지 않겠다는 방침을 여러 번 밝혔음에도 불구하고 이러한 조치가 취해진 것이다. 그 뒤 70개 농장이 추가로 수용 대상으로 선정되었는데 이들 역시 모두 생산성이 높은 농장들이었다. 무가베가 인기몰이로 토지 수용 정책이라는 카드를 빼들었지만 처음부터 이 정책이 성공할 가능성은 거의 없었다. 인구 50만 명 시절 추장들이 농부에게 땅을 나누어주면서 생계를 유지토록 한 것은 이미 전설에 불과했다. 인구 1,000만 명이 넘는 나라에서 농부에게 땅을 무상으로 나누어주는 일은 가능하지 않았고 그럴만한 땅도 없었다.

350만 헥타르의 땅을 수용하기 위해 4,400만 파운드를 기증한 영국은 이 프로그램이 원래 의도와 달리 정상적으로 운영되지 않을 뿐 아니라 부패의 온상이 되어가고 있다는 사실을 뒤늦게 알게 되었다. 필요한 농부들에게 땅이 배분되는 것이 아니라 정권과 가까운 사람들이나 권력자의 친척과 친구들에게 배분되고 있었다. 영국이 기증한 돈으로 사서 나누어 준 이 땅의 분배 과정을 추적하는 일도 쉽지 않았다. 땅은 일단 수용되면 국가에 귀속되지만 배분하는 과정에서 서류 관계가 모호해졌다. 소유권이 실수요자가 아닌 다른 사람 명의로 되어있거나 소유자가 여러 번 바뀌는 경우도 흔했다. 마치 돈 세탁과 같이 여러 과정을 거치면서 토지의 실제 소유자가 누구인지 모호해지는 것이었다. 이를 알게 된 영국정부는 즉각 기여금 지급을 중단했다. 클레어 쇼트(Clare Short) 국제개발장관은 "토지 개혁이 짐바브웨의 개발 요구를 충족시키지 못하고 있다."라고 말했다.

야당이 폭로한 토지 분배 리스트를 보면 정치인, 군인, 고위 공무원 및 정권과 가까운 인사들이 대거 포함되어 있었다. 다른 증인들에 따르면 무가베가 15개 농장 그리고 부통령이 13개 농장을 차지하고 42명의 장관급에게 160개 농장이 분배되었으며 147명의 ZANU-PF 국회의원들이 각각 1개씩 농장을 차지한 것으로 드러났다. 1997년 말까지 7만 가구가 재정착했는데 이는 원래 목표인 16만 2,000가구를 훨씬 밑도는 것이었다. 보다 많은 농토를 수용해서 부족 경작 지역을 넓힌다는 원래 목표는 실종되었다.

1980년 독립 당시 부족 경작 지역은 토지의 41%에 달했는데 20년 후인 2000년에도 이 비율은 그대로 남았다. 정부의 선전에도 불구하고 영세 농민이 경작할 수 있는 땅은 전혀 늘어나지 않은 것이었다. 이러한 결과를 보고 EU와 세계은행도 짐바브웨에 대한 지원을 중단했다. 돈이 말라버린 짐바브웨 정부는 마침내 1998년 1월 토지 수용 정책을 포기했다. 1998년 9월 짐바브웨 농업장관은 "1,471개 백인 농장을 수용할 의사가 없으며 이들을 리스트에서 해제한다."라고 발표했다. 9월 9일~11일간 하라레에서는 공여국들이 참석한 가운데 국제회의가 열렸다. 이 회의에서 무가베는 향후 5년간 150만 흑인을 재정착시키기 위해 백인이 소유하고 있는 5백만 헥타르의 농장 구입이 필요하다고 하면서 이에 필요한 60억 달러를 공여국이 지원해줄 것을 요청했다. 공여국은 비록 회의장에서는 점잖게 말했지만 속으로는 이러한 요청을 터무니없는 것으로 여겼으며 전혀 지원해줄 생각이 없었다.

이즈음부터 게릴라전에 참가했다고 주장하는 퇴역군인들이 백인 농장을 점유하는 사건이 하나씩 둘씩 발생하기 시작했다. 예를 들어 퇴역군인들은 엔터프라이즈 밸리(Enterprise Valley)와 마론데라(Marondera)에 있는 20여 개 농장을 점유했다. 이들은 농장주가 떠나지 않으면 살해하겠다고 위협하면서 농장을 점유했는데 경찰은 이를 수수방관했다. 1999년 9월 11일 민주변화운동(MDC : Movement for Democratic Change)이 공식적으로 창당되었다. 처음에 시민단체 운동으로 시작한

MDC는 노동조합(ZCTU : Zimbabwe Congress of Trade Union)을 모태로 했다. 1988년 이래 ZCTU 사무총장이었던 창기라이가 당수로 선출되었다. 가난한 집에서 태어난 창기라이는 고등학교도 마치지 못한 채 노동자가 된 후 광산에서 십장으로 일하다가 노조에 가담했다.

ZANU-PF의 정책에 항거하는 시위를 주도하면서 창기라이는 자연스럽게 노조 지도자로 떠올랐다. 창기라이는 무가베와 ZANU-PF 간부들을 매섭게 비판했다. 눈에 가시 같은 존재가 된 창기라이는 1998년 12월 무가베가 보낸 10명의 폭력조에 의해 습격당했으며 여러 차례 위기를 넘겼다. 짐바브웨 정부는 MDC를 덴마크 노동조합의 사주를 받는 서방의 꼭두각시 단체로 매도했다.

#8
백인 농장 몰수

1999년 11월 25일 헌법위원회는 새로운 헌법안을 공개했다. 신헌법은 의전적 대통령을 두고 실제로는 총리가 국정을 관할하되 총리의 임기는 5년으로 하며 1회에 한해 연임할 수 있도록 했다. 또 이 헌법은 총리가 장관을 추천토록 하고 추천된 인물을 국회가 개별적으로 심사하여 가부를 결정토록 하는 등 진보적인 내용을 담고 있었다. 그러나 일견 권력 구조를 개편한 것처럼 보이는 이 헌법의 핵심은 백인 농장을 보상 없이 몰수할 수 있도록 한 데 있었다. 영국 정부의 지원금이 끊기자 농장 몰수 가능성을 열어두어 영국 정부를 압박하려는 의도가 있었으며, 여차하면 실제적으로 농장 몰수를 강행하려는 목적도 있었다. 무가베는 백인 농장 수용 시 필요한 비용은 영국이 부담해야 한다고 주장했다. "영국 정부가 영국 농장주들에게 보상금을 지급하지 않으면 누가 하겠는가?"라고 그는 말했다.

헌법안의 국민투표를 앞두고 무가베는 선심을 쓰기 시작했다. 무가베는 자신과 장관들의 봉급을 200% 인상하고 국회의원 봉급은 300% 인상했다. 여기저기서 아우성이 일어나자 의사, 교사, 간호사, 공무원 등의 봉급을 차례로 인상했다. 그리고 마지막으로 군인 봉급을 100% 인상했다. 이와 같은 일은 무가베에게 돈이 있어서가 아니라 화폐를 찍어낼 수 있어서 가능했다. 그러나 천정부지로 치솟는 짐바브웨의 인플레를 감안할 때 봉급 인상으로 인한 실익은 사실상 없었다. 무가베는 MDC에 대해서는 철저히 돈줄을 차단하려 했다. 국내 자금이 막힌 창기라이는 서방 국가들을 순회 방문하여 이들로부터 지원금을 얻어냈다.

국민투표일은 2000년 2월 12~13일로 정해졌다. 백인 농부들은 경악했다. 이들 중 많은 사람이 식민지 시대부터 농장을 가진 사람이 아니라 독립 후 농장을 구입한 사람들이었다. 상업 농장주 협회는 신문에 공개적으로 헌법 개정안에 반대한다는 광고를 게재했다. 국민투표를 앞두고 ZANU-PF 지지자들과 MDC 지지자들 간에 충돌이 벌어졌다. 무가베는 백인 농장주들이 흑인 노동자를 사주하여 반대 투표를 종용한다고 비난했다. 투표 조작에 대한 우려가 여기저기서 개진되었으나 투표 결과는 헌법 개정안이 부결된 것으로 나타났다. 투표율은 26%에 불과했다. 55%가 헌법 개정안에 반대했으며 46%만이 찬성했다. 도시지역에서 반대표가 많았고 시골에서는 찬성표가 더 많았다. 투표 결과가 알려지자 흑인, 백인, 혼혈인, 인도계 등이 모두 거리로 나와 축하 행진을 벌였다.

야당은 국민투표 결과가 무가베의 20년 '잘못된 통치'에 대한 심판이라고 주장했다. 창기라이는 무가베가 이제 물러나야 한다고 주장했다. 무가베는 TV에 출연하여 공식적으로 패배를 인정했다. 그는 "정부는 투표 결과를 수용하며 국민의 뜻을 받아들인다."라고 말했다. 그는 또한 "이제 세계는 짐바브웨에서는 반대 의견이 자유롭게 그리고 평화적으로 개진될 수 있다는 사실을 알게 되었다."라고 말했다. 국민투표 패배를 민주주의 신장과 연계시킨 것이다. 그러나 그는 자신의 퇴진에 대해서는 일체 대꾸하지 않았다.

국민투표에서 헌법 개정안이 부결된 이유는 교육 수준이 높은 도시 유권자들이 반대했기 때문만은 아니었다. 백인들은 똘똘 뭉쳐 이 헌법안에 반대했다. 백인 농장주는 자신이 고용하고 있는 흑인 근로자들이 반대표를 던지도록 적극 개입했다. 무가베의 분노는 극에 달했다. 그는 짐바브웨 독립 20주년 기념 연설에서 백인 농장주들을 국가의 적으로 몰아세웠다. "우리는 분노에 가득 차 있다."라고 말했다. 이 헌법 개정안이 내각을 축소토록 되어있었던 것도 부결 원인 중 하나였다. 장차관 등 고위직을 비롯 자리에서 물러나게 될 공무원과 ZANU-PF 당원들이 일제히 개정안에 반대했던 것이다.

1994년 98개에 달하는 옛 백인 소유 농장이 무가베 측근들에게 거의 무상으로 임대되고 있음이 밝혀졌다. 빨간 경고등이 켜진 것이다. 1997년 클레어 쇼트 국제개발장관은 영국이 옛 로디지아의 토지 분배에 대한 보상 책임이 있다는 무가베의 주장을 부인하는 편지를 보냈다. 이는 무가베와 토니 블레어가 에딘버러에서 열린 영연방회의에서 이 문제를 둘러싸고 서로 이견을 표출한데 대한 후속 조치였다. 클레어 쇼트는 "현재 영국 정부는 과거 식민주의 시대에 일어난 일과는 아무런 관계가 없으므로 영국은 토지 분배에 대한 보상 책임이 없다."라고 밝혔다. 노동당 소속인 쇼트는 보수당 출신인 마가렛 대처의 약속을 노동당 정부가 승계하지 않겠다고 한 것이다. 무가베는 이에 대해 분개했다. 그는 공개적으로 노동당에 대한 적개심을 드러

로버트 무가베

냈으며 이는 몇 년 후 토니 블레어에 대한 공개적 비난으로 연결되었다. 그는 블레어를 'B-liar(거짓말쟁이)'라고 대놓고 경멸했다.

쇼트는 "랑카스터 협상에서 토지 분배에 관한 협의가 있었다는 점은 인정한다. 그러나 이는 무가베가 토지를 강제로 수용하지 않는다는 전제하에 영국이 보상금의 일부를 지급한다는 합의였다."라고 주장했다. 영국은 가난한 짐바브웨 농부들에게 토지를 나누어주고 이에 대한 보상금을 지원하는 것에 관심이 있었지 백인 농장을 강제로 몰수하면서 영국에 보상금 지급을 요구하는 것은 터무니없는 일로 간주했다. 이에 반해 짐바브웨 측은 "우리는 우리를 죽이기 위해 무기를 사들인 이언 스미스 정부가 진 빚을 지금도 갚고 있다. 우리가 국제법에 따라 전 정부가 진 빚을 갚을 의무가 있다면 영국도 대처 수상이 진 의무를 이행할 책임이 있다."라고 주장했다. 이 문제를 해결하기 위해 여러 차례 공여국 회의가 열렸다.

1996년에는 하라레에 파견된 국제조사단이 35만 가구의 농민을 정착시키는 대가로 영국이 1억 4,500만 파운드를 부담한다는 제안을 내놓기도 했다. 1998년에는 UNDP 주재로 공여국 회의가 열렸으나 이미 짐바브웨와 공여국 간의 사이는 크게 벌어져 있었다. 짐바브웨 정부는 공여국의 지원 여부에 불구하고 무조건 재정착 정책을 강행한다는 방침을 세워놓고 있었다. 무가베는 그의 토지정책에 대한 서방의 비난에 거칠게 반발했다. "인디언, 토착민, 에스키모 등으로부터 토지를 수탈한 몰상식한 국가들이 어떻게 감히 우리 땅에 대해 이러쿵저러쿵 지껄일 수 있단 말인가?" 그는 틈만 있으면 보상 없이 백인들의 토지를 몰수하겠다고 협박했다. "백인 정착자들이 우리 땅을 공짜로 빼앗아갔으므로 우리도 비슷한 방식으로 빼앗긴 땅을 되찾아 올 수 있다."라고 경고했다.

랑카스터 협상에서는 향후 10년간 토지 매매는 오로지 자발적으로만 행해진다는 원칙이 세워졌다. 따라서 무가베는 이 동안에는 토지 문제에 전혀 개입하지 않았다. 그러다가 1992년 토지구입법(Land Acquisition Act)을 제정함으로써 강제 수용 가능성을 열어놓았다. 이에 대해 항의하는 쪽은 물론 백인 농장주들이었다. 그러나 이 법은 토지 구입과 관련한 전문적이고 기술적인 원칙들을 규정하고 있었기 때문에 실제로 강제 수용과 같이 복잡한 문제는 불거지지 않았다. 그러다가 헌법 개정안을 둘러싸고 큰 시비가 벌어진 2000년이 되자 갑자기 농장 몰수가 행해진 것이다. 무가베는 미리 농장 몰수를 준비하고 있었다. 그는 손수 펜을 들어 '수용된 농장에 대한 보상 책임은 구 식민 종주국인 영국에 있다'는 조항을 헌법 개정안에 집어넣었다.

2000년 선거 유세에서 창기라이가 백인 농장주들로부터 수표를 받는 장면이 TV에 방영되자 무가베는 백인 농장주, 영국 및 스칸디나비아 국가들을 한 패거리로 생각하게 되었다. 무가베는 랑카스터 협정을 충실히 지켜 백인 농장주가 농토를 유지토록 해주었는데 이제 야당 당수를 도와 자신을 몰아내려고 하는 데 심한 배신감을 느꼈다. 그러나 백인의 생각은 달랐다. 이들은 무가베를 교체하지 않을 경우 자신의 토지소유권이 심각한 위협에 봉착할 것으로 판단했다. 결과적으로 이들의 생각은 옳았다. 2000년 1월 클레어 쇼트가 불과 500만 파운드의 토지 재정착 기금을 NGO를 통해 지급하겠다고 발표하자 무가베는 거의 폭발 직전에 이르렀다. 액수는 고사하고 영국이 짐바브웨 정부와 ZANU-PF를 배제한 채 NGO를 통해 보상금을 지급하겠다고 한 사실 자체가 무가베에게는 큰 모욕이었다. 무가베가 보상금을 멋대로 측근에게 나눠주는 것을 막기 위해 영국이 이런 제안을 했으나 무가베가 이를 수용할리 만무했다.

2월부터 퇴역군인, 청년 민병대 및 ZANU-PF 지지자들이 백인 농장을 습격하기 시작했다. 수만 명의 퇴역군인들은 2,500짐달러를 일시금으로 받은 후 월 100짐달러를 받아 겨우 생활하고 있었다. 이들은 이러한 처우에 심한 불만을 품고 있었다. 무가베는 이들의 불만과 분노를 이용키로 했다. 백인 농장 몰수가 이들의 분노를 분출할 수 있는 도구로 사용된 것이다. 타보 음베키를 비롯한 아프리카의 지도자들은 무가베의 농장 몰수를 묵인했다. 이들은 조용히 지켜보기만 했고 아무런 비판도 하지 않았다. 이들은 15년 전 구쿠라훈디 학살을 묵인했던 서방이 이번에도 결국 무가베의 행동을 용인할 것으로 생각했다. 이번 사건은 수천 명의 백인 농장주를 상대로 한 것이므로 구쿠라훈디에 비하면 희생 정도가 훨씬 낮아 곧 조용해질 것으로 판단했다.

그러나 이들의 생각과는 달리 구쿠라훈디 작전 때 아이들과 부녀자를 포함해 수만 명의 흑인이 학살당한 것에 대해서는 침묵을 지키던 영국이 이번에는 불과 수십 명의 백인 농장주가 죽었음에도 극도로 분노하는 모습을 보고 짐바브웨인은 서방의 이중 잣대를 뼈저리게 실감했다. 영국의 이러한 태도는 결과적으로 짐바브웨인의 영국에 대한 부정적인 이미지를 한층 가중시켰다.

구쿠라훈디 작전이 한창이던 1980년대 초 엘리자베스 여왕은 무가베에게 명예기사 작위를 수여했다. 그 뒤 1994년 무가베는 바스대십자훈장 명예기사(Honorary Knight Grand Cross in the Order of the Bath)로 승격되었다. 2000년 토지 개혁으로 백인 농장주 수십 명이 죽자 영국 수상은 2003년 무가베의 작위를 철회할 것을 건의했으며 영국 여왕은 2008년 6월 동 작위를 철회했다.

2000년 이후 무가베는 보안기관을 국민을 탄압하는 도구로 사용하기 시작했다. 무가베는 경찰, 군, 정보부 외에도 퇴역군인으로 알려진 민병대와 청년 군단(Youth Brigade)을 동원했다. 폭력, 살인, 협박, 모략이 난무했으며 선거철이 되면 이들이 진가를 발휘했다. 무가베는 권력 초기에는 개인적으로 부패하지는 않았다. 그러나 친인척과 측근들이 축재하는 것은 눈감아주었다. 그는 웬만한 스캔들은 무시했으며 자신에게 직접적인 영향을 미칠 것으로 보이는 스캔들에만 제한적으로 개입했다. 그의 아내 샐리가 연루된 것으로 알려진 1988년 윌로우게이트 스캔들 같은 것이 대표적이다. 자동차 수입을 둘러싸고 정치인, 공무원, 비즈니스맨이 대거 연루된 것으로 밝혀진 이 스캔들에 대해 무가베는 진상 조사를 명했다. 물론 그 이유는 아내가 개입되어 있기 때문이었다.

1989년 4월 이 사건에 대한 보고서가 발표된 후 니아굼보(Nyagumbo) 등 무가베 측근을 포함해 수 명의 장관이 사임했다. 1999년 창기라이가 MDC를 창설하자 무가베는 자신의 권력을 강화할 필요성을 절실히 느꼈다. 무가베가 내놓은 방안은 헌법 개정안이었다. 그러나 이 개정안은 가장 큰 쟁점인 토지 개혁을 명기하여 백인으로부터 농장을 몰수할 수 있도록 하고 있었다. 이것이 약점이었다. 백인 농장주가 흑인 근로자들을 단합시켜 국민투표 부결 캠페인을 벌인 것이다. 국회 의석의 거의 전부를 차지하고 있던 무가베는 당연히 통과될 것으로 알았던 신헌법이 국민투표에서 부결되자 큰 충격을 받았다. 무가베는 MDC와 백인 농장주를 공개적으로 비난했다. 그리고 백인 농장 몰수에 나섰다. 사실 무가베는 그때까지 영국이 토지 수용을 위해 제공했던 자금을 다 쓰지도 못하고 있었다.

이윽고 'Tsuro(토끼)' 작전이 개시되었다. 1,500명의 퇴역군인이 동원되었으며 300명의 정보부 요원이 이들을 이끌었다. 1,000명 이상의 제5군단 군인들이 동원되고 청년 군단을 포함한 약 6,000명의 ZANU-PF 열성당원들이 동원되었다. 정보부는 습격 대상 농장 리스트를 만들었다. ZANU-PF에게 협조하는 농장은 제외되었으며 최우선적인 습격 대상은 대법원에 보호를 요청한 농장들이었다. 경찰은 처음에는 백인 농장을 보호하는 듯했으나 곧 태도를 바꾸어 수수방관으로 일관했다. ZANLA 게릴라 출신인 경찰청장 치후리(Augustine Chihuri)는 "이것은 정치적 이슈로서 경찰이 다룰 수 있는 문제가 아니다. 정치인에게 물어봐라."라고 냉소적으로 말했다.

무가베의 측근인 공군 사령관 쉬리는 제5군단 출신 군인 700명과 공군 500명을 동원해 퇴역군인의 농장 습격을 측면 지원했다. 농장주와 가족들은 구타와 모욕은 물론 온갖 수모를 겪어야 했다. 여성들은 강간 위협에 직면했다. 초기에 몰수된 농장의 대부분은 군과 경찰 간부들 손으로 넘어갔다. 200여 명의 군 고위급 중 90%가 최소한 1개씩 농장을 차지했으며 다른 보안기관의 경우에도 유사했다.

상업 농장주협회(CFU)는 반복적으로 무가베에게 편지를 보내 질서

회복을 요청했으나 아무런 응답도 얻지 못했다. 상업 농장주협회는 농장 습격에 가담한 사람 중 15~20%만이 퇴역군인이고 나머지는 이곳저곳에서 동원된 불한당으로 평가했다. 동원된 사람들은 하루 50 짐달러를 받았으나 반정부 지역인 마타벨레랜드에서는 위험수당 격으로 하루 200짐달러를 받았다. 정부가 이들의 보수를 직접 지급했다. 백인뿐 아니라 정부와 사이가 좋지 않은 흑인 농장도 습격을 받았다. 백인 농장 중에는 자체 무장을 갖추고 본격적으로 습격에 저항하는 농장들도 나타났다. 치노이에 있는 한 대규모 농장은 1,260명의 흑인 근로자와 5,000여 명의 가족을 거느리고 있었다. 중무장한 이들은 무력으로 침입자를 격퇴했다.

백인으로부터 뺏은 농장의 크기는 1,400만 헥타르에 달했다. 작전이 끝났을 때 6,500여 개에 달했던 농장 중 400개 정도만 남았다. 새로이 등장한 흑인 농장주들이 2,200여 명에 달했다. 무가베와 그레이스는 16개의 비옥한 농장을 차지했다. 무가베와 가까운 몇 명의 백인 농장주들만이 간신히 화를 면할 수 있었다. 수천 명의 백인 농장주들은 남아공을 비롯한 인근 국가로 피신했다. 40만 흑인 근로자와 가족 등 200만 명에 달하는 사람들이 생활 근거지를 잃고 이곳저곳으로 흩어졌다. 새로 농장주가 된 사람들은 농업에 대한 지식이 전혀 없었다. 이들의 관할하에서 농업은 급속도로 쇠락했다. 남부 아프리카의 곡창이라고 불리던 짐바브웨는 외국의 식량 원조에 의존하거나 인근 국가로부터 식량을 수입해야 하는 수입국으로 전락했다.

영국에서는 2만 명에 달하는 짐바브웨 내 영국 시민권자의 안전에 관한 문제가 제기되었다. 영국 국방부는 비상조치계획을 마련했다.

그러나 영국은 군사적으로 개입할 의사는 없었고 자국민의 소개에만 관심을 가졌다. 콩고 내전 개입으로 이미 바닥을 드러낸 짐바브웨의 국고는 백인 농장 몰수 후 거의 부도에 직면했다.

아프리카 지도자는 국내 문제가 어려워지고 여론의 압력이 가중되면 공격 목표를 밖으로 돌리는 경향이 있다. 아프리카 지도자들은 1980년대 국민의 감정과 분노를 분출하는 대상으로 IMF와 세계은행을 목표로 삼았다. 이들은 신식민주의를 상징하는 기관으로 묘사되었으며 아프리카 외부에 있는 '악의 세계'의 상징이 되었다. 무가베 대통령은 90년대 민주화 요구가 강해지자 대중의 관심을 돌리기 위한 방법으로 콩고에 대한 군사 개입을 결정했다. 자원이 풍부한 콩고에의 군사 개입은 정치인과 군 지도자들에게 부수입을 안겨주기도 했지만 주로 국민의 감정을 가라앉히는데 유력한 수단으로 작용했다.

몇 년 후 무가베는 국민의 관심을 돌리기 위한 방편으로 이번에는 백인 농장주들에 대한 탄압을 결정했다. 농장 몰수로 인한 불안한 정세로 1980년 짐바브웨의 독립 후에도 남아있던 백인 중 25만~30만 명이 짐바브웨를 떠나고 불과 5만 명 정도만이 고향을 지켰다. 2000년 농장 파동으로 떠난 사람들은 사실 독립 당시 짐바브웨 정부가 꼭 필요하다고 강권해서 남은 사람들이었다.

상업 농장은 짐바브웨 경제의 핵심이었다. 상업 농장의 숫자는 6,500개 이상이었는데 이들은 모든 경작지의 40%와 가장 비옥한 땅의 66%를 차지하고 있으면서 짐바브웨 농산물의 75%를 생산했다. 이들은 주식인 옥수수의 90%, 면화의 90%, 거의 100%에 달하는 담배, 그리고 밀, 커피, 차, 사탕수수 등을 생산했다. 이들이 생산하는 농작물은 짐바브웨 수출의 3분의 1에 달했고 전체 근로자 3분의 1을 고용했다. 상업 농장으로 인해 짐바브웨는 남부 아프리카에서 곡창 (breadbasket) 역할을 계속해 왔다. 독립 당시 흑백 간의 경제적 격차를 줄이기 위해 백인이 소유하고 있는 좋은 토지를 점진적으로 흑인에게 배분한다는 합의가 있었다. 다만 백인 농장주에게 합당한 보상을 해주는 조건이었다. 그러나 국가 경제가 악화되고 부패한 관리들이 자신의 호주머니를 채우는 상황에서 보상은 물 건너 간 조건이 되고 말았다.

독립 전 무가베와 함께 게릴라 투쟁을 했던 군인들이 대략 3만 명에 달했는데 대부분 실업자였다. 이들은 과거 전우 중 불과 소수만이 부와 권력을 누리고 자신들은 생계조차 이어가기 어려운 처지에 있음을 토로하면서 불만을 표출했다. 1997년 일단의 퇴역군인들이 거리에서 시위를 벌였는데 이들은 혁명가를 부르고 북을 치고 플래카드를 흔들며 무가베를 강도 높게 비판했다. 무가베는 이들을 달래야 할 필요성을 절감했다. 무가베가 생각해낸 묘수는 농장 몰수라는 카드였다.

앞에서 본 바와 같이 2000년 초 헌법 개정안을 국민투표에 부쳤으나 통과되지 않은 것이 결정적인 계기로 작용했다. 무가베는 이 헌법 개정안에서 짐바브웨는 보상 없이 토지를 몰수할 수 있고 몰수된 토지에 대한 보상 책임은 영국에 있는 것으로 규정했다. 그러나 이 개정안은 55%의 반대로 부결되었다. 무가베는 이를 창기라이가 이끄는 MDC와 백인 농장주 간의 합작품으로 규정하고 즉각적인 보복에 나섰다. 고등법원 흑인 판사 가웨(Paddington Garwe)는 농장 점유를 불법으로 규정하고 침입자들이 24시간 내에 농장을 떠나도록 명령했다. 가웨는 경찰청장에게 행정부의 그 누구로부터도 법원의 명령에 반하는 지시가 있으면 이를 무시토록 명령했다. 이는 무가베를 의식한 것이었다. 그러나 고등법원 앞에는 데모대가 몰려들었으며 행정부의 누구도 법원의 이러한 명령을 받아들이지 않았다.

상업 농장주 협회는 대법원의 보호를 요청했다. 대법원은 농장 몰수를 불법으로 선고했지만 무가베는 오히려 백인 재판관을 악당으로 몰았다. 무가베는 대법원장을 협박해서 사임케 한 후 자신의 측근을 재판관으로 임명했다. 희극적이지만 그 결과 대법원은 입장을 바꾸어 토지 몰수를 합법으로 인정했다. 이 당시 백인 농장주는 독립적인 사법부와 외부 세력 특히 영국의 보호를 받고 있었다. 그러나 이러한 보호 장치는 무가베가 완력을 행사하자 허무하게 무너져버렸다. 무가베의 농장 강제 수용 조치는 영국, 미국, 세계은행과 IMF 등으로부터 강한 비판에 직면했지만 별 소용이 없었다. 농장을 자진 헌납하지 않는 농장주들은 '전쟁 퇴역군인'으로 불리는 무력 집단에 의해 강제로 쫓겨났다. 그러나 '퇴역군인'으로 불리는 대부분은 사실은 전쟁 경험이 없는 젊은 층이었다. 이들은 무력 사용을 목적으로 정부에 의해 동원된 사람들이었다.

수천 명의 농장주가 강제로 농장을 뺏기는 과정에서 수십 명의 백인과 수백 명의 흑인 근로자들이 살해되었다. 그러나 약 400명의 농장주들은 끝까지 버텨 살아남았다. 강철과도 같은 이들은 구타, 절도, 가옥 침입과 파괴 그리고 끝없는 협박과 공갈에도 무너지지 않고 버틴 사람들이다. 거물인 체하는 현지인은 변호사와 경호원을 대동하고 나타나서 당장 농장을 내어놓으라고 협박했으며 일부 침입자는 농장을 점유하고 아예 그곳에 기거하면서 아내와 딸을 강간하겠다고 협박했다. 정신적 강인함만이 이런 상황에서 버틸 수 있는 유일한 무기였다. 한 농장주의 아내는 침입자가 기르던 가축에의 접근을 막는 통에 배고파 울부짖는 소리를 듣고도 며칠 동안 먹이를 주지 못하자 가축들이 나중에는 잠잠해졌다고 회고하고 있다. 죽은 것이다.

백인이 쫓겨났다고 해서 일반 흑인이 얻은 이익은 전혀 없었다. 오히려 많은 일자리가 없어졌고 소득 감소로 생활이 더욱 어려워졌다. 몰수된 농장은 무가베의 부인과 처남 및 다른 친척, 군 고위층을 비롯한 대통령 측근 및 일부 퇴역군인들에게 배분되었다. 예를 들면, 33명의 소작농에게 나누어 주는 것으로 알려졌던 3,000에이커의 한 농장은 그 당시 농업장관 망웬데(Witness Mangwende)가 차지한 것으로 드러났으며 약 300여 개의 상업 농장이 장관, 경찰청장, 공군 사령관 등 고위 공무원들에게 분배된 것으로 드러났다.

ANC 공보실장 피터 벤터(Pieter Venter)는 "이것은 도저히 토지 개혁이라고 볼 수 없다."라고 남아공 의회에서 주장했다. 그는 무가베 대통령이 15개, 부통령이 13개, 42명의 각료들이 160개, 150명의 ZA-NU-PF 국회의원들이 각각 1개씩 농장을 차지했고 반면 2,500명의 퇴역군인은 2개, 그리고 4,500명의 소작농은 불과 3개의 농장을 차지했다고 주장했다.

농장 몰수 직후인 2000년 3월 짐바브웨의 주요 외화 수입원인 담배 농사에 문제가 발생한 것으로 드러났다. 침입자들이 담배의 수확과

로버트 무가베

건조를 방해함으로써 차질이 빚어진 것이다. 담배 농가들은 침입자로 인해 40억 짐달러에 달하는 막대한 손해가 발생한 것으로 추정했다. 하라레의 담배 경매장에서 경매가 시작되었을 때 들어온 물량은 통상치인 하루 1만 베일(bale)의 35%인 3,500베일에 불과했다. 대부분의 베일은 상업 농장이 아닌 6,000여 명의 흑인 소작농이 수확한 것이었다.

4월 전까지는 많은 협박에도 불구하고 실제 농장 침입은 얼마 되지 않았다. 그러나 4월에 접어들면서 침입자들의 활동은 나날이 늘어나고 폭력적으로 변했다. 이들은 농장 내 도구를 부수고 전화선을 끊었으며 기름 저장고로부터 기름을 퍼내었기 때문에 차량 운행이 불가능했다. 농장주의 아이들이 납치되기도 했다. 침입자들은 농장주의 골프채로 흑인 근로자들을 두들겨 팼다. 한 농장주와 부인은 폭도들이 몸에 기름을 부었는데 겨우 살아났다. 이들은 폭도가 불을 붙이려고 성냥을 찾는 동안 도피했던 것이다. 폭도는 농장을 불태우고 약탈했으며 농장에서 기르는 개들을 때려죽였다. 몇몇 농장주가 살해되었으나 경찰은 수수방관했다. 살해된 농장주의 가족은 범인이 누구인지 알고 있었다. 그러나 경찰은 범인 대신 오히려 농장 근로자들을 살인 혐의로 체포했다. 퇴역군인을 이끄는 인물은 '히틀러'라는 별명을 가진 훈쯔비(Chenjerai Hunzvi)였고 그의 뒤에는 5군단 사령관으로 악명 높은 공군 제독 쉬리가 있었다. 5월 15일이 되자 습격당한 농장수는 1,300개에 달했고 이중 846개가 점령되었다. 5월 24일까지 이 숫자는 습격 1,477개, 점령 950개로 늘어났다.

마타벨레랜드의 니아만들로부(Nyamandlovu)에 있는 12,000헥타르의 컴펜세이션 농장(Compensation Farm)은 마틴 올즈(Martin Olds, 당시 42세) 가문이 3대째 소유하고 있는 농장이었다. 마틴은 10년 전 보트에서 강으로 빠진 친구를 악어로부터 구하기 위해 강으로 뛰어들 정도로 용기와 정의감이 강한 사람이었다. 그는 이 영웅적인 행동으로 인해 무가베 대통령으로부터 훈장을 받았다. 마틴은 내전 중 그레이스카우트(Grey Scouts)라는 기마부대에서 근무했으며 가라데 유단자로서 짐바브웨 대표 선수였다. 마틴은 MDC에 심정적으로 동조하기는 했으나 정치에 가담한 적은 없었다. 그는 마타벨레랜드에서 법을 수호하는 모범적인 농민으로 알려진 사람이었다. 그러던 그가 2000년 4월 10일 살해 위협을 받았다. 농장으로부터 즉시 철수하지 않으면 가족 모두를 죽이겠다는 것이다. 그는 일단 아내와 아이들을 불라와요로 보낸 후 주변의 만류에도 불구하고 홀로 농장에 남았다. 그는 인근 경찰서에 가서 만일 농장을 습격하는 무리가 있을 경우 발포하겠다고 경고했다.

4월 18일 새벽 AK-47 소총으로 무장한 일단의 퇴역군인이 13대의 차에 나누어 타고 농장을 습격했다. 모두 쇼나어를 구사하는 이들은 ZANU-PF가 마쇼나랜드로부터 데려온 퇴역군인들이었다. 이들은 이른바 돌격대였다. 이들은 경찰의 제지를 받지 않고 농장에 도착했으며 곧 농장을 포위했다. 마틴은 이들과 협상을 해볼 양으로 접근했다가 무차별 총격으로 부상을 입었다. 집안으로 들어와 부상당한 다리를 나무 받침대로 묶은 후 마틴은 생사가 달린 총격전을 벌였다. 마틴은 인근 농장주에게 지원을 요청했으나 지원을 받을 수 없었고 남아공에 있는 친척들에게도 구조를 요청했으나 이들도 발만 동동 구를뿐 뾰족한 방법이 없었다. 인근 경찰에게는 아무리 연락해도 묵묵부답이었다. 마틴은 군에서 쌓은 전투 경험을 바탕으로 침입자 수 명을 부상시키면서 끝까지 저항했으나 자동소총으로 무장한 군인들을 당해낼 수 없었다. 침입자 중 한 명이 화염병을 만들어 집안으로 던져 넣은 후 수색이 벌어졌다.

부상당한 마틴은 도주하려 하다가 붙들려 둔기로 머리를 가격 당한 후 쓰러졌다. 이어서 침입자들은 그에게 총기를 난사하여 살해했다. 그가 살해당한 후 상업 농장주 협회를 비롯한 여러 기관에서 살인자 색출 및 처벌을 요청했으나 아무 소용이 없었다. 당시 경찰서는 사고 현장에서 불과 10분 거리에 위치하고 있었으나 경찰은 아무런 행동도 취하지 않았다. 마틴이 살해당한 후 그의 부인도 살해 위협을 받았으며 그녀는 아이들과 함께 영국으로 건너갔다. 무일푼이 된 마틴의 가족은 정치적 망명을 신청했는데 처음에는 거부당했으나 여론의 분노가 물 끓듯 하자 영국 정부는 이들에게 망명을 허용했다.

농장 몰수가 일어난 지 8년 후인 2008년 한때 효자 노릇을 했던 담배와 커피의 생산은 80%가 감소했고 생계형 작물인 옥수수의 생산도 절반으로 줄었다. 다른 나라에서 가뭄이 들어도 늘 풍족한 생산을 자랑했던 남아프리카의 곡창 짐바브웨는 식량 수출국에서 수입국으로 전락하고 말았다. 백인에게도 농장 몰수 사태에 대한 책임이 전혀 없지는 않다. 백인 농장주들은 한 농장 당 수백~수천 명의 흑인 노동자를 고용하면서 이들에게 집, 의료, 자녀들의 교육에 이르기까지 혜택을 제공했으나 교육과 훈련을 통해 이들을 매니저로 양성하지는 않았다. 노동자는 어디까지나 단순한 노동자였을 뿐 이들에게 보다 나은 미래를 설계할 기회는 부여하지 않았다. 만일 많은 흑인 노동자들이 교육을 받고 매니저로 신분이 상승했었더라면 백인으로부터 농장을 몰수하여 흑인에게 나누어준다는 무가베 정부의 논리가 모순에 봉착함으로써 다른 전략으로 선회했을지도 모른다. 무가베는 점진적이고 온건한 방법으로 흑인에게 토지를 이양하는 정책을 펼칠 수도 있었다. 세금이나 토지 쿼터제 등 많은 정책 옵션이 있었다.

그러나 무가베는 비슷한 정책도 펼치지 않다가 갑자기 백인 농장을 몰수했다. 무가베는 이를 인종 대립이나 식민주의 역사 등과 연계시켜 정치적으로 이용한 것이다. 농장 몰수로 가장 큰 피해를 본 사람은 백인 농장주가 아니라 농장에서 일했던 흑인 노동자들이었다. 200만 명에 달하는 노동자와 그의 가족들은 하루아침에 오갈 데 없는 신세로 전락했다. 이들 중 약 40만 명이 질병과 영양실조 등으로 사망했다. 농장 몰수로 혜택을 본 사람은 4,000여 명에 불과하다. 이들은 무가베가 자신을 지지해준 대가로 농장을 나누어 준 사람들이다. 그러나 이들 중 대부분은 농장 관리에 실패했다. 농업에 경험이 없었기 때문이다.

백인 농장주 축출 전 6,500개에 달했던 상업 농장이 현재에는 400여 개만 남아있다. 농장 사건과 직접 관계가 없는 1,300만 국민은 당시에는 피해도 이익도 보지 않았다. 그러나 이들도 결국 피해자가 되었다. 농업 파탄으로 짐바브웨가 농작물 수입국으로 전락했기 때문이다.

경제 추락과 정치적 탄압을 피해 수많은 사람이 짐바브웨를 떠났다. 백인뿐만 아니라 의사, 간호사, 교사, 회계사 등 전문 직종을 가진

로버트 무가베

흑인 중산층이 대거 짐바브웨를 탈출했다. 그들은 무가베가 집권하는 동안에는 짐바브웨에 장래가 없는 것으로 보았다. 2004년까지 인구의 4분의 1에 해당하는 300만 명이 남아공을 비롯한 외국으로 망명했다. 2005년 국회의원 선거에서 승리한 무가베는 자신에게 반대하는 주민에 대한 숙청을 명했다. 이번에는 하라레나 불라와요 같은 대도시의 빈민이 그 대상이었다. 무람밧츠비나(murambatsvina : 쇼나어로 '쓰레기를 치워내다'라는 뜻)로 명명한 이 작전에서 경찰과 청년 대원들은 빈민 지역의 주민을 몰아내고 집을 철거했다. 이 작전으로 70만 명이 집을 잃었으며 10만 가정과 3만 2,000개의 일자리가 상실되었다.

2004년 4월 21일 짐바브웨의 토지 문제를 토의하기 위한 국제회의가 빅토리아 폭포에서 열렸다. 음베키 남아공 대통령, 샘 누조마 나미비아 대통령, 치사노 모잠비크 대통령 그리고 무가베 대통령이 참석자였다. 모가에(Festus Mogae) 보츠와나 대통령은 불참했다. 이 회의에서 음베키와 치사노는 무가베를 법의 수호자로 치켜세우면서 농장 몰수를 정당한 행위로 평가했다. 이들은 토지 분규가 일어난 이유가 영국과 다른 서방 국가들이 농민의 재정착에 필요한 자금을 제공하지 않은 데 있는 것으로 지적했다. 음베키는 시종일관 무가베의 꼭두각시 노릇을 하는 사람으로 정평이 있었고 치사노는 무가베에게 신세를 진 사람이었다. 이들이 이러한 행동을 보인 것은 당연했다. '부시 전쟁' 시절 모잠비크는 무가베의 ZANU에게 가장 중요한 동맹국이었으며 이에 대한 대가로 무가베는 독립 후 치사노가 레나모에 대항해 싸울 수 있도록 군대와 무기를 지원했다.

모가에 보츠와나 대통령은 회의에 참가하는 대신 기자회견을 갖고 짐바브웨 사태가 자국에 미칠 영향에 대해 언급했다. 모가에는 짐바브웨의 경제가 악화할 경우 난민이 자국으로 몰려들 것을 우려했다. 그의 우려는 곧 현실로 드러났다. 1999년 한 해에만 보츠와나는 2,500명의 난민과 11,000명의 불법 이민자를 수용해야 했다. 이들 중 98%가 짐바브웨 출신이었다. 2000년 토지 사태 이후 이 숫자는 몇 배로 불어났다. 음베키는 처음에는 짐바브웨 정부가 몰수키로 한 농장을 돈을 주고 사는 방법으로 문제를 해결하려고 했다. 음베키는 사우디와 노르웨이 정부를 설득하여 1,500만 달러를 UNDP 프로그램의 일환으로 기증토록 하여 118개 농장을 사들이도록 주선했다. 그러나 '히틀러' 훈쯔비가 주도하는 퇴역군인의 농장 점령이 가속화되고 정부가 이를 수수방관함으로써 음베키의 계획은 물거품이 되고 말았다. 무가베는 대통령 칙령으로 804개 백인 농장을 보상 없이 몰수할 것을 명했다. 농장 몰수에 대해 영국 정부의 경고와 코피 아난 유엔사무총장의 유감 표명이 계속되었으나 효과가 없었다. 음베키는 중재 역할을 자청하다가 망신만 샀음에도 불구하고 무가베를 지지하는 언행을 멈추지 않았다.

음베키는 6월에 행한 연설에서는 보상 없이 백인 농장을 몰수하는 무가베의 행동을 합법적으로 평가했다. 무가베는 점점 더 강경한 입장을 취했다. 6월 7일 ZANU-PF당 연설에서 무가베는 804개 농장 몰수는 맛보기에 불과하며 앞으로 모든 백인 농장을 몰수할 것이라고 말했다. 그는 "부시 전쟁 때 백인을 모두 몰아내지 않은 것을 후회한다."라고 언급했으며 "백인 농장을 모두 환수할 때 비로소 혁명이 완수되는 것"이라고도 말했다. 무가베는 퇴역군인의 백인 농장 습격을 찬양하면서 백인들이 농장 습격에 저항할 경우 목숨을 잃을 것이라고 경고했다. 무가베는 "짐바브웨 군과 경찰에는 수많은 게릴라 출신들이 있다. 퇴역군인의 뿌리는 게릴라이므로 지금 퇴역군인이 하는 행동은 정당한 것이다. 나는 퇴역군인을 해산하기 위해 군과 경찰을 동원하는 일 따위는 결코 하지 않을 것이다."라고 말했다.

무가베가 한가하게 독한 말을 계속 내뱉고 있는 동안 짐바브웨의 경제는 바닥을 향해 치내려갔다. 미국, 영국, 에티오피아, 모잠비크, 쿠바 등지에 근무하는 짐바브웨 외교관들은 벌써 몇 달째 봉급을 받지 못하고 있었다. 이들은 본국 정부의 송금 약속만을 믿고 빚으로 살고 있다고 말했다. 현금이 부족한 짐바브웨 정부는 외국인이 경영하는 금광으로부터 돈을 긁어내기 위해 생산된 모든 금을 중앙은행에 판매토록 강제했다. 중앙은행은 1달러당 38짐달러로 환율을 고정시켜 금을 구매했기 때문에 금광업자들은 막대한 손실을 감수해야 했다.

짐바브웨의 경제가 점점 더 악화하자 무가베는 외국인 소유 광산을 점유하겠다는 뜻을 내비쳤다. 농업에 이어 제2의 소득원인 광업으로 눈길을 돌린 것이다. 그는 "광산에서 일하는 노동자만 흑인이어서는 안 된다. 소유주도 흑인이어야 한다. 우리는 광업을 진흥하기 위해 그동안 관련 분야의 기술자와 지질 전문가들을 양성해왔다."라고 말했다. 경제학자들은 만일 무가베가 광업을 국유화할 경우 짐바브웨 경제는 단숨에 추락할 것이라고 경고했다. 종목으로 보아 광업은 담배에 이어 두 번째로 큰 외화 수입원이었다. 광물은 짐바브웨 외화 수입의 25%를 차지했으며 그 규모는 1999년 기준으로

210억 짐달러에 달했다. 국내외로부터 엄중한 비난이 쏟아지자 무가베는 "나는 광업 국유화를 옹호한 적이 없다. 우리는 외국기업들과 잘 협력해서 일하고 있다. 광산 몰수는 결코 없을 것이다."라고 한 걸음 물러났다.

농장 몰수로 인해 짐바브웨 경제는 급격히 침몰하기 시작했다. 실업률은 50%에 달했고 농업, 제조업, 관광업 등에서 최소 20만 개의 일자리가 상실되었다. GDP는 급격히 하락했으며 2000년 말까지 인플레는 85%에 달했다. 농업 생산은 13% 하락했고 제조업과 광업 생산은 5% 감소했다. 외화가 고갈된 짐바브웨 전기공사(Zesa)가 협력사인 남아공 에스콤(Eskom)에게 2,000만 달러의 채무를 갚지 못하자 에스콤은 짐바브웨에 대한 전기 공급을 450메가와트에서 150메가와트로 축소했으며 이로 인해 전력난이 가중되었다. 짐바브웨 달러는 25% 평가 절하되어 1달러 당 50짐달러로 급상승했으며 암시장에서는 60~70짐달러에 거래되었다. 국영항공사 에어짐바브웨는 150억 짐달러의 부채를 지고 거의 파산 상태에 이르렀다.

로버트 무가베

농장 몰수 사태 이후 농업뿐 아니라 제조업과 광업 등 모든 분야가 급속도로 쇠퇴했다. 투자 시 로컬 기업에게 지분의 51%를 양도해야 하는 내국민화(indigenization) 정책으로 인해 짐바브웨에 투자하는 외국기업이 거의 없었으며 관광도 급속히 후퇴했다. 관광의 메카인 빅폴(빅토리아 폭포)의 관광객 수도 현저히 줄어들었다. 퇴역군인들은 공장, 사무실, 병원 등 백인이 운영하는 다른 사업체에도 침입하여 흑인 근로자들의 불만을 강압적으로 해소하려 했다. 2001년에는 10~30세에 속하는 모든 청년층을 대상으로 한 국가청소년단체(National Youth Service)가 설립되었다. 녹색 위장복을 입은 NYS 대원들은 돌격대 역할을 했으므로 '녹색 폭격기(green bombers)'로 불렸다.

짐바브웨는 점차 폭력이 앞장서는 나라가 되어갔다. 농장 몰수 후 세계은행과 IMF 및 서방국가들의 원조가 대폭 줄어들었다. 2001년 7월 당시 재무장관 마코니(Simba Makoni)는 외환보유고가 거의 바닥났다고 발표했다. 2002년 2월 언론 자유를 제한하는 법이 통과되자 EU는 제한적인 경제제재를 가했다. ZANU-PF 간부들에 대한 여행 금지와 유럽에 있는 재산 동결 등을 골자로 하는 것이었다. 워싱턴도 제재에 동참했다. 2004년까지 300만 명이 넘는 사람들이 나라를 빠져나갔다. 이들 중 대부분은 남아공에서 허드렛일에 종사했다. 그러나 남아공에서 외국인 혐오 정서가 고조되고 반이민 폭동이 일어나면서 짐바브웨인은 점차 미운 오리 새끼가 되어갔다. 교육 정도가 높은 사람들, 특히 의료계에 종사하는 사람들은 영국, 그중에서도 런던으로 모여들었다. 뭐니 뭐니 해도 과거 식민 종주국인 영국이 가장 믿음직했기 때문이다. 짐바브웨인들이 한때 런던을 'Harare North'로 부를 정도로 런던에 집중되었다.

무가베는 도시 주변에 빈민촌이 커지자 이들이 야당 성향의 표를 가지고 있다는 점 그리고 도시 반란을 일으킬 수 있다는 점을 우려했다. 도시 개발이라는 미명하에 무가베는 이들을 강제로 철거시켰다. 무람밧츠비나 작전이 개시된 것이다. 쇼나어 무람밧츠비나의 뜻은 '쓰레기를 치운다'라는 것이다. 작전은 아무런 사전 경고도 없이 진행되었다. 2005년 5월 하라레에서만 70만 명이 졸지에 집을 잃었다. 사람들은 이를 짐바브웨의 '쓰나미'로 불렀다. 길거리에서 꽃을 파는 사람, 의류를 파는 상인들의 판매대가 무자비하게 부서졌다. 사람들은 아무런 가재도구도 챙기지 못한 채 도시 주변의 폐허에 내팽개쳐졌다. 2,000채의 주택이 새로 지어졌으나 이들은 대부분 군인, 경찰, 당 관료의 차지가 되었다. 무람밧츠비나 피해자 대부분은 무조건 남쪽으로 내려갔다. 남아공과 지리적으로 가깝고 반정부 정서가 팽배한 곳으로 이주한 것이다. 더 멀리 남아공으로 건너간 사람들은 때마침 일기 시작한 외국인 혐오 물결의 피해자가 되어야 했다.

재정이 고갈되자 정부는 마구잡이로 화폐를 찍어내기 시작했다.

로버트 무가베

| 100조 짐달러 지폐

이로써 세계 역사상 유례없는 하이퍼 인플레가 일어났다. 2008년 6월 초 어느 날 저녁 한 갑에 25억 짐달러이던 담배가 다음날 아침 225억 짐달러로 열 배 가까이 뛰었다. 인플레를 막기 위해 정부가 고정가격제를 시행하자 상인들이 가게 문을 닫아 모든 상점이 텅 비게 되었다. 미달러와 남아공 랜드가 짐달러를 대신할 때까지 짐바브웨는 원시 경제로 돌아가 물물교환 체제로 운영되었다.

하루에도 몇 번씩 물가가 두 배로 뛰고 빵 한 조각에 1조 6,000억 짐달러까지 치솟았던 나라의 경제가 어땠었겠는가? 이때의 인플레율은 어이없을 정도로 높아 최고 단위의 화폐가 100조 짐달러였는데 이것으로 계란 몇 개 정도를 살 수 있었다고 하니 돈이 휴지보다 못했다. 차를 타고 가면 사람들이 버린 돈이 도로 양쪽에 즐비하게 쌓여 있는 모습을 볼 수 있었으며 너무 많은 돈을 찍어냈기 때문에 일일이 돈을 셀 수 없어 무게로 달아 거래했다. 한 사람이 돈을 가득 실은 수레를 끌고 가다가 잠깐 자리를 비웠는데 돈은 그대로 놔두고 수레만 가져갔다는 일화도 있다. 가발 장사를 하는 교민 한 사람은 한

때 자신의 가게에서 하루 거래액이 단순 금액으로 "한국 정부의 10년 예산에 해당했다."라고 말하고 있다.

그 당시 하라레에 있었던 외국 대사들과 교민 이야기를 들어보면 하루하루가 생존을 위한 투쟁이었다. 생필품을 거의 구할 수 없어 인근 남아공, 모잠비크, 보츠와나 등에서 물건을 구입해 왔다. 일본 대사는 외국에 나갈 때마다 식품, 휴지, 세제 등을 잔뜩 구입해서 들고 왔다고 하고, 인도 대사는 현지 인도인의 도움으로 겨우 살림을 꾸려 나갈 수 있었다고 한다.

특히 자동차에 기름을 넣기 위한 생존경쟁이 치열했다. 어떤 주유소에 기름이 있다는 이야기를 들으면 모두 주유소에 모여 길게 줄을 서야 했다. 너무 줄이 길기 때문에 웃돈을 줘야 앞에 서서 겨우 기름을 넣을 수 있는데 차 한 대당 20리터가 한정이었다. 주유소의 기름이 동나면 줄 서서 기다리던 현지인들은 언제 올지 모르는 기름을 기다리며 차 안에서 잠을 잤다. 대사관 직원들도 예외가 아니어서 기름을 얻기 위해서는 하던 업무를 중단하고 줄을 서야 했다. 수완이 좋은 일부 교민들은 기름 파동이 지속되자 나중에는 기름 공급차로부터 아예 드럼통으로 기름을 구입했다. 장사하는 사람들은 짐달러를 한시라도 바삐 미달러로 바꾸어야 하기 때문에 환전이 관건이었다. 하루에도 몇 번씩 암시장에서 짐달러를 환전하지 않으면 그날 장사는 헛것이었다. 화폐 가치가 무너진 상황에서 일반 국민들은 물물교환으로 겨우 목숨을 부지할 수 있었다. 이런 와중에 일자리를 잃은 많은 고급 인력들이 남아공을 비롯한 인근 국가로 물밀듯 빠져나간 것은 물론이다.

로버트 무가베

'전쟁 통에 큰 돈 번다'는 이야기가 있듯이 이러한 경제난과 초인 플레 덕분에 백만장자가 된 사람들도 있었다. 중앙은행이나 금융기관과 손이 닿은 사람들은 공식 환율에 짐달러를 미달러로 바꿀 수 있었기 때문이다. 휴지조각과 같은 짐달러를 미달러로 바꾸어 준다면 누가 백만장자가 되지 않겠는가? 단돈 백 달러를 가지고 거리에 나가서 짐달러로 바꾸고 이를 은행에서 다시 공식 환율로 미달러로 바꾸고 하는 과정을 몇 번 반복하면 쉽게 백만 달러가 되었다. 소수의 이러한 행운이 국민 대다수의 희생으로 이루어진 것은 물론이다.

화폐가 무용지물이 되자 짐바브웨 당국은 자국 화폐를 버리고 아예 미달러를 화폐로 삼았다. 이것이 소위 '달러화(dollarization)' 정책이다. 미달러 도입 후 화폐 가치가 안정되면서 짐바브웨 경제는 서서히 정상을 되찾았다. 그러나 많은 사람에게 2008년 사태는 아직도 악몽이다. 바로 이것이 짐달러를 복귀시키지 못하는 주원인이다. 짐달러를 복귀시켰다가 한 번 더 과거와 같은 사태가 일어난다면 짐바브웨는 영영 망하고 말 것이기 때문이다. 그러나 주권 국가가 자국 화폐가 없다는 것은 말이 안 된다. 언젠가는 짐달러가 다시 돌아와야 할 것이다. 그것이 언제일까? 바로 이것이 짐바브웨인들의 관심이자 고민이다. 2016년 들어 외환 사정이 급격히 악화하면서 짐달러를 다시 도입하자는 의견이 일부에서 일고 있다. 그러나 건전한 재정 기반이 없는 상태에서 다시 짐달러를 도입할 경우 짐바브웨의 경제가 일순간에 무너지고 말 것은 불을 보듯이 명백하다. 공무원이나 군인의 봉급을 제때 주지 못하고 있는 참담한 상황에서 돈을 찍어내는 것은 참기 어려운 유혹이겠지만 이 유혹을 견뎌내는 것이 그나마 무가베 정권의 생명선을 지키는 일이 될 것이다.

#10
무가베의 술수와 포스트 무가베를 둘러싼 **암투**

무가베는 복합적인 사람이다. 그는 왕왕 서로 모순된 행동을 보여 왔다. 1970년대 말 카터 대통령의 특사였던 앤드류 영(Andrew Young)은 "무가베와 같이 예수회 교리와 마르크스 이념이 혼합된 사람은 괴물이 되고 만다."라고 말했다. 무가베는 어떤 때는 지나치게 친절하지만 어떤 때는 매우 거칠고 불친절하다. 무가베는 그의 라이벌 조슈아 은코모를 매우 싫어했다. 그는 은코모에게 거칠게 대했다. 랑카스터 하우스 협상 시 니에레레는 무가베와 은코모가 단합할 수 있도록 두 사람을 자신의 방으로 한 사람씩 초청했다. 연장자인 은코모를 먼저 초청하고 다음으로 무가베를 초청했다. 무가베는 대뜸 "그 뚱보 악당이 앉았던 자리에 저보다 앉으라고 하지는 않을 것으로 생각합니다."라고 말했다. 니에레레는 이 말에 충격을 받았다. 무가베가 자신에게 이런 식으로 나오리라고는 미처 생각지 못했기 때문이다. 그 당시 니에레레는 남동 아프리카의 좌장으로 만델라와 같은 존재였다. 무가베의 은코모에 대한 혐오감은 그만큼 깊었고 독립 후에도 지속되었다. 그는 끝내 은코모와 화해하지 못함으로써 마침내 구쿠라훈디와 같은 만행을 저지르고 말았다.

무가베가 한편으로는 서방의 논리와 질서를 존중하는 마음을 가진 반면 백인들에 의한 모욕과 고통을 뼈저리게 경험함으로써 정신분열 증상을 보이고 있다는 견해도 있다. 사실 무가베와 백인 간의 관계는 평생 복잡하고 모순적인 것이었다. 그는 학창시절의 스승 오헤아(Jerome O'Hea) 신부에 대해 평생 존경심을 가졌다. 로디지아의 마지막 총독 솜스와 무가베 간의 관계는 부자지간과 비슷했다. 무가베는 1987년 런던에서 열린 솜스의 장례식에 참석했는데 이는 의무 때문이 아니라 사적인 애정으로 인한 것이었다. 한때 그를 죽이려 했던 정보부장 플라워(Ken Flower)는 무가베의 심복으로 변모했다. 플라워의 일기장은 온통 무가베를 칭찬하는 글로 가득 차있다.

무가베는 '좋은 백인과 나쁜 백인'을 구분했다. 구분은 간단했다. 무가베에게 해를 끼치지 않고 그의 뜻을 따르는 백인은 좋은 백인이었다. 그러나 무가베의 독재가 심해지고 경제가 피폐하면서 점차 '좋은 백인'은 사라지고 '나쁜 백인'만이 무가베의 가슴을 채우게 되었다. 거의 모든 백인들이 그를 비판하고 나섰기 때문이다.

무가베가 처음 수상에 취임했을 때 그의 모습을, 초대 농업장관이었던 상업농장주협회 회장 출신의 백인 노만(Denis Norman)은 다음과 같이 회상하고 있다. "정권 초기 무가베는 매우 조용한 지도자였다. 그는 모든 사람의 말을 경청했으며 아무리 장황하게 말하는 장관이라도 도중에 말을 끊지 않았다. 그는 절대 목소리를 높이는 법이 없었으며 모든 사람에게 공손했다. 그는 늘 단정하게 검은 양복을 입고 실크 넥타이를 맸으며 손수건을 위 주머니에 꽂고 다녔다. 첫 각료회의에 참가한 장관들의 복장은 가지각색이었다. 하와이 셔츠를 입은 사람, 마오 복장을 한 사람, 게릴라 전투복을 입은 사람 등 다양했다. 회의가 끝난 후 무가베는 단 한 가지만을 지적했다. 그것은 '앞으로 장관들은 장관 다운 복장을 갖추었으면 좋겠다'는 것이었다. 이후 장관들은 모두 양복을 입고 각료 회의에 출석했다." 무가베는 자신을 전통적인 지도자로 생각하지 않았고 각료들을 아프리카의 전통을 따르는 장관으로 간주하지도 않았다. 그는 영국식 복장을 더 좋아했고 영국식 규범을 선호했다. 이것이 그가 정권 초기에 로디지아의 법과 제도를 손대지 않고 그대로 유지한 이유이다.

노만은 직설적인 화법에도 불구하고 무가베와 사이가 좋았다. 그는 농업장관을 두 번 그리고 교통장관과 에너지 장관을 각각 지냈다. 노만은 무가베가 만델라와 사이가 좋지 않았다고 증언하고 있다. 만델라가 대통령이 되기 전까지 무가베는 SADC에서 좌장 노릇을 하고 있었다. 그는 남아프리카 지역의 원로 정치인 또는 장로로서 대접받고 있었다. 그러나 27년간 감옥살이를 한 만델라가 풀려나면서 하루아침에 스포트라이트는 무가베로부터 만델라로 옮겨졌다. 만델라는 세계적인 인물이 되었으나 무가베는 지역적인 인물에 불과했다. 무가베는 특별한 인물로 인식되기 위해 평생을 노력했으며 이제 그러한 시점에 도달했다고 본인이 느끼고 있을 때 만델라가 등장했다.

무가베는 좌절 속에서 만델라를 시기했다. 만델라의 혜성과 같은 등장은 무가베와 같이 예민한 사람에게는 참기 어려운 일이었다. 만델라도 무가베를 지칭하여 "태양이 나오기 전까지 별과 같았던 존재"라고 말했다. 만델라의 후임인 타보 음베키는 무가베를 경외하고 떠받들었다. 음베키는 그를 아프리카의 전통에 따라 장로로 존중했으며 독립 투쟁의 영웅으로도 존중했다. 음베키는 마치 무가베의 하수인과 흡사했다.

2008년 선거를 앞두고 투표 제도는 독재자에게 유리하게 개편되었다. 300만여 명의 재외국민은 외교관을 제외하고는 투표에 참여할 수 없었다. 시골 출신으로 도시에서 거주하고 있는 사람들은 자신의 고향에서 투표 등록을 한 뒤 그곳에서만 투표해야 했다. 외국인으로서 짐바브웨 국적을 취득한 사람들의 선거 참여는 제한적으로만 허용되었다. 이 모든 제한 조치의 의도는 뻔했다. 야당 성향이 있는 유권자의 투표 참여를 가급적 막으려 한 것이다. 선거인 명부는 광범위하게 날조되었다. 550만 유권자 중 3분의 1은 이미 사망한 사람들이었으며 선거인 명부에 등재된 사람 중에는 심지어 연령이 120세에 달하는 사람들도 있었다. 무가베에게 유리한 선거구에는 같은 해 같은 날 태어난 사람들이 여러 명씩 있었다. 이들은 모두 조작된 유권자들이었다.

이러한 상황에서 2008년 국회의원 선거와 함께 대통령 선거가 실시되었다. 광범위한 부정선거에도 불구하고 MDC는 국회의원 선거에서 승리한 후 대통령 선거에서도 같은 결과를 기대했다. 그러나 5주 후에 선관위가 발표한 최종 결과는 창기라이 47.9%, 무가베 43.2%였다. 이 결과는 과반수 득표자가 없을 경우 결선투표를 해야 하는 헌법 규정을 충족시키기 위해 무가베 측이 날조한 것이었다. 무가베는 보안기관을 총동원해 MDC 탄압에 나섰다. 많은 사람이 구타당하고 체포되었다. 이대로 나가다가는 앞으로도 무자비한 폭력이 난무할 것이 명백했다. 이미 많은 폭력을 경험한 창기라이는 하라레에 있는 네덜란드 대사관으로 임시 망명했다. 결선 투표 참여를 포기한 것이다. 단독 출마한 무가베는 2008년 6월 대통령으로 선출되었다. 무가베의 억지춘향격인 선거 승리는 공포 정치와 폭력 정치를 결합시킨 결과였다. 워싱턴을 중심으로 한 서방이 경제제재를 강화한 가운데 음베키는 어떻게 해서든 ZANU-PF와 MDC를 화해시키려 노력했다. 음베키는 차기 대통령 선거에서 주마(Jacob Zuma)의 강력한 도전을 받고 있었으므로 다급한 처지에 있었다. 그는 어떻게든 짐바브웨 사태를 완화시킴으로써 인기도를 회복하려고 했다.

창기라이는 노조에서 잔뼈가 굵은 투사로서 강인했으나 독립운동에 참여한 적이 없는 데다 교육 정도가 낮았고 무가베, 만델라, 주마 등과는 달리 오랫동안 감옥살이를 한 경력이 없었으며, 음베키와 같이 오랫동안 해외로 망명한 전력도 없었다. 벽돌공의 아들로 태어난 창기라이는 섬유공장에서 청소부로 일했고 니켈광산에서 십장으로 일했다. 그는 전략과 술수에 있어서 무가베의 상대가 되기에는 너무 경험이 일천하고 순진했다.

무가베와 음베키 두 사람의 술수에 말려든 창기라이는 2008년 9월 권력분점 협정에 서명했다. 이는 실질적으로 선거에서 이긴 창기라이를 정부로 끌어들임으로써 서방의 제재를 완화시키려는 무가베의 노련한 전술이었다. 수개월에 걸친 협상 끝에 2009년 2월 13일 연립 정부가 구성되었다. 무가베가 대통령, 창기라이가 총리가 되었으며 ZANU-PF가 정무 관련 부처, MDC가 경제 관련 부처를 분담하는 것으로 합의가 이루어졌다. 협정 서명 직후 창기라이의 아내 수잔(Susan)이 교통사고로 사망했으며 창기라이는 부상을 입었다. 무가베의

로버트 무가베

음모라는 소문이 파다했으나 진실은 밝혀지지 않았다. 무가베가 창기라이를 총리로 앉힌 진정한 목적은 그를 얼굴마담으로 내세워 제재를 완화시키고 서방과 국제기구로부터 원조를 얻어내기 위한 것이었다.

이즈음 동부 모잠비크 국경지역인 마랑게(Marange)에서 대규모 다이아몬드 광산이 발견되었고 이는 무가베 정부의 주요 수입원이 되었다.[1] 군은 사람의 접근을 막고 이 광산을 독차지하기 위해 300명 이상의 민간인을 학살했다. 2010년 3월에는 내국민 지분법이 제정되어 외국 투자자들은 지분의 51%를 짐바브웨인에게 양도해야 하는 처지에 이르렀다. 짐바브웨의 위정자들은 시대의 흐름을 거꾸로 읽고 있었다. 르완다와 같은 국가들이 문호를 개방하고 친비즈니스적인 정책으로 외국 투자자들을 끌어모으고 있을 때 짐바브웨는 이미 들어온 투자자들마저 빠져나가도록 하는 시대착오적인 정책을 고안해서 이를 실행에 옮기는 악수를 두었다.

무가베는 한때 아프리카 최고의 국가로 불리던 짐바브웨를 말아먹은 사람이다. 그가 국가를 의도적으로 피폐시키려는 의도는 없었을 것이다. 그러나 결과적으로 무가베로 인해 짐바브웨는 몰락하고 말았다. 짐바브웨가 국가로서 실패한 가장 큰 원인은 무가베가 계속 권력을 쥐고 놓지 않았기 때문이다. 권력도 돈과 같이 순환해야 고이거나 썩지 않는다. 36년간 집권에서 무가베의 1인 독재 그리고 ZA-

---

1) 짐바브웨 동부에 위치한 마랑게 지역에서 대규모 다이아몬드가 발견된 후 짐바브웨 정부는 짐바브웨 광산개발회사(ZMDC) 등 자국 기업과 중국 등 외국기업의 투자를 받아들여 다이아몬드를 채굴하고 있다. 국제인권단체들은 마랑게 광산이 어린 소년들을 채굴 현장에 투입하는 등 열악한 노동조건을 갖고 있다고 주장하고 있다. 인권단체들은 또한 마랑게 다이아몬드가 ZANU-PF의 자금줄이 되고 있으며 이로써 학살과 고문 등으로 점철된 무가베 정권을 지탱하고 있다고 주장하고 있다.

NU-PF의 1당 독재는 갖은 폐해를 낳았다. 정치인은 부패하고 공무원은 복지부동이며 무가베 주변에는 간신배가 들끓고 있다. 과연 민심의 향배와 국정의 추이를 올바르게 알고 있는지 의구심이 들 정도로 무가베는 아첨꾼들로 둘러싸여 있다. 카수케레 수자원장관(전 내국민청소년 장관) 같은 사람은 그 큰 덩치에도 불구하고 무가베 앞에서 늘 무릎을 꿇고 보고한다고 한다. 무가베를 봉건시대 왕과 같이 모시는 것이다. 무가베는 극도로 자존심이 강한 사람이다. 그는 결코 다른 의견은 받아들이지 않으며 자신에 대한 비판을 용납하지 않는다. 그는 어려서부터 스스로를 특별한 존재로 생각했고 국가의 리더가 될 것으로 믿었다. 그리고 그러한 믿음은 현실이 되었다. 이러한 성장 과정을 거친 무가베가 남의 말에 귀를 기울일 리 없다.

한때 무가베의 가장 큰 정적으로 부상하여 무가베가 싫으면서도 안고 가야 했던 창기라이는 결국 무가베의 희생양이 되고 말았다. 2008년 선거에서 창기라이가 이끄는 MDC가 승리했을 때만 해도 무가베의 앞날은 어두웠고 창기라이가 곧 대통령이 될 것으로 생각하는 분위기였다. 그러나 무가베는 공권력을 동원하여 공포 분위기를 조성했고 폭력 사태가 격화될 것을 우려한 창기라이가 결선 투표를 포기함에 따라 무가베는 다시 대통령이 되었다. 이후 SADC의 중재에 따라 연립정부가 수립되었지만 이는 결코 무가베가 원하는 구도가 아니었다. 그는 발톱을 감추고 겉으로는 웃었지만 속으로는 절치부심했다. 무가베의 목표는 오직 하나였다. 그것은 연립정부를 해체하고 다시 ZANU-PF 1당 정부를 수립하는 것이다.

무가베의 이러한 꿈은 2013년 다시 이루어졌다. 2013년 7월 31일

실시된 선거에서 61%를 득표하여 34% 득표에 그친 창기라이를 누르고 승리한 것이다. 워낙 압승이라 일부 부정선거 시비가 있었지만 대규모 시위로 연결되지는 않았다. 선거감시단으로 참석한 아프리카연합(AU)와 남아프리카개발공동체(SADC)가 즉시 선거 결과를 인정함으로써 민주변화동맹(MDC) 측은 부정선거라고 주장할만한 명분을 잃고 말았다. 결과적으로 창기라이는 무가베에게 권력을 헌납한 꼴이 되고 말았다. 연립정부 4년 동안 정부는 계속 삐걱거렸으며 ZANU-PF와 MDC 각료들은 서로 으르렁거렸다. 연립정부의 전통이 부족한 국가에서 죽기 살기로 싸우던 세력끼리 갑자기 연립정부를 구성하니 제대로 작동할 리 없었다. 짐바브웨의 연립정부는 '적과의 동침'으로 불렸다. 관측통들은 이 정부가 '한 집에서 파트너끼리 침실만 같이 쓸 뿐 나머지는 모두 따로 쓰는 형국'이라고 묘사했다.

2013년 3월 신헌법이 국민투표에서 통과된 후 무가베가 7월 31일 선거를 실시한다고 발표했을 때 창기라이는 이를 거부하는 것이 보다 나을 뻔했다. 그러나 나름대로 자신이 있었는지 모르지만 창기라이는 선거를 받아들였고 결과적으로 참패했다. 연립정부 4년 동안 국민들의 창기라이와 MDC에 대한 인식은 부정적인 방향으로만 흘러갔다. 국민들은 연립정부에 참여한 MDC 장관들이 좋은 집에서 호의호식하면서 비싼 차를 타고 다니는 것에 호의적인 눈길을 보내지 않았다. 국민은 MDC 의원들이 장관이 되더니 ZANU-PF와 하등 다를 것이 없다고 생각했다. 오히려 MDC 장관들이 보다 더 악착같이 이권을 챙기고 있다는 평판도 돌았다. 한편 창기라이는 총리 재임 후반부가 되자 매년 한 번씩 결혼할 정도로 복잡한 여자관계를 드러내었다. 창기라이는 아프리카에서는 전통적으로 일부다처제가 허용된다고 변명했지만 국민의 그에 대한 시선은 곱지 않았다. 노동자 출신인 창기라이가 출세하자 귀족같이 행세한다는 인식이 팽배했다.

MDC와 창기라이에 대한 이러한 부정적인 인식은 결국 선거 결과로 나타났다. 국민들은 국가 실패의 주역인 무가베를 심판하지 않고 오히려 창기라이를 심판해버린 것이다. 선거 패배 후에야 비로소 창기라이는 자신이 환상 속에서 살고 있음을 깨달았다. 민심을 얻으려면 다시 낮은 자리로 내려가야 한다는 사실을 절실히 깨달은 것이다. 창기라이는 이제 다시 시작하려고 하는 것 같다. 이러한 그의 시도가 너무 늦은 일이 되지 않기를 바랄 뿐이다.

무주루(Joice Mujuru)와 므난가와(Mnangagwa)는 무가베 이후 패권을 놓고 ZANU-PF 내에서 치열한 암투를 벌였다. 무주루의 가장 강력한 후견인이었던 그녀의 남편 솔로몬 무주루가 2012년 화재로 사망한 뒤로 군과의 끈이 약해졌으나 무주루는 부통령이라는 직함을 앞세워

| 무주루(Joice Mujuru)

| 므난가와(Mnangagwa)

로버트 무가베

계속 권좌에 도전했다. 2014년 12월 그레이스의 사주를 받은 무가베가 무주루 대신 므난가와를 부통령으로 앉힘으로써 현재는 무주루가 약세에 처해있으나 게임이 완전히 끝난 것으로 보기는 어렵다. 집념이 강한 무주루가 순순히 물러날 것으로는 보이지 않기 때문이다. 무주루와 야당 당수 창기라이가 연합할 가능성도 있다. 이 경우 그레이스-므난가와 연합군은 패퇴할 가능성이 있다. 또 그레이스와 므난가와 사이에 권력 다툼이 일어날 가능성도 높아지고 있다. 권력욕이 높은 그레이스가 무가베의 등을 엎고 아예 후계자가 되려는 야심을 노출하고 있기 때문이다.

그러나 무주루에게도 여러 가지 약점이 있다. 우선 무주루 부부는 부패한 것으로 악명이 높다. 솔로몬은 샴바(Shamva) 지역에 많은 농장을 가지고 있었으며 DR 콩고(콩고민주공화국)의 다이아몬드에도 손을 대었고 군사 계약에서 막대한 이윤을 남겼다. 독립전쟁 시 로디지아군 헬리콥터를 기관총으로 쏴서 격추시킨 것으로 유명한 조이스 무주루는 게릴라 출신으로 이른바 1세대 정치인이다. 그녀는 짐바브웨 최초의 모바일폰 사업에 연루되어 막대한 이윤을 챙겼고 퇴역군인에 대한 정부 지원금 지급 시 가장 큰 수혜자였다. 교육 정도가 낮았던 그녀는 대권에 도전키로 한 후 공부에 열을 올리고 있으나 사람들은 무주루 부부를 탐욕스러운 존재로 여기고 있다. 므난가와는 2005년 부통령 자리를 차지하기 위해 열을 올렸으나 무가베가 무주루를 선택하자 그 뒤로는 철저히 몸조심하고 있다. 므난가와가 지마스코(Zimasco) 크롬 공장을 인수하려는 무주루의 야심을 저지한 후 므난가와와 무주루 부부는 10년 이상 정치적 또한 경제적으로 치열한 라이벌 관계에 빠졌다.

30년 이상 무가베의 보좌관 노릇을 한 므난가와는 무가베와의 밀접한 관계 때문에 '신의 아들'(the son of God)로 알려져 있다. 오랫동안 ZANU-PF 재무국장을 지냈던 므난가와는 정치자금의 흐름을 누구보다 잘 알고 있다. 므난가와는 결코 인기 있는 정치인은 아니다. 그는 자신의 지역구에서 두 번이나 낙선했는데 위기 때마다 무가베가 구해주었다. 므난가와는 폭력적인 성향을 가지고 있어 악명이 높다. 2000년 퀘퀘에서 낙선했을 때 그는 당선자를 납치한 후 휘발유를 부어 태워 죽이려 했다. 므난가와는 80년대 구쿠라훈디 때에는 국가 안보장관으로 있으면서 특수 부대를 운영하여 은데벨레족 학살에 가담했다. 므난가와는 게릴라 군 초대 사령관이며 국민의 신임을 얻었던 통고가라의 누이동생과 결혼했으나 바람둥이로도 소문나있다. 십 대 시절부터 게릴라 투쟁에 가담한 므난가와는 23세 때인 1965년 포트 빅토리아(Fort Victoria : 현 Masvingo) 부근에서 기차를 폭파시키려 한 혐의로 체포되어 심한 고문을 받았다. 고문 후유증으로 그는 지금도 청력에 약간 문제가 있다. 그러나 므난가와는 사형 선고를 모면하고 10년 형을 받았다.

중앙은행장 고노(Gideon Gono)는 2008년 초인플레의 주범임에도 불구하고 10년 동안 중앙은행장직을 지키다가 2003년 12월에야 퇴임했다. 그가 이렇게 오래 자리를 지킨 이유는 무가베 부부와의 긴밀한 관계 때문이다. 그는 막대한 재력을 배경으로 무가베의 신임을 얻어 사실상 짐바브웨의 '그림자 총리' 역할을 해왔다. 고노는 그레이스 무가베와 염문이 있는 것으로도 유명하다. 고노의 비정상적인 재정

정책은 많은 적을 만들었다. 짐바브웨의 부자들은 고노가 그들의 재산을 노리고 터무니없는 정책을 구사하는 것이라고 비난했다. 고노는 군 및 정보부와 긴밀한 관계를 유지하면서 그의 영향력을 지켰다. 2005년 5월 실시된 도시 빈민 퇴치 작전인 무람밧츠비나는 사실상 고노 작품인 것으로 알려져 있다. 그는 외환 거래 암시장을 소탕하기 위해 이러한 작전을 주도했다고 한다.

#11
생존의 달인 **무가베**

　짐바브웨의 역사가 바뀔 수 있는 첫 번째 기회는 1963~64년 사이
에 있었다. 1963년 로디지아·니아살랜드 연방이 해체되어 잠비아와
말라위가 각각 독립했다. 아프리카 민족주의자들은 영국에 로디지
아군 지휘권을 장악해줄 것을 요청했다. 이는 남로디지아(지금의 짐바
브웨) 백인이 흑인 다수 통치를 거부할 수 있는 수단을 제거하기 위한
것이었다. 군이 모든 권력을 대표하는 시대에서 병력 통제권을 제거
하는 것은 백인을 종이호랑이로 만드는 일이었다. 그러나 영국은 이
를 거부하고 남로디지아 백인이 계속해서 로디지아 연방군을 통솔할
수 있도록 허용했다. 공군 병력이 백인의 지휘하에 놓였고 대부분 군
사 장비도 백인의 손안으로 들어갔다.

　아프리카 국가들이 속속 독립하면서 남로디지아 흑인 민족주의자
들이 게릴라 투쟁을 선언하자 백인은 로디지아 문제가 국제적 이슈
로 비화하는 것을 경계했다. 이들은 말썽을 줄이기 위해 로디지아 문
제를 순전한 국내문제로 못 박으려 했다. 이렇게 해서 이들은 종주
국 영국으로부터 로디지아를 분리 독립키로 결정했다. 소위 일방적
인 독립선언(UDI : Unilateral Declaration of Independence)을 감행키로 한 것

이다. 이때 로디지아 백인이 가장 겁낸 것은 종주국 영국의 군사 개입이었다. 만일 영국이 이를 반란으로 간주하여 군대를 파견할 경우 로디지아의 군사력으로는 도저히 영국군을 감당할 수 없었기 때문이다. 그러나 영국은 위협만 가했을 뿐 실제로는 파병하지 않았다.

좌우를 살피던 이언 스미스는 결국 1965년 로디지아의 일방적인 독립을 선언했다. 이에 대해 윌슨(Harold Wilson) 영국 수상은 무력 대신 경제제재라는 간접적이고 부드러운 대응책을 택했다. 그러나 제재는 먹히지 않았다. 제재 통로는 여러 곳에 구멍이 뚫려 있었다. 영국의 사업가들은 간접적으로 로디지아에 석유를 공급했으며 미국은 크롬과 같은 전략적인 물자를 계속 로디지아와 거래했다. 서방의 눈치를 볼 필요 없는 소련은 비합법적 거래의 절반 이상을 차지했다. 소련으로부터 들여올 수 없는 물자는 거의 없었다. 가장 큰 구멍은 남아공이었다. 남아공은 솔즈베리('하라레'의 옛 이름)에 마르크스주의적 정부가 수립되는 것을 가장 우려했다. 이 때문에 남아공은 군수품 등 로디지아 백인이 필요로 하는 물자를 계속 공급했다.

이러한 상황에서 무가베는 은코모와 연합하여 본격적인 게릴라 투쟁을 전개했다. 이들은 이웃 국가들인 잠비아와 모잠비크의 지원을 얻었다. 특히 모잠비크의 프렐리모는 직접 정규군을 파견하여 ZANU 게릴라를 도왔다. 무가베의 게릴라는 필요한 무기를 얼마든지 얻을 수 있었다. 소련과 쿠바가 무기를 공급했기 때문이다. 로디지아 국내에서는 점증하는 국제적 압력을 무마하기 위해 형식적으로는 이언 스미스가 무임소장관으로 물러나고 주교 출신의 흑인 무조레와가 수상이 되었다. 그러나 실제적으로 이 정부는 이언 스미스와 백인 보안기관이 조종하는 정부였다. 영국과 남아공은 이 정부를 승인하지 않았다. 무조레와 정부는 점차 버틸 힘을 잃어갔다. 게릴라의 로디지아 내 공격이 가열되어 이대로 가다가는 1년도 버티지 못할 것으로 보였다. 이러한 때에 마가렛 대처가 주선한 랑카스터 하우스 협상이 시작된 것이다.

선거에 출마키로 한 무조레와는 수상직 사임 압력을 받고 퇴진하였으며 1979년 12월 솜스가 총독으로 임명되었다. 로디지아는 잠시 동안이지만 다시 총독 정치로 돌아간 것이다. 백인들은 1980년 2월 선거에서 무가베가 이기자 이를 영국으로부터 배신당한 것으로 받아들였다. 그들은 영국이 어떻게 해서든지 무가베의 승리를 막고 무조레와를 당선시킬 것으로 생각하고 있었기 때문이다. 백인들은 대처보다 그녀의 외교장관인 캐링턴의 술수에 자신들이 놀아난 것으로 생각했다. 백인의 분노는 천장을 찔렀다. 이들은 랑카스터 합의를 1938년 나치가 체코를 침공하지 않는 대가로 히틀러에게 주데텐을 할양했던 뮌헨 협정과 유사한 것으로 간주하고 캐링턴을 당시 협상의 주역이었던 체임벌린(Chamberlain) 수상에 비유했다. 캐링턴은 선거 전 무가베와 무조레와를 각각 따로 만나 두 사람 모두에게 영국이 지지하고 있음을 일러주었다고 한다. 누가 이길지 모르는 상황에서 두 사람의 환심을 모두 사두려는 전략이었다. 그러나 캐링턴은 내심으로는 무가베를 지지하고 있었다. 그래야만 내전이 끝날 것으로 믿었기 때문이다. 만일 무가베가 패할 경우 게릴라가 순순히 총을 내려놓을 것으로는 생각지 않았다.

짐바브웨 독립 후에도 지속된 모잠비크 내란 때문에 무가베는 골

머리를 잃었다. 무가베는 물론 자신을 지원해준 사모라 마셸의 프렐리모를 전폭 지원했다. 자신이 은혜를 갚을 줄 아는 의리 있는 사람이라는 인식을 심어줄 필요가 있었기 때문이다. 그러나 남아공의 전폭적인 지원을 얻은 레나모는 결코 만만한 상대가 아니었다. 무가베는 게릴라전 당시 로디지아 정권을 곤경으로 몰아넣었던 상황을 이번에는 스스로 경험하고 있었다. 즉 4만 7,000명의 짐바브웨 병력을 가지고 험준하기 짝이 없는 모잠비크와의 1,200킬로미터 국경선을 효과적으로 방어해야 하는 어려운 과제에 봉착한 것이다. 당시 무가베가 프렐리모를 지원하기 위해 매일 소비하는 금액은 30만 파운드에 달했고 18억 파운드의 정부 예산 중 2억 7,000만 파운드를 군사비에 쏟아부어야 했다. 레나모는 살인, 약탈, 강간 등 잔혹 행위를 저지르는 것으로 악명이 높았는데 대부분은 과장 또는 날조된 것이었다. 프렐리모와 짐바브웨군은 레나모가 잔학한 행위를 서슴지 않고 자행한다는 점을 대대적으로 선전하는 심리전을 펼쳤다.

1986년 10월 사모라 마셸이 의문의 항공기 추락 사고로 사망한 뒤 무가베는 마셸의 뒤를 이은 치사노(Joaquim Chissano)와 상대해야 했다. 무가베는 거칠고 투박하지만 행동파인 마셸과는 잘 어울렸으나 지적이며 머리로써 상대해야 하는 치사노와는 그렇지 못했다. 무가베는 끝없이 전개될지도 모르는 전쟁을 속히 그치고 평화를 회복하는 것이 짐바브웨의 존립과 직결되어 있다는 사실을 점차 깨닫게 되었다. 이러한 이유로 무가베는 평화를 중재하는데 적극 앞장섰다. 가톨릭교회와 이태리 정부가 평화 협상에서 중추적 역할을 했지만 막후에서 무가베의 역할이 컸다. 무가베는 레나모 지도자 들라카마(Dhlaka-

| 조아킴 치사노(조아킹 시사누)

ma)와 수차례 만났으며 그를 설득하여 협상 테이블에 앉도록 했다. 1992년 10월 치사노와 들라카마가 로마에서 평화협정에 서명함으로써 30여 년에 걸친 모잠비크 내전은 드디어 막을 내렸다. 막후에서 이 협상을 성공적으로 이끈 1등 공신이 바로 무가베였다.

무가베는 늘 국내 경제 문제에 몰두하기보다는 세계 무대에서 스포트라이트를 받고 싶어 했다. 아파르트헤이트가 종식되고 남부 아프리카에서 내전이 끝나자 SADC의 역할이 중요해졌다. SADC 내에서 영향력을 확대할 필요성을 느낀 무가베는 1996년 자청해서 SADC 군사위원회 의장이 되었고 1997년에는 1년간 아프리카단합기구(OAU) 의장을 맡았다. 무가베는 이로써 자신이 남부 아프리카에서 좌장이 되었다고 생각했으나 바로 이때 만델라라는 거목이 갑자기 등장했다. 무가베는 만델라를 매우 불편해했으며 만델라와 무가베 간에는 소원한 관계가 지속되었다. 그러는 가운데 르완다에서 대학

로버트 무가베

살이 일어나고 그 여파로 콩고에서 내전이 발생했다. 국내 문제에서 인기를 잃은 무가베는 이를 해외에서 만회하려 했다. 무가베는 콩고 내전이 자신에게 이러한 기회를 준 것으로 생각했다. 모부투가 망명하고 로랑 카빌라가 킨샤사를 점령하자 무가베는 카빌라를 지원키로 했다. 마침 무가베는 SADC 정치·국방·안보 위원장을 맡고 있었으므로 유리한 위치에 있었으나 반면 그를 탐탁지 않게 생각하는 만델라가 SADC 의장을 맡고 있었다. 만델라가 SADC의 군사적 개입에 반대하자 무가베는 독자적인 행동을 취하기로 결심했다. 무가베는 내심 자원이 풍부한 콩고가 자신에게 경제적 이익을 안겨줄 것으로도 기대했다.

처음에는 무가베의 계산이 맞아 들어가는 것 같았다. 카빌라가 모부투를 상대로 한 1차 전쟁에서 승리한 직후 짐바브웨 방위산업청은 50만 달러 규모의 조그만 계약을 따냈다. 그로부터 6개월 후 방위산업청은 다시 1억 4,000만 달러 규모의 계약에 추가로 서명했다. 계약 내용은 카탕가주의 동광산과 코발트 광산을 인수하여 개발하는 것이었다. 제카민(Gecamines) 콩고국영광업회사가 연간 채굴하는 코발트는 3,000톤에 달했으며 이것만으로도 경제적 가치가 1억 달러를 초과하는 것으로 평가되었다. 방위산업청의 계약을 막후에서 성사시킨 인물은 무가베의 신임을 얻고 있는 백인 사업가 라우텐바흐(Billy Rautenbach)와 브레덴캄프(John Bredenkamp)였다. 이들은 콩고와 짐바브웨군 지휘관들에게 뇌물을 주고 사업권을 따냈다. 그러나 라우텐바흐는 나중에 카빌라의 지시에 의해 제카민에서 축출되었다. 그가 계약 조건을 지키지 않았으며 이익을 독차지했다는 것이 이유였다. 짐바브웨는 다이아몬드와 광물뿐 아니라 무쿠아(muqua)와 같은 단단한 목재나 희귀종 앵무새 등도 가져갔다. 콩고전에 참전했던 짐바브웨 군인들은 다이아몬드와 금 등 광물 판매로 얻은 달러화를 뭉텅이로 들고 돌아왔다. 이들은 이 돈으로 집을 짓고 새 차를 샀다. 1999년 9월에는 북한 대표단이 짐바브웨 측의 안내로 콩고 내 신콜로브웨(Shinkolobwe) 우라늄 광산을 방문했다. 이 광산은 히로시마 원폭의 원료가 된 우라늄을 생산한 것으로 유명한 곳이었다. 개발권을 얻은 짐바브웨군이 이 광산을 지키고 있었다. 비밀리에 핵개발을 해온 북한으로서는 자신의 우방인 짐바브웨가 관리하고 있는 우라늄 광산에 눈독을 들였던 것이 분명했다.

그러던 중 카빌라와 르완다·우간다 연합군 간의 사이가 벌어지면서 1998년 8월 제2차 콩고 전쟁이 발발했다. 콩고 내 후투 민병대가 르완다군을 공격하는 일이 잦아지자 비지뭉구(Bizimungu) 르완다 대통령은 카빌라의 배신적 태도를 강하게 비난하면서 새로이 결성된 반군인 콩고민주랠리(Congolese Rally for Democracy)에 대한 지지를 선언했다. 이로써 카빌라와 르완다 간에 전쟁이 발발했다. 형편없는 전력으로 약세에 몰려 존립이 위태롭게 된 카빌라가 무가베에게 손을 내밀자 무가베는 우선 600명의 군대를 파견했다. 전쟁이 점차 확대되면서 이 숫자는 3,000명으로 늘어났고 나중에는 1만 5,000~1만 8,000명에 달하는 대규모 병력으로 늘어났다. 파병된 군인들은 공군의 지원과 함께 원활한 병참을 필요로 했다. 이 작전을 수행하기 위해 짐바브웨는 하루 최소 100만 짐달러의 예산을 필요로 했다. 카빌라는 파병 대가로 1998년 9월 제카민 주식 37.5%를 무가베에게 양도

　　　　　　　　　　　　　　　　　로버트 무가베

했고 수익의 30%를 전쟁 비용으로 충당토록 했다. 그러나 이 회사는 속 빈 강정과 같았다. 10억 달러 이상의 빚을 지고 있었기 때문이다. 이로써 이 회사 수익으로 전쟁 비용을 충당한다는 계획은 수포로 돌아갔다.

1999년 9월 50만 에이커에 달하는 카탕가주의 비옥한 토지가 짐바브웨 국영기업인 농업 및 농촌개발청(ARDA: Agricultural and Rural Development Authority)에 주어졌다는 사실이 드러났다. 옥수수, 대두, 감자 및 쌀을 재배하기 위한 이 프로젝트에 6,000만 달러 이상이 소요될 것으로 예상되었다. 당시 ARDA 청장 마데(Joseph Made : 나중에 농업장관을 지냄)는 이 프로젝트가 비료와 씨앗을 생산하는 짐바브웨 기업에게 좋은 비즈니스 기회를 제공하게 될 것이라고 말했다.

한편 마하치(Moven Mahachi) 짐바브웨 국방 장관은 짐바브웨와 콩고군이 공동으로 6,500만 달러를 투자하여 다이아몬드 채굴에 나설 것이라고 발표했다. 이에 따라 2000년 1월 오릭스 다이아몬드(Oryx Diamonds)라는 합작회사가 설립되었다. 짐바브웨 측에서는 2명의 실세 장관 즉, 므난가와와 세케라마이(Sydney Sekeramayi)가 이 회사의 이사로 등록되었다. 그러나 다이아몬드를 팔아 전쟁 비용을 충당한다는 계획은 잘 이행되지 않았다. 실제로 다이아몬드를 얼마만큼 캐내어 어느 정도의 수익을 올렸는지 아는 사람은 아무도 없었다. 다이아몬드 수입은 회계장부에 계상되지도 않았다. 결과적으로 참전 대가로 경제적 이익을 얻을 것이라는 무가베의 계획은 완전히 빗나가고 말았다.

전쟁 비용은 무가베가 중국으로부터 무기를 수입하고 리비아로부터 미그기와 부품 등을 사들이면서 보다 늘어났다. 콩고의 자원을 팔아서 얻은 수익으로 전비를 충당한다는 계획이 수포로 돌아가자 눈덩이처럼 늘어난 전쟁 비용을 부담하는 것은 결국 짐바브웨 국민의 몫으로 돌아갔다. 전쟁 비용으로 하루 평균 100~200만 짐달러가 소요되었다. 1999년 1~6월 사이에 짐바브웨는 1억 6,600만 짐달러를 사용했는데 이는 월평균 2,700만 짐달러에 가까운 금액이었다. 2000년 2월까지 짐바브웨는 콩고 내전에 가담한 후 18개월 동안 책정된 예산 외에도 60억 짐달러에 이르는 추가 비용을 사용한 것으로 밝혀졌다. 연평균 30%에 이르는 인플레와 함께 가중되는 전비로 인해 짐바브웨 경제는 점점 더 피폐해졌다.

짐바브웨군의 목표는 카빌라를 보호하고 킨샤사를 수호하며 르완다 군에게 뺏긴 지방도시 일부를 수복하는 것이었다. 작전을 수행하는데 있어서 가장 큰 문제는 수송이었다. 탱크와 장갑차 등 중장비를 비행기로 실어 날아야 하기 때문이었다. 공군 제독 쉬리는 고육지책으로 러시아와 계약을 체결하여 러시아군 수송기를 이용했다. 짐바브웨군은 용감히 싸웠으나 르완다와 우간다의 정규군은 결코 만만한 상대가 아니었다. 전쟁은 교착 상태에 빠졌다. 많은 사상자가 발생했으나 일체 비밀에 붙여졌다. 전쟁의 진실을 파헤치려는 언론인은 체포되어 고문을 당했다.

짐바브웨는 다이아몬드, 코발트, 금 등 값나가는 광물 뿐 아니라 목재와 여타 품목에 대해서도 특혜를 받았다. 이 특혜는 무가베와 가까운 몇몇 백인 사업가와 군 장성들이 대부분 가져갔다. 짐바브웨와 앙골라군은 카빌라를 지켜내기는 했으나 희생이 컸다. 3,000명이나 되는 짐바브웨군이 콩고 북동부 이켈라(Ikela) 공항에서 르완다군에게 완전히 포위된 적도 있었다. 무가베는 이 소식을 듣고 격분했다고 한다. 전투가 장기화하면서 짐바브웨군의 사기는 날로 저하되었다.

‘Zimbabwe Independent’지는 반란을 막기 위해 본국으로부터 1,500명의 헌병이 급히 공수되었다고 보도했다. 동 지는 또한 4명의 지휘관이 명령불복종죄로 군법회의에 회부되었다고 보도했다. 1998년 11월에는 그때까지 총 1만 3,000명의 병력이 콩고에 파견되었다는 보도도 있었다. 전쟁은 피차 소모전 양상을 띠는 가운데 자원의 손실을 최소화하기 위해 극단적인 형태로 전개되었다. 예를 들어 양측 모두 “포로를 잡지 말라”라는 명령을 슬로건으로 삼았다. 포로를 잡지 않으려면 부상자나 투항자를 가리지 않고 모두 죽여야 했다. 짐바브웨로서는 공군의 손실이 특히 컸다. 모든 군수품을 수송기로 날라야 했으며 공군기가 지상군을 지원하기 위한 작전에 수시로 참가해야 했기 때문이었다. 짐바브웨 공군은 여러 대의 비행기를 잃었다. 카빌라는 무가베를 스승처럼 섬기고 그에게 전적으로 의존했다. 2000년 8월 카빌라는 ‘북한군이 명 조련사’라는 무가베의 조언에 따라 에어 짐바브웨로부터 보잉 767기를 빌린 후 이를 평양으로 보내 169명의 북한 교관을 콩고로 실어 오기도 했다.

2001년 1월 카빌라가 암살되자 그의 시신은 다른 곳이 아닌 하라레로 공수되었다. 그의 아들 조셉이 권력을 이어받자 무가베는 후견인 노릇을 자청했다. 2002년 8월 남아공이 1,500명의 평화 유지군을 콩고에 파병키로 결정하자 무가베는 남아 있는 모든 짐바브웨 군의 철수를 명했다. 이로써 짐바브웨의 콩고 내전 개입은 일단락되었다. 제2차 콩고 전쟁은 1998년 8월에 발발하여 공식적으로는 2003년 7월에 끝났다. 이 전쟁은 현대 아프리카 역사상 가장 큰 전쟁이었으며 미니 세계대전적인 성격을 띠었다. 이 전쟁에 9개국이 참가했고 25개 민병대가 참전했다. 이 전쟁으로 540만 명이 사망했는데 대부분은 질병과 기아 때문이었다. 전투에서 사망한 사람의 숫자는 상대적으로 적었다. 이 전쟁에 개입함으로써 정치적 입지를 강화할 뿐 아니라 경제적으로도 이익을 얻으려던 짐바브웨의 계산은 완전히 빗나갔다. 짐바브웨의 재정은 전쟁 전보다 훨씬 어려워졌다. 대가로 받은 광업권은 정치인과 군인 및 기업인 등 무가베와 가까운 몇몇 특정인의 배만 불려주었다. 짐바브웨는 전쟁 전보다 훨씬 가난해졌으며 정치적으로도 더 분열되었다.

무가베는 공식적으로는 1924년생으로 금년에 만 92세가 되는데 실제로는 세 살이 많은 1921년생이라고 한다. 89세에 재선되었으며 5년 임기가 보장되었으니 임기를 마친다고 하면 94세가 되는 셈이다. 무가베의 어머니는 거의 100세 가까이 살았다. 집안에 장수 유전자가 있음이 증명된 셈이다. 무가베는 지금도 임기를 다 마칠 것이라고 호언장담한다. 아마 본인은 다음번에도 또 출마하려는 생각을 가지고 있는 듯하다. 아마 무가베는 96세에 대통령직을 그만둔 후 99세에 사망한 말라위의 초대 대통령 해스팅스 반다를 모델로 삼고 있는지도 모른다. 그러나 무가베의 욕심이 클수록 짐바브웨인들에게는 재앙이다. 노벨평화상 수상자 데스몬드 투투 대주교는 이와 같이 말했다. "무가베는 사람들이 '블랙 아프리카 지도자라면 이렇게 할 것이

　　　　　　　　　　　　　　　　　로버트 무가베

다.'라고 생각하는 모든 것을 행하는 엉뚱한 캐리커처와 같은 인물이다. 그는 스스로를 만화화하려는 것 같다." 투투의 예상이 빗나가지 않는다면 무가베는 죽을 때까지 권력을 놓지 않을 가능성이 높다.

이 지구 상에 90세가 넘는 현직 지도자를 두고 있는 나라는 거의 없다. 요즘 평균 수명이 늘고 건강 상태가 좋아졌다고 해도 90세가 넘은 고령의 지도자가 스트레스 정도가 높은 개혁 정책을 추진할 수 있을 것으로 생각하는 것은 무리이다. 공식적으로 무가베의 건강 상태에 관한 발표가 나온 적은 한 번도 없다. 그러나 그가 전립선암을 앓고 있다는 소문은 오래전부터 퍼져있다. 서방 대사 중 몇몇은 필자에게 실제로는 무가베의 건강 상태가 매우 좋지 않아 '걸어 다니는 송장'이라고 표현한 사람들도 있었다.

무가베는 1년에 4~5번씩 싱가포르를 방문하여 검진과 치료를 받고 있다. 백내장 수술 등 안과 치료를 받았다는 보도는 있으나 무슨 중병에 걸렸다는 보도는 아직까지 없다. 무가베의 건강 상태가 정확하게 어떤 상태인지는 알 도리가 없다. 철저히 통제하기 때문이다. 그러나 필자가 그를 만나본 결과에 의하면 아직 정정한 것은 틀림없다. 피부가 곱고 악수하는데 힘이 있고 음식도 잘 먹는다. 걸음걸이도 힘차며 아직도 1시간 이상 쩌렁쩌렁한 목소리로 연설을 한다. 그가 대중연설을 할 때에는 더 힘이 나는 것 같다. 중병을 앓고 있다는 소문은 아마 사실이 아닐지도 모른다. 그러나 90대의 고령인 그의 건강이 갑자기 악화할 가능성은 언제든지 있다.

ZANU-PF 내에서 후계자가 정해지지 않은 상태에서 무가베가 급사할 경우 정치적 혼란은 피할 수 없다. 무가베가 고령이 되면서 당

내 권력 투쟁은 점차 가열되는 양상을 보이고 있다. 선두주자 격인 무주루 전 부통령과 므난가와 현 부통령 간에 암투가 벌어지면서 양측에 줄을 대는 인사들이 늘어났다가 무주루가 물러남으로써 현재는 소강상태이다. 그러나 이것으로 싸움이 끝난 것은 아니다. 정세 변화에 따라 양 세력이 다시 격돌할 가능성은 언제든지 열려 있다. 여기에 더해 최근에는 조이스 무가베가 대권에 눈독을 들이는 눈치이다. 비록 무가베의 후광을 업고 있다고는 하지만 정치적 기반이 약한 조이스가 권력을 차지할 가능성이 그렇게 높아 보이지는 않는다. 조이스는 우선 독립투쟁 1세대 정치인인 거목 므난가와부터 정리해야 할 입장이나 노련한 므난가와를 물리치는 것은 결코 쉬운일이 아니다.

무가베 유고시 ZANU-PF는 계엄을 선포하고 반대 세력을 무력으로 탄압해서라도 결코 권력을 놓지 않으려 할 것이다. MDC에 대한 보안기관의 탄압이 보다 강화될 가능성이 농후하다. 문제는 ZANU-PF 내부에서 쿠데타 등 폭력 사태 없이 권력 승계가 무난히 이루어질 것인지 여부이다. 무가베 없는 ZANU-PF는 지금까지 한 번도 없었다. 이것은 곧 무가베가 ZANU-PF이고 ZANU-PF가 무가베라는 이야기이다. ZANU-PF가 모든 것을 절대 권력자 1인에게 의존했던 타성을 극복하고 원만한 권력 승계를 이루어낼 수 있을지 심각한 의문이 아닐 수 없다. 권력을 내놓지 않으려는 군부에 의해 쿠데타가 일어날 가능성이 있고 무력 집단이 분열될 경우 내전이 벌어질 가능성도 배제할 수 없다.

2008년 3월 무가베의 하야설이 나돌자 군부가 쿠데타를 일으킬 뻔

로버트 무가베

했던 적도 있었다. 그 당시 선거에서 무가베의 패배가 명백해지자 CIO(정보부)는 온종일 긴급회의를 열고 대책을 숙의했다. 바로 그날 무가베는 보로우데일 브룩(Borrowdale Brooke)에 있는 자신의 사저에 가족을 모아놓고 은퇴할 준비가 되어있음을 설명했다. 부인 그레이스는 무가베의 결정에 따르겠다고 했다. 그녀는 무가베가 더 이상 모욕당하는 것을 원치 않았다. 이 시점에서 명예롭게 퇴진하는 것이 그녀가 원하는 것이었다. 무가베의 아들은 다니는 학교에서 "네 아버지가 짐바브웨를 망쳤다."라는 놀림을 당하고 있었다. 무가베는 가족과 은퇴에 대해 합의한 뒤 이 문제를 극소수 당 간부들과 협의했다. CIO는 선거 결과를 존중할 태세를 갖추고 있었으므로 무가베의 은퇴도 수용할 수 있었다.

그러나 이때 합동작전사령부(JOC : Joint Operations Command)가 개입을 시작했다. 군부는 무가베의 결정을 심히 우려했다. 무가베가 갑자기 은퇴할 경우 그는 물론 군부 지도자들도 조만간 권력을 잃고 체포될 가능성이 높았다. 군부는 심각하게 쿠데타 가능성을 논의했다. 그러나 이 과정에서 국방부와 육군 간에 커다란 의견 차이가 노출되었다. 군부 내 핵심 세력 간에 이견이 있는 경우 쿠데타는 실패할 가능성이 높았다. 군 지도자들은 논란 끝에 쿠데타는 없는 것으로 결론을 내렸다. 그 대신 JOC가 무가베를 설득하여 은퇴를 막고 어떻게든 결선 투표에 응하도록 유도하는 것으로 결론이 났다. 이렇게 하여 무가베의 하야는 무산되었고 군부 쿠데타도 일어나지 않았다.

이 당시 프리토리아는 무가베가 하야하는 대신 그의 안전한 퇴진을 보장하는 쪽으로 미 국무부와 협의하고 있었다. 만일 이때 음베키가 강력하게 개입하여 무가베의 하야를 종용했더라면 짐바브웨의 역사는 바뀌었을 것이다. 그러나 음베키는 그러지 않았다. 그는 예전과 마찬가지로 시종일관 무가베가 하자는 쪽으로 나아갔다. 음베키는 무가베를 선배로서 그리고 아프리카의 추장으로서 늘 극도로 존중했다. 음베키는 또 이념적으로 그리고 정서적으로도 ZANU-PF와 가까웠다. 연립정부가 구성된 직후 남아공에서는 주마가 음베키를 밀어내고 대통령이 되었으나 이미 때는 늦었다. 주마는 노동조합을 경시하는 무가베를 좋아하지 않았다. 주마는 노조 출신인 창기라이에게 더 호의적이었다. 연립정부 내내 무가베와 주마 간 관계는 매끄럽지 않았다. 무가베와 인근 국가 지도자들 간의 관계도 원만하지 않았다. 케냐 대선 시 벌어진 폭력 사태 후 구성된 연립정부의 희생자였던 라일라 오딩가(Raila Odinga)총리는 무가베의 하야와 국제평화유지군 파견을 주장했다.

2008년 선거 시 나이지리아, 잠비아, 르완다는 모두 무가베를 비난하는 편에 섰다. 탄자니아는 보다 강하게 무가베를 비난했다. 보츠와나 대통령 카마(Ian Khama)는 무가베를 굉장히 싫어해서 그의 감정을 종종 공개적으로 드러냈다. 반무가베적인 보츠와나는 많은 MDC 망명자를 받아들였으며 망명정부를 수립하는 데에도 호의적이었다. 무가베는 보츠와나가 반군 기지가 되어 자신을 공격할지 모른다는 생각에 늘 스트레스를 받았다. 그러나 이웃 국가들의 역할은 제한적이었다. 지역 맹주인 남아공이 주도권을 잡고 움직이지 않는 한 다른 국가들이 독자적으로 움직이기는 어려웠다. 또한 SADC이나 AU가 집단적으로 일관된 의지와 행동을 보여줄 때에만 무가베를 하야시

로버트 무가베

키는 일이 가능했으나 이들은 결코 단합된 행동을 보여주지 못했다. SADC이나 AU는 무가베에게 실질적으로 위협을 줄만한 어떠한 일도 하지 않았다.

2008년 선거 시 국제사회의 개입에 대한 열망이 일자 EU는 경제제재를 강화했다. EU는 무가베와 그의 측근 130명에 대해 여행 금지, 자산 동결 등과 같은 조치를 취했고 무기금수 조치도 취했다. 인권 활동가들은 자녀의 외국 학교 취학 금지와 같은 ZANU-PF 핵심층의 가족에게 고통을 줄 수 있는 강경한 제재를 요청했으나 받아들여지지 않았다. 미국과 호주도 EU와 보조를 맞추어 제재를 강화했다. 그러나 유엔은 어떠한 제재도 취하지 않았다. 중국의 반대도 있었지만 제재를 가할 경우 그 피해는 일반 국민에게 돌아가므로 영리한 제재 (smart sanction)를 채택해야 하는데 이를 실현하기 위해서는 시간이 필요하다는 점이 감안되었다.

영국 언론은 2008년 위기 시 영국 정부가 군사적 개입을 검토했다는 사실을 보도했다. 영국은 자국민을 보호하기 위해 잠비아, 모잠비크 및 보츠와나에 의료부대를 파견하여 짐바브웨 국경을 통과한 영국 시민이 각 지역으로 집결토록 한다는 계획을 마련했다. 영국이 검토한 가장 강력한 개입안은 영국군이 하라레 국제공항을 점령하는 것이었다. 그러나 이러한 방안은 아이디어에 불과했을 뿐 시행되지는 않았다. 가장 큰 문제는 내륙국인 짐바브웨에 도달하려면 인근 국가의 영공 통과 허가를 얻어야 하는데 어떤 국가도 쉽게 승인하지 않을 것으로 관측되었다. 비행작전을 위해서는 특히 남아공의 지원이 필요한데 이를 위해서는 매우 힘든 교섭 과정을 거쳐야 했다. 옛날과 같이 쉽게 아프리카 국가에 병력을 파견하는 그러한 시대는 이미 지나가버렸다. 이러한 사실을 잘 알고 있는 영국은 계획은 세웠지만 군사 개입을 행동에 옮기지는 않았다.

결국 2009년 영국은 짐바브웨에 있는 17,500명의 영국 시민 중 원하는 사람만을 선별하여 소개키로 결정했다. (추후 영국 정부가 다시 파악한 결과 이 숫자는 86,000명으로 늘어났음) 짐바브웨 재정착 계획(Zimbabwe Resettlement Programme)이라고 명명된 이 작전은 70세 이상 영국 시민 중 원하는 사람을 선별하여 짐바브웨로부터 영국으로 옮겨 재정착토록 도와주는 것이었다. 약 3,000명의 대상자 중 수백 명이 조용히 짐바브웨로부터 영국으로 이주했다. 이들은 대부분 짐바브웨의 초인플레로 인해 연금이 거덜 나 거의 굶게 된 사람들이었다. 설은 무성했으나 영국의 군사적 개입은 없었고 영국 정부는 자국민 보호 차원에서 어려운 처지에 놓인 시민을 적극 돕는 선에서 이 문제를 종결지었다.

로버트 무가베

#12
무가베의 **권력 기관**

무가베는 그의 권력을 유지하기 위해 군과 경찰 그리고 정보기관에 의존했다. 군 장성들은 오마르 알 바시르 수단 대통령이 국제형사재판소에 의해 기소되는 모습 그리고 2011년 리비아의 카다피가 반군에 의해 최후를 맞이하는 모습을 보고 더욱 경각심을 높였다. 그들은 무가베가 실각할 경우 자신들도 모두 체포될 것으로 생각했다. 이들은 위기에 대비한다는 점에서 하나가 되었다. 2000년 이후 무가베 군사조직의 핵심은 합동작전사령부(JOC)였다. 매주 한 번씩 무가베가 회의를 주도했고 고정 멤버는 군사령관 치웬가(Constantine Chiwenga), 육군사령관 시반다(Philip Sibanda), 공군사령관 쉬리, 경찰청장 치후리, 교도청장 지몬디(Paradzai Zimondi), 정보부장 보니옹궤(Happyton Bonyongwe) 등이었으며 이들의 좌장 격으로 국방장관 므난가와가 참석했다. 중앙은행장 고노가 기술 자문 자격으로 참석했으며 퇴역군인을 담당하고 있는 존 시반다 또는 당 간부들이 참석하는 경우도 있었다.

2009년 연립정부가 구성된 후 명목상으로는 국가안보회의(National Security Council)가 JOC의 역할을 대신했으나 실질적으로는 JOC가 여전히 건재했다. 1970년대 설립된 JOC는 처음에는 로디지아군의 사령부 역할을 했고 1980~1990년대에는 ZANU-PF와 연계되면서 정치에는 거의 개입하지 않았다. 그러나 2000년대에 들어와 무가베의 정치적 입지가 약화되고 2000년, 2002년, 2005년, 2008년 선거에서 꼭 이겨야 할 필요성을 느끼면서 JOC는 정치에 깊숙이 개입했다. JOC는 선거에서 승리하기 위해 모든 보안기관을 총동원하는 역할을 맡았다. 독재정권에서 흔히 볼 수 있는 일이지만 정보부는 무소불위의 권력을 행사했다. 이들은 가장 조직이 크고 가장 풍부한 자금을 누렸다. CIO는 1만 명의 정규 직원을 거느렸으며 국내와 해외에 조직을 두었다. 이 밖에도 많은 비정규직과 정보원을 두었다. 무장한 CIO는 준군사적인 기구로서 사람들을 납치하고 고문했다. CIO의 자금줄은 베일에 가렸으나 대통령실로부터 직접 내려오는 지원금에 주로 의지했다.

짐바브웨 군은 육군 2만 5,000명과 공군 4,000명으로 구성되었다. 이들은 40여 대의 탱크와 80여 대의 장갑차를 보유했으며 각종 포와 소화기를 보유했다. 공군은 중국, 리비아 등으로부터 구입한 전투기와 러시아제 일류신 수송기를 보유했다. 짐바브웨군의 사기는 장교들의 정치화, 낮은 보수, 열악한 거주 환경 등으로 인해 점차 저하되었다. 2007년 6월에는 400명의 육군 병력이 쿠데타 미수 혐의로 체포되었다. 이들에 대한 혐의는 무가베 대통령의 관저를 폭파하고 정부를 전복하려 했다는 것이었다. 수 명의 고급장교들이 군사재판에 회부되어 형을 선고받았다. 체포된 자 중 몇 명은 중간에 사라졌고 몇 명은 의문의 죽음을 당했다.

로버트 무가베

짐바브웨 경찰(Zimbabwe Republic Police)은 전통적으로 군에 비해 약체였다. 경찰은 연료가 없어 순찰차를 운행하지 못하거나 범죄 현장에 출동하지 못하는 경우도 흔했다. 경찰 숫자는 2011년 2만 5,000명에 달했다. 열악한 근무 여건과 낮은 봉급 때문에 경찰은 도로에 바리케이드를 쳐놓고 통행하는 차로부터 통행세를 갈취하는 것이 주요 부수입이었다. 경찰 중 가장 악명 높은 존재는 폭동 진압 특공대이다. 이들은 몽둥이와 막대기를 휘두르거나 아니면 실탄을 발사하는 식으로 학생들과 MDC 데모대를 무자비하게 진압했다.

짐바브웨 교도청(Zimbabwe Prison Service)은 5,000명의 요원을 거느린 준군사조직이다. 짐바브웨 교도소에는 공식적으로 1만 8,000여 명의 죄수가 수감되어 있었으나 실제로는 이보다 두 배 정도 더 많은 죄수들이 있는 것으로 추산된다. 죄 없는 많은 사람들이 교도소로 끌려와 날조된 죄수가 되었다. 열악한 음식, 고문과 학대, 죄수로 넘쳐나는 감방, 불결한 위생, 의료 시설 미비 등으로 하루 평균 30여 명의 죄수들이 죽었다. 이들의 시체는 매장하지 않고 교도소 내에 방치해두는 일이 비일비재했다. 시체가 썩어 파리가 득실득실했으며 악취가 풍겼다. 교도소 당국은 아무도 찾아가는 사람이 없는 시체가 늘어나면 한데 모아 땅에 묻곤 했다.

퇴역군인연맹과 청소년 군단은 일종의 돌격부대였다. 이들은 백인 농장 몰수 사태 시 전위대 역할을 했다. 퇴역군인연맹은 숫자가 3만 명 정도 되었는데 팡가(panga), 도끼, 창, 칼과 같은 전통적인 무기로 무장했다. 청소년 군단은 1만 5,000명 정도 되었는데 위로부터 명령만 떨어지면 물불을 가리지 않고 습격하는 공격적인 성향을 보였다. 무가베의 막강한 보안조직에 대응할 필요성을 느낀 MDC도 자체 군사조직을 구성했다. 그러나 전직 군인들로 구성된 보안조직은 허약하기 짝이 없었으며 정부 보안군과는 상대가 되지 않았다. MDC는 이 밖에 청년조직도 만들었다. 청년조직은 마쇼나랜드에서 퇴역군인 및 무가베 측 청년조직과 일대 격투를 벌이기도 했다. 런던에 망명한 반정부세력은 무가베에 저항해 '제4차 치무렝가'를 꾀했다. 무력 없이는 무가베 정권 타도가 불가능하다는 전제하에 이들은 보츠와나에서 반군을 양성한 후 무가베와 일전을 벌이려고 했다. 그러나 이 계획은 자금 부족 등 여러 가지 현실적인 이유로 실행에 옮겨지지 못했다. 돈과 권력을 한 손에 쥐고 있는 무가베에 대해 반대세력은 어떠한 실효적인 조치도 취할 수 없었다.

2009년 2월 연립정부(Government of National Unity)가 구성된 후 비로소 보안기관의 야당 탄압이 그쳤다. 야당 출신 각료가 내각의 절반을 차지하고 있는 현실을 감안한 것이다. 그러나 이는 일시적인 것이었다. 2013년 선거에서 승리한 후 ZANU-PF 1당 정부가 들어서자 다시 야당 탄압이 재개되고 있다. 연립정부 시절에는 과거 5년간 국가 재정을 장악했던 고노 중앙은행장 대신 MDC 출신 비티 재무장관이 그 역할을 맡았다. 미달러화가 짐 달러를 대신하면서 통화가 안정되고 경제가 성장세로 돌아섰다. 그러나 정무적 권력(hard power)은 ZANU-PF가 그대로 쥐고 흔들었다. 새로 구성된 국가안보회의(NSC)는 본래의 역할을 발휘하지 못했으며 JOC가 여전히 권력의 중심으로 남았다.

NSC에서는 MDC 장관과 장군들 간에 어떠한 협력 관계도 이루어지지 않았으므로 NSC는 주어진 역할을 수행할 수 없었다. NSC는 형

로버트 무가베

식적, 제한적으로만 안보 문제를 토의하는데 그쳤다. 조직상으로는 경찰이 내무장관의 명령에 복종토록 되어 있음에도 불구하고 경찰은 내무부 공동장관으로 임명된 MDC 측 장관 무세콰(Giles Mutsekwa)의 명령에 따르지 않았다. MDC는 2010년 6월 보다 강한 성격을 가진 테레사 마코네(Theresa Makone)를 무세콰 후임으로 임명했으나 경찰청장 치후리는 경찰을 개혁하려는 마코네의 뜻을 받아들이지 않았다. 실권을 장악하지 못한 MDC는 모든 분야에서 비협조적으로 나오는 ZANU-PF 각료들에게 실망하고 좌절해야 했다.

이러한 성향은 연립정부 내내 지속되었다. 연립정부 내 불협화음은 한국-짐바브웨 관계에도 영향을 미쳤다. 2013년 4월 한국 정부는 수학 교사 4명을 짐바브웨에 파견하기로 합의했다. 국립국제 교육원장이 하라레를 방문하여 당시 MDC 출신 콜타트(Coltart) 교육부 장관과 MOU를 체결했다. 이 MOU에 의해 수학교사 4명이 8월 하라레에 파견되었다. 그러나 7월 말 선거가 끝나고 연립정부가 해산되자 짐바브웨 측은 이 약속을 지키지 않았다. MDC 장관이 체결한 문서는 무효라는 것이 이유였다. 어떠한 이유로도 ZANU-PF는 MDC의 업적을 인정하는 일은 피하려고 했다. 교사들은 5개월 동안 기다리다 해결 기미가 보이지 않자 결국 스와질랜드로 옮겨가야 했다. 이러한 것이 연립정부(GNU)의 실상이다. 허울 좋아 연립정부이지 전혀 협조가 이루어지지 않았으며 오히려 서로 깎아내리지 못해 안달이었다. 연립정부의 실패는 결국 2013년 7월 선거에서 무가베에게 승리를 헌납하는 것으로 종결되었다. 사실 짐바브웨의 역사를 거슬러 올라가면 그전에도 연립정부의 역사가 있었다.

1980년 독립 당시 무가베의 최초 정부에는 로디지아전선(Rhodesian Front) 인사들과 ZAPU 인사들이 포함되었다. 1987년 ZANU가 ZAPU를 흡수하여 ZANU-PF를 구성한 것을 최초의 연립정부로 볼 수도 있다. 그러나 연립정부는 조화롭게 작동하지 못했으며 모두 실패로 끝나고 말았다. 짐바브웨에서 군 등 보안기관의 정치 개입은 국가 실패의 원인이라기보다 국가 실패를 보다 가속화시키는 역할을 했다.

짐바브웨가 실패한 원인은 정치 실종에 있다. 무가베가 올바른 판단과 선택을 하지 못함으로써 짐바브웨의 정치·경제 상황은 빠르게 악화되었으며 짐바브웨는 국제사회에서 고립되었다. 국내 사정이 악화하자 떨어진 인기를 만회하고 정적의 도전을 막기 위해 무가베는 모든 보안기관을 총동원하여 보다 더 폭력적인 노선을 걷게 되었던 것이다. 연립정부에서 ZANU-PF는 국방, 외교 및 농업 등을 관장하고 MDC는 재정, 보건 및 교육 등을 담당했다. 기본적으로 ZANU-PF는 하드 파워를 행사하고 MDC는 소프트 파워를 행사했다.

무가베는 국가 재정이 안정되고 짐바브웨의 국가 이미지가 향상되지 않는 한 국가의 장래가 불투명하다는 사실을 알고 있었다. 그래서 그는 서방과 가까운 MDC에게 이러한 역할을 맡겨 짐바브웨를 일으켜보려 했던 것이다. 이러한 무가베의 계산은 결과적으로 들어맞았다. 연립정부 4년 동안 경제는 보다 안정되고 서방의 원조가 재개되었다. 짐바브웨는 여전히 생존할 수 있었다. 그러나 2013년 선거 승리 후 ZANU-PF 단독정부로 복귀함으로써 상황은 다시 악화되고 있다. 돈줄이 막히고 경제 사정이 나날이 나빠지고 있다.

무가베는 대통령으로 재선되었다는 사실에 만족할 때가 아니다.

로버트 무가베

그의 재임 중에 짐바브웨는 거덜 날 수도 있고 소말리아와 같은 부랑 국가로 전락할 수도 있다. 무가베가 여하히 경제를 살리느냐에 따라 그의 정치인으로서 마지막 운명이 결정될 것이다. 이를 아는지 무가베도 치나마사 재무장관과 네마 내국민장관 등을 동원하여 외국 투자 유치에 열을 올리고 있으나 쉬운 상황은 아니다. 2013년 한국을 방문한 치나마사는 없는 살림에 280만 달러의 빚을 갚으면서까지 한국의 투자와 한국 기업의 진출을 요청했다. 그러나 아직까지 가시적인 성과는 없다. 이는 그만큼 짐바브웨의 이미지가 나빠진 탓 때문이다.

2016년 7월 서방 국가들에게 지원을 요청하기 위해 유럽을 방문한 치나마사는 프랑스 언론과의 인터뷰에서 "우리에게는 사실상 아무것도 남지 않았다."라고 말함으로써 국가부도가 임박했음을 실토하기도 했다. 무가베가 경제 살리기에 집중하여 얼마나 성과를 올릴지는 두고 보아야 하겠지만 경제제재가 풀리고 서방과의 관계가 복원되지 않는 한 근본적으로 짐바브웨의 경제가 좋아질 가능성은 희박한 것으로 보인다.

#13
무가베의 **통치 방식**

　무가베 본인은 할 말이 많을지 모르나 공과를 막론하고 그가 저지른 일은 용서받지 못할 것이다. 왜냐하면 그는 한때 아프리카에서 최고의 나라로 치부되었던 짐바브웨를 망친 장본인이기 때문이다. 설사 MDC가 당장 정권을 잡고 올바른 통치를 한다고 하더라도 짐바브웨를 1980년대 초 수준으로 복구하는 데에만 수 년이 소요될 것이다. 수백만 명의 재능 있고 기술을 갖춘 사람들이 짐바브웨를 떠났으며 이 중 많은 사람들이 아프리카 밖으로 나갔다. 이들은 짐바브웨가 정상화한다고 하더라도 다시는 돌아오지 않을 것이다. 철도·도로·학교·병원·농장 등 한때 짐바브웨가 자랑했던 사회경제적 인프라를 재건하는 데에는 많은 돈과 시간이 소요될 것이다. 사람과 동물에게 만연한 질병을 퇴치하는 데만도 많은 예산이 필요하다. MDC가 아니라 ZANU-PF가 계속 집권할 경우 전도는 더 예측하기 어렵다. 아마 누가 정권을 잡던지 무가베만큼 절대적인 권력을 휘두르기는 어려울 것이다. ZANU-PF가 과연 효과적인 개혁 정책을 펼칠지 누구도 장담할 수 없다. 경험이 부족한 MDC는 아마 ZANU-PF만큼 효율적으로 정부를 이끌지 못할지도 모른다.

로버트 무가베

그러나 분명히 ZANU-PF보다는 덜 폭력적일 것이다. 이언 스미스는 마치 예언자와도 같이 짐바브웨의 장래를 알아맞혔다. 그는 "무가베가 처음에는 자신의 동족인 마타벨레랜드의 흑인을 공격할 것이며 그다음에는 백인 농장을 파괴할 것이다."라고 예언했던 것이다. 그의 예언은 적중했다. 그러나 한 가지 그가 미처 예측하지 못한 것은 무가베가 나라를 이렇게까지 피폐하게 만들 것이라는 점이었다. 만일 짐바브웨가 이 지경에 이를 것으로 알아차렸더라면 백인들은 결코 투쟁을 중단하지 않았을 것이다. 짐바브웨의 몰락이 80년대에 일어났더라면 백인들은 이를 순순히 운명으로 받아들이지는 않았을 것이다. 무가베는 식민시대 때 백인들과 똑같은 사고방식을 가졌다. 피 흘리는 싸움 끝에 무력으로 흑인 땅을 점령한 백인은 이 땅을 영구히 자신의 것으로 생각했다. 무가베도 마찬가지였다. 게릴라 투쟁에서 피 흘려 승리했으니 짐바브웨는 이제 흑인 것이며 따라서 자기 마음대로 관리할 수 있다고 생각한 것이다.

1980년 집권한 무가베는 처음에는 비교적 현명한 정치를 펼쳤다. 우선 불안해하는 백인의 마음을 달래서 그들을 짐바브웨에 그대로 남게 했다. 무가베의 초기 내각은 로디지아 시절 백인을 포함하여 각계 전문가로 구성되었다. 교사 출신인 무가베의 교육 개혁은 특히 성공적이었다. 그의 성공적인 교육 정책으로 짐바브웨는 아프리카에서 가장 낮은 문맹률을 기록했다. 무가베는 모잠비크 내전을 종식시키는데 실질적으로 기여했으며 남아공의 아파르트헤이트 정권과는 직접적인 무력 충돌을 피했다.

만일 무가베가 한 번의 임기를 마치고 그만두었더라면 그는 아마 아프리카 역사상 가장 사심 없고 현명한 지도자 중 하나로 숭앙되었을 것이다. 그러나 그는 그러지 않았다. 한 번만 하고 그만두기는커녕 여러 차례에 걸쳐 재집권하면서 영구집권을 꾀했다. 무가베는 멀어져 가는 국민의 지지를 붙들어 매기 위해 모든 보안기구를 총동원하여 선거 부정을 꾀하고 폭력을 서슴지 않았다. 아마 이것이 무가베의 가장 큰 과오일 것이다.

짐바브웨 역사상 투쟁(Chimurenga)은 지금까지 세 번 있었다. 1890년대 백인이 강제로 영토를 빼앗자 흑인들은 저항했다. 이것이 첫 번째 치무렝가이다. 두 번째는 1965~1979년 사이에 일어났다. 로디지아를 영구히 식민지로 삼으려는 백인 정권에 저항해 흑인들이 독립 투쟁을 벌인 것이다. 이 투쟁을 주도하여 흑인의 승리를 이끌어 낸 사람이 바로 무가베이다. 세 번째는 무가베가 집권 후 은데벨레족을 길들이기 위해 일으킨 구쿠라훈디와 백인 농장주를 강제로 축출하기 위해 퇴역군인을 동원한 '농장 빼앗기' 사태이다.

앞에서 말했던 대로 2000년 헌법안이 국민투표에서 부결되자 무가베는 떨어진 인기를 만회하고 국면을 전환하기 위해 백인농장 몰수와 도시빈민 퇴출을 감행했고 이로 인해 농업과 관광업이 몰락하는 등 경제가 침몰하자 외국의 투자 시 지분 51%를 의무적으로 흑인에게 배당하는 내국민 지분법 실시 등 국수주의 정책을 강화함에 따라 짐바브웨는 끝이 보이지 않는 추락의 길을 걷게 되었다. 무가베 치하에서 평균 수명은 최고치의 절반으로 줄었으며 실업률은 90%까지 치솟았다. 대부분 백인이 나라를 떠났으며 흑인 고급 인력 300만 명이 외국으로 이주했다. 짐바브웨는 부랑 국가(rogue state)로 전락

로버트 무가베

했다. 경제학 학위를 가지고 있다고 자랑하던 무가베의 상식에 어긋나는 통화정책으로 말미암아 짐바브웨는 사상 유례없는 초인플레를 경험하면서 짐달러는 휴지가 되고 말았다.

ZANU-PF 정부는 처음부터 무절제와 방종의 대명사로 등장했다. 무가베는 그에게 충성하는 추장, 정치적 동료, 친척 및 아부꾼들에게는 너그러운 아버지처럼 행세했다. 첫 내각의 장관은 원래 15명이었는데 곧 26명으로 늘어났고 부장관은 3명에서 26명으로 늘어났으며 이들에게는 고급차와 경호원이 주어졌다. 엄격해야 할 ZANU-PF와 행정부 간의 경계는 갈수록 모호해졌다. 무가베에게 충성하는 당료들은 국영기업, 군, 정보부, 경찰, 행정부에 대거 배치되었다. 정치적으로 중립을 지켜야 할 검찰총장, 경찰청장 등과 같이 힘 있는 자리는 모두 무가베 측근으로 채워졌다. 관용차를 배정받은 고위 인사들은 관청에 소속된 운전기사를 배제하고 측근을 기용했다. 이 결과 교통사고가 빈번해져서 1981년 공용차를 교체하는 데에만 100만 달러가 들어갔다. 정부 대표가 해외를 방문할 때면 으레 관련 없는 사람들이 따라붙었다. 이들은 고급 호텔에 머물면서 소중한 외화를 낭비했다.

무가베가 로디지아로부터 국가를 물려받았을 때 세 분야가 국가수입의 큰 몫을 차지하고 있었는데 그것은 금, 아스베스토스 그리고 담배였다. 특히 담배 수출은 로디지아의 생존에 결정적인 역할을 했으므로 유엔은 1960~70년대 짐바브웨 담배에 대해 경제제재를 걸기도 했다. 짐바브웨의 독립과 더불어 이 세 가지 주요 수입원은 모두 어려움을 겪기 시작했다.

첫 번째로 수난을 겪은 것은 아스베스토스[1]였다. 아스베스토스가 발암 물질이라는 사실이 알려지면서 서방 국가들이 점차 사용을 금지했던 것이다. 두 번째는 금이었다. 금값은 한때 온스 당 800달러까지 올라갔다가 짐바브웨가 돈이 필요하던 시절 300달러 이하로 떨어졌다. 좋은 품질을 자랑하며 시대를 풍미하던 짐바브웨산 버지니아 잎담배(Virginia tobacco)[2]도 철퇴를 맞았다. 담배가 건강에 해롭다는 인식이 확산되면서 서방으로부터 담배 수입이 급감하자 짐바브웨는 고급 담뱃잎 대신 싸구려 잎을 동유럽, 아프리카, 아시아, 중남미 등에 헐값으로 팔아야 했다. 이로써 담배 판매 수입이 확 줄어들었다.

독립 초기에는 3대 생산물의 수입이 줄어들었음에도 불구하고 큰 영향을 입지는 않았다. 신생 짐바브웨의 발전에 기대를 건 많은 국가들이 원조를 제공했기 때문이다. 짐바브웨 내에서의 노력도 다방면으로 전개되었다. 꽃이꽃(cut flower)이나 면화와 같은 새로운 수입원이 개발되었고 플래티넘[3], 쇠고기, 설탕, 옥수수, 공산품, 섬유, 철강 제품 등의 수출도 확대되었다. 그런대로 괜찮을 것 같았던 재정은 무가베가 모잠비크의 프렐리모를 지원하면서부터 급작스럽게 악화되었다. 외환 사정이 나빠지자 정부는 사탕수수에서 추출한 알코올을 휘

---

1) 아스베스토스(석면)는 건축자재, 방화재, 내화재, 보온재, 단열재, 전기절연재 등 그 용도가 다양하다. 세계 생산의 절반 이상을 캐나다가 담당하고 있으며 러시아, 짐바브웨, 미국, 스위스 등에도 대규모 광산이 있다. 1970년대 이후 석면이 인간에게 나쁜 영향을 미친다는 보고서가 나오기 시작했다. 호흡을 통해 가루를 마시면 폐암이나 악성종양을 유발할 수 있다는 사실이 밝혀지면서 세계보건기구 산하 국제 암연구소는 아스베스토스를 1급 발암물질로 지정했다.
2) 버지니아 잎담배는 미국 버지니아주가 원산지이며 전통적으로 버지니아주의 양대 수입원 중 하나로써 주 경제에 큰 역할을 해왔다. 짐바브웨에서 생산되는 버지니아 잎담배는 품질이 좋은 것으로 유명하다.
3) 플래티넘(백금)은 전성(展性)과 연성(延性)이 풍부한 은백색의 금속으로 금, 은보다 가공이 어렵다. 귀금속과 공업용으로 쓰이며 산화 및 환원 촉매, 장식품, 도량형기, 전극 등 다방면에 사용되고 있다.

발유 대체품으로 사용하고 외환 거래에 대한 통제를 강화하는가 하면 수입면허 발급을 제한하는 등 여러 가지 조치를 취했으나 한번 나빠진 경제 사정은 좀처럼 좋아질 기미를 보이지 않았다.

경제가 악화하면서 부패는 더 심화되었다. 부패한 관리와 당료들은 정부 소유 자동차 조립공장 '윌로우베일 모터스(Willowvale Motors)'로부터 통제가격에 차를 구입하여 암시장에서 엄청나게 높은 가격에 팔았다. 차 한 대당 10만 짐달러의 수익을 올릴 정도였다. 언론에 윌로우게이트로 알려진 스캔들이 보도되면서 짐바브웨 정부는 한때 곤경에 처했다.

정부는 줄어든 세수를 보충하기 위한 수단으로 남아있는 백인을 겨냥했다. 백인은 독립 후 이미 3분의 2가 줄어든 상태였다. 정부는 백인의 해외 이주를 막고 백인들로부터 더 많은 세금을 거둬들이기 위해 여러가지 조치를 강구했다. 해외로 이민 가는 백인은 집 매매 대금의 30%를 세금으로 내야 했다. 더 나아가 이민자는 개인 소유품을 모두 신고하여 일일이 수출 허가를 맡아야 했다. 자동차는 사용한 지 4년이 넘어야 반출이 가능했고 한 가족이 가지고 나갈 수 있는 돈은 1,000달러에 불과했다.

경제 악화와 더불어 부패는 나날이 심해지고 스캔들이 난무했다. 하라레 국제공항 확장 공사를 입찰한 결과 무가베의 조카 레오(Leo)가 회장으로 있는 컨소시엄에 낙찰되었다. 이 회사 사장으로는 코피 아난 유엔 사무총장의 아들인 코조 아난(Kojo Annan)이 임명되었다. 다른 아프리카 국가들과 마찬가지로 IMF와 세계은행의 지원을 받아야 하는 짐바브웨로서는 이 기구들이 내어놓는 구조 조정안을 수락하지 않을 수 없었다. IMF와 세계은행이 무가베의 정책에 대해 일일이 간섭하자 무가베는 노골적으로 이들에 대한 적대감을 드러냈다.

1994년 만델라가 집권하고 남아공이 민주국가가 되면서 남아공의 경제력은 확장되었다. 한때 남부 아프리카에서 제조업의 중심지였던 짐바브웨는 경쟁력을 잃고 추락했으며 이 자리를 질 좋고 값싼 남아공 제품이 차지했다. 짐바브웨의 외채는 눈덩이처럼 늘어났으며 파국이 닥칠 것이라는 사실이 점차 명확해졌다.

1997년 '5만 명의 옛 게릴라 투사'로 자처하는 짐바브웨 퇴역군인협회는 정부에 대한 압력을 가중시켰다. 앞에서 말한 대로 이들의 리더는 훈쯔비였다. 이들은 1980년 군대 해산 시 정부군에 편입되지 않고 해산된 게릴라들이 속임수에 빠졌다고 주장했다. 이들은 당시 월 185짐달러를 2년 동안 받는 조건으로 군대를 해산하는데 동의했다. 그러나 이것은 1980년의 일이었다.

그동안의 높은 인플레로 인해 이들이 받은 돈은 연기와 같이 사라져버리고 이들은 거의 거지 신세가 되어 있었다. "못살겠다!"라고 외치는 퇴역군인들은 정부에 대해 생활비 지원을 요청했다. 퇴역군인협회 멤버들이 모두 순수 게릴라는 아니었다. 이들 중에는 많은 '가짜 게릴라'가 섞여있었다. 전투원이 아닌 게릴라 도우미(mujibas), 옛 5군단 소속 군인 그리고 사기꾼들이 섞여있었다. 어찌 되었든 훈쯔비의 카리스마와 강경 투쟁으로 인해 게릴라들은 정부로부터 5만 짐달러의 일시금과 월 2,000짐달러의 연금을 1997년 12월부터 받게 되는 개가를 올렸다. 이 당시 근로자의 평균 임금이 월 1,000짐달러였으니 이것은 대단한 성과가 아닐 수 없었다.

로버트 무가베

이 소식을 듣고 여성 해방전쟁협회가 같은 요구를 했다. 게릴라 전쟁 시 젊은 여성들은 남성과 마찬가지로 차출되어 정탐꾼으로 활동했다. 침뷔도(chimbwido)라고 불리는 이 여성들은 막사에서는 요리나 세탁을 했으며 많은 사람이 군인들의 성적 노리개가 되었다. 이들로부터 태어난 아이들은 아버지를 모른 채 버려진 상태로 자랐다. 이들의 요구는 짓밟힌 여성과 자녀들에게 국가가 보상을 제공해야 한다는 것이었다. 퇴역군인에게 지급된 보상금과 연금은 모두 42억 짐달러에 달했다. 짐바브웨의 경제 규모로 볼 때 이는 명백한 과잉 지출이었다. 경제학자들은 짐바브웨 경제가 추락한 원인 중 하나로 퇴역군인에 대한 과잉 지출을 들 정도이다.

무가베는 점점 더 타락했다. 그는 고급 동네인 보로우데일 브룩에 3,000만 짐달러를 들여 고급 맨션을 지었다. 이 지역은 그의 아내 그레이스가 저소득층 주민의 주택을 짓기 위한 예산을 유용해 2,000만 짐달러를 들여 이미 고급 주택을 지은 곳이었다. 무가베와 그의 아내는 전용기를 타고 뻔질나게 해외를 드나들었다. 국영회사인 에어 짐바브웨는 무가베로부터 자주 비행기를 차출당했기 때문에 사람들은 이를 '에어 무가베'라고 비꼬았다.

짐바브웨는 아프리카에서 경제사회개발에 가장 성공한 국가였으나 스스로의 선택으로 이미 이룬 발전을 무너뜨리고 나라를 후퇴시킨 예외적 사례이다. 1980년 짐바브웨의 독립 당시 평균수명이 57세였으나 2006년에는 남자 37세, 여자 34세로 세계에서 가장 수명이 낮은 국가로 추락했다. GDP는 절반 이상 축소되었고 2008년에는 천문학적인 인플레가 일어나 자국 화폐를 포기하고 달러화를 도입했다.

초인플레 시절에 부자가 된 사람은 모두 권력과 가까운 사람들이다. 이 당시는 '500달러짜리 벤츠'라는 말이 유행이었다. 그도 그럴 것이 특혜층은 500달러를 가지고 미달러-짐달러-미달러-짐달러 식으로 암시장에서 4번만 환전을 하면 벤츠를 사기에 충분한 돈을 마련할 수 있었다.

수입이 줄어들고 일자리가 없게 된 수백만 명이 남아공을 비롯한 외국으로 빠져나갔다. 이들은 대부분 고등교육을 받고 전문 직업을 가진 사람들이다. 이 결과 2007년 남아공 내 수학교사 5명 중 4명이 짐바브웨인이라는 통계가 나왔다. 짐바브웨가 모범적인 현대사회로 부터 스스로 자초한 후진사회로 후퇴하기까지 10년이 채 걸리지 않았다. 그만큼 발전하기는 어려워도 망하기는 쉽다는 사실을 보여준 것이다. 현재의 짐바브웨는 인구 75%가 극빈층이며 실업률이 60%에 달한다. 국토 전체에 걸쳐 노후한 인프라를 재건해야 함에도 불구하고 예산이 없어 방치하고 있다. 이 때문에 가장 기본적인 전기와 수도 공급이 부족하여 국민 전체가 고통을 받고 있다.

짐바브웨의 초인플레가 극에 달했던 2008년 여름 인플레율은 2억 3,100만% 라는 말도 안 되는 상태에 달했고 급기야 1백조 달러 짜리 지폐까지 발행되었다. 도저히 버틸 수 없게 된 짐바브웨는 2009년 1월 자국 화폐를 버리고 미달러화를 공용화폐로 채택했는데 이것이 자신들이 말하는 달러화 정책(dollarization)이다. 미달러를 채택한 후 짐바브웨 경제는 안정을 되찾았으며 달러화의 유입량이 많지 않으므로 인플레율도 비교적 낮은 수준에 머물러 있다.

짐바브웨 은행은 예금자가 3개월간 돈을 맡기면 월 8~10% 정도의

로버트 무가베

이자를 지급한다. 은행은 이 돈을 주로 소매상이나 공무원에게 빌려주는데 대출이자는 월 12% 이상이다. 예금자가 3개월 밖에 돈을 맡기지 않으므로 은행이 예금을 산업계에 빌려줄 여력은 없다. 짐바브웨의 돈줄은 농산물과 광물 판매, 해외동포의 송금 그리고 남아공 은행으로부터의 차입금 등이다. 2012년 짐바브웨 내 은행의 예금 잔고는 44억 달러에 달했는데 은행과 예금자가 모두 불안감을 가지고 있다. 초인플레 때 예금과 부채가 동시에 사라져버린 기억 때문이다. 집중적 예금인출(뱅크런)이 일어날까봐 겁내는 예금자들은 돈을 은행에 단기간만 맡기고 있으며 은행은 대출의 30%를 늘 유보금으로 보관하고 있다. 은행들은 목돈이 들어오면 해외의 다른 큰 은행에 예치하는 것이 관례이다. 모두 위험을 분산하기 위한 것이다.

짐바브웨 은행 중 현지은행으로 가장 큰 것은 CBZ(짐바브웨 상업은행)이고 바클레이즈, 스탠다드차타드 등 외국은행이 있어 5강(Big Five)을 이루고 있다. 불안한 예금자들은 대부분 빅 파이브에 의존하고 있다. 은행의 불안 요인은 또 있다. 짐바브웨의 시대착오적인 51% 지분법 때문이다. 이 법에 의하면 금융부문도 지분의 51%를 현지인에게 넘기도록 되어 있는데 연립정부 당시 이 문제에 대해서는 뜻을 함께 한 재무장관과 중앙은행장이 합동으로 틀어막아 금융부문 내국민화는 일어나지 않았다. 만일 금융부문에서도 내국민화가 일어난다면 모든 외국계 은행이 짐바브웨를 떠나 이 나라는 원시경제로 돌아가고 말 것이다.

짐바브웨의 2012년 무역적자는 36억 달러이다. 생산시설 가동률이 30%에 불과한 짐바브웨에게 무역적자가 느는 것은 당연한 일이다.

이 적자를 메꾸기 위해 보다 많은 달러화를 유입해야 하는 상황이므로 이대로 가다가는 빚이 계속 늘어나 자국 화폐의 재도입은 생각하기도 어려울 것이다. 미달러화를 지폐로만 쓰지 동전을 쓰지 않기 때문에 상거래에서 우스꽝스러운 일이 벌어지고 있다. 센트 대신 남아공의 랜드화 동전이 주로 쓰이고 있는데 이것도 충분하지 않다. 따라서 가게들은 잔돈의 액수를 표시한 종이쪽지를 발행하고 있다. 외국인은 종이쪽지에 별 신경을 쓰지 않기 때문에 사실상 물건을 더 비싼 값에 사는 셈이다. 동전이 부족하기 때문에 빵과 같이 기본적인 생필품의 가격은 부풀려져 있다. 그러나 국민은 초인플레에서 해방되었다는 안도감에서인지 현재의 미달러 유통체제에 만족하고 있는 듯하다. 희한하게 굴러가고 있는 화폐경제 그것이 오늘날 짐바브웨의 현실이다.

무가베 대통령은 자신을 부족사회의 추장처럼 여기고 있다. 아프리카 전통에 따르면 추장은 죽기 전에 권력을 이양하는 법이 없으므로 이런 점을 감안할 때 무가베는 결코 은퇴하지 않을 것이라고 보는 견해가 많다. 창기라이 전 총리는 지도자로서 용기 있는 사람이나 연립정부 시 보좌진이 무능하여 제대로 보필되지 못하였으며 당시 정부 각료 중에서는 비티 재무장관이 가장 돋보였다. 창기라이가 이끄는 MDC는 오랜 민주화 운동을 통해 비티 등 유능한 인재를 다수 육성했으며 MDC 내에는 용기 있는 인물이 많다. 다만 MDC는 행정경험이 적어 정책적으로 서투른 측면이 있는데 국민이 연립정부 시절의 MDC를 비난만 하는 대신 열정과 용기를 지닌 인물들을 격려해주는 것도 필요할 것이다. 여당 인사의 부정부패가 심각하여 대부분 각

| 모건 창기라이(Morgan Tsvangirai)

료들이 부동산과 광산 등을 소유하고 있으며 여러 대의 고급 승용차를 보유하고 있는 사람도 많다.

ZANU-PF 내에서 계속 권력 승계가 이루어지는 것은 일종의 연성 쿠데타(soft coup)이므로 국제사회는 이러한 상황을 막기 위해 공동의 노력을 기울여야 한다는 견해가 높다. 이러한 사태를 막는데 SADC의 역할이 중요하다는 것은 말할 필요가 없다. SADC은 짐바브웨가 자신의 동의 없이 독자적으로 선거를 강행하거나 2008년처럼 폭력과 부정이 재연되는 것에 극력 반대하는 입장을 취했다. 2008년 국회의원 선거에서 승리한 야당 MDC는 대통령 선거에서도 창기라이의 승리를 주장했다. 그러나 5주를 기다린 끝에 나온 정부의 공식 발표는 결선 투표를 치르는 쪽이었다. 그동안 군과 경찰 그리고 ZANU-PF 열성분자들을 동원한 폭력과 각종 선거 부정을 맛본 창기라이는 더 이상의 폭력 사태를 막기 위해 결선 투표에 참여하지 않았다.

이로써 무가베는 다시 대통령이 되었고 이후 SADC의 중재로 연립정부가 구성되어 창기라이가 총리를 맡고 MDC 출신 국회의원들이 각료직의 절반을 차지했다. 울며 겨자 먹기 식으로 구성된 이 연립정부는 그야말로 적과의 동침이었다. 연립정부를 혐오하는 무가베 대통령은 2011년 선거를 강행하려다가 SADC의 반대로 무산되었고 2012년에도 마찬가지 움직임을 보였다가 결국 2013년 선거를 치르기로 SADC과 합의했다.

2013년 3월 신헌법이 국민투표를 통해 채택된 후 무가베는 전격적으로 7월 31일에 선거를 실시하겠다고 발표했다. 노회한 승부사 무가베는 자신의 생애에 마지막이 될지도 모르는 이 선거에서 61%를 얻어 34% 득표에 그친 창기라이를 압도했으며, 국회의원 선거에서도 ZANU-PF가 160석을 얻어 3분의 2의 압도적인 다수를 차지했다. 망연자실한 창기라이와 측근들은 부정선거를 주장하며 끝까지 투쟁할 것을 선언했으나 MDC는 창당 이래 최대의 위기를 맞고 있다.

여당 내에는 풍부한 행정 경험을 지닌 온건파 세력이 있지만 전반적인 분위기로 인해 제 목소리를 내지 못하고 있다. 온건 인사들은 공식적인 자리에서는 반서방, 비공식적인 자리에서는 친서방의 두 얼굴을 가지고 있는 성향이 있다. 과거에 부패가 심하지 않았던 짐바브웨는 이제 부패가 만연한 나라로 탈바꿈했다. 공무원이 봉급을 제대로 받지 못하는 나라에서 부패는 피할 길이 없는 것이다. ZANU-PF 출신인 음포푸(Mpofu) 전 광업장관과 촘보(Chombo) 전 도시개발장관 등이 대표적으로 부패도가 높은 인물들로 알려져 있다.

잠재력에 관한 한 짐바브웨를 아프리카 국가 중에서 상위에 올려

로버트 무가베

놓는 견해는 도처에 있다. 이러한 견해에 따르면 짐바브웨가 처한 문제는 주로 정치적인 것이므로 정치 상황이 개선되면 천혜의 기후와 풍부한 광물자원, 질 높은 인적자원, 안전한 치안, 잘 갖추어진 인프라 등으로 경제 발전의 잠재력이 매우 크다는 것이다. 과거 짐바브웨의 농업과 공업 기반은 매우 튼튼했으나 2000년 토지 개혁 후 백인 농장주 축출과 이로 인한 서방의 경제제재 그리고 무능한 경제 운용으로 나라가 피폐해졌다. 현재 산업시설 가동률이 30%에 불과하며 상업 농장은 과거의 10%도 채 되지 않는다.

짐바브웨 주재 전 영국대사에 의하면 많은 영국 기업이 짐바브웨의 정치가 안정되는 대로 재진출할 준비를 하고 있다고 한다. 또한 짐바브웨에 진출하기 위해서는 단기 이익에 급급한 것보다 장기적인 시각을 가지고 접근하는 것이 성공 확률이 높을 것이라고 한다. 과연 짐바브웨가 기사회생하여 과거의 영광을 다시 찾을 수 있을까? 이에 대한 답은 짐바브웨 정치의 향배에 달려있다고 보는 것이 다수 의견이다. 그리고 정치에서 변화가 일어나려면 말할 것도 없이 이미 박물관적인 존재가 된 '짐바브웨의 늙은 공룡' 무가베가 정권에서 물러나는 것이 시작이 될 것이다. 이래저래 짐바브웨의 장래는 결국 무가베의 손에 달린 셈이다.

#14
필자가 만난 **무가베**

 필자가 처음 무가베를 만난 것은 2011년 6월 초였다. 대사로 부임하여 2개월여 기다리던 끝에 드디어 신임장을 제정하게 된 것이다. 짐바브웨 외교부 소속 의전 차량이 이른 아침 관저에 도착하여 아내와 함께 이 차를 타고 대통령궁으로 향했다. 다른 직원들은 대사관 차에 나누어 타고 뒤를 따랐다. 대통령궁에 있는 외빈 접견실에서 기다리고 있노라니 러시아 대사, 남아공 대사, 터키 대사가 잇따라 들어왔다. 이들과 인사를 나누고 있는데 의전장이 리허설을 해야 한다고 했다. 리허설은 대통령에게 최대한 예의를 갖추는 내용으로 되어 있었다.

 품위 있게 걸어야 하고 연신 허리를 굽혀 인사를 해야 하며 대통령 앞에 서서 전임자에 대한 소환장과 필자의 신임장을 신고하고 이를 제정해야 한다. 옆에 서 있는 외무장관 및 사무차관과 인사를 나눈 후 동행한 아내와 우리 대사관 직원들 그리고 가족들을 소개하는 순서가 있다. 이후에는 대통령과 나란히 서서 기념사진을 찍은 후 대통령의 안내로 앞뜰로 나가 산책을 한 후 뜰에서 수행원들과 함께 기념사진을 찍는다. 그리고 난 후 대통령을 따라 외빈실로 들어온 후 단독으로 20~30분 대화를 나누게 된

로버트 무가베

다. 대화 후에 밖으로 나오면 기자들이 기다리고 있다. 기자들과의 인터뷰를 마치면 모든 신임장 제정 행사가 끝나게 되는 것이다.

리허설을 마치고 대기실에서 기다리고 있는데 아무리 기다려도 소식이 없다가 11시가 되자 마침내 대통령이 나타났다. 이제 식이 시작되는가 했더니 무려 40분을 더 기다린 후에야 식을 거행하게 되었다. 무가베 대통령은 정정하게 보였다. 악수를 하는 손은 찼지만 피부가 고왔고 걸음걸이도 당당했다. 이야기를 나누면서 차와 소시지, 그리고 팬케이크 등을 맛있게 먹는 모습이 도저히 아픈 사람같이 보이지는 않았다. 그가 중병을 앓고 있다는 이야기는 낭설에 불과한 것으로 여겨졌으며 앞으로도 상당 기간은 끄떡없을 것으로 생각했다.

무가베는 약 30분에 걸친 면담 내내 한국과의 경제 통상 증진 및 에너지 협력, 그리고 발전소 건설 등 인프라 분야 협력의 중요성을 강조했으며, 우리 기업의 대주재국 진출 노력 및 우리 측 관심 사항에 대해 상당한 이해와 지식을 가지고 있는 것으로 보였다. 서방의 대주재국 경제제재, 여-야 연립정부의 불협화음 등에 대해서는 전혀 언급을 하지 않았는데 이는 한국과의 관계에서는 정치를 배제하고 경제 통상과 자원 및 에너지 협력에 주력하겠다는 의지의 표명인 것으로 보였다.

무가베 대통령은 1994년 수교 이후 최근 들어 양국 고위급 인사 간 상호 방문이 크게 늘었을 뿐만 아니라 많은 한국 경제인과 기업인들이 주재국을 방문하고 바이오 디젤 등 다양한 프로젝트가 진행되고 있는 등 양자 교류가 확대되고 있는 점을 평가한 후에 앞으로 주재국 산업 기반 확충 및 경제발전 과정에서 한국과의 파트너십에 큰 기대를 걸고 있다고 말했다. 아울러 주재국 국민이 경제발전 의욕으로 충만해 있다고 강조하고 다양한 광물 자원 개발을 통한 광업 진흥, 농업 생산력 제고, 제조업 기반 확충 등을 역점 과제로 제시하면서 한국 기업이 주재국 통신 인프라 구축 및 농업 분야 등에 적극 투자해 줄 것을 요청했다. 나는 한국의 기업들도 짐바브웨 진출에 관심이 있는데 이들은 특히 광업 및 인프라, 재생에너지 분야에서 뛰어난 경험과 기술을 가지고 있어 상호 여건만 맞으면 짐바브웨 경제 발전에 좋은 파트너가 될 수 있을 것이라고 강조하고, 그 밖에도 양국 간에는 협력할만한 분야가 많다고 설명했다. 또한 대통령이 관심을 가지고 있는 농업 분야에서도 우리 농촌진흥청을 비롯한 공공 및 민간기업들이 이미 협력을 진행하고 있다고 소개했다.

무가베는 주재국이 1980년 독립 이후 북한과 상대적으로 긴밀한 협력관계를 유지해 왔지만 자신은 한반도에 두 개의 한국이 존재하고 있다는 사실을 항상 인식해왔다고 언급하면서, 남북한 간에 우호적인 관계를 바탕으로 조만간 평화통일을 이루게 되기를 희망한다고 말했다. 나는 양국 간 경제협력 전반에서 큰 진전이 있을 경우 기회가 무르익으면 고위급 교류도 가능할 것이라고 말함으로써 장밋빛 청사진을 선보였는데, 이에 대해 무가베는 고위급 교류가 양국 관계 강화에 매우 유용한 방안이 될 것이라는 점에 공감하면서 큰 관심을 표명했다.

나는 2010년 우리 광물자원공사 대표단이 짐바브웨 광물유통공사와 광물자원개발 협력 MOU를 체결했으며 또한 포스코 정준양 회장이 짐바브웨를 방문하여 광업 협력 MOU를 체결하는 등 많은 성과가 있었음을 설명하고 앞으로 이러한 분야에서 구체적 결실이 나오도록 최선을 다하겠다고 말했다. 또 2011년 3월 매일경제신문 주최 Colorful Africa 국민보고대회에 한국의 유수한 대기업과 중소기업들이 대거 참석하는 등 한국 내에서 아프리카에 대한 열기가 높아지고 있다는 점을 강조하고 특히 한국이 자동차·정보통신·조선 등 다양한 산업 분야에서 세계 최고 수준의 기술력을 가지고 있음을 설명했는데, 무가베는 자동차와 정보통신 분야에 특별한 관심을 보였다. 나는 포스코가 북부 카리바 호수 수력발전소 증설 프로젝트 참여를 검토 중이라고 소개하고 한국 기업들이 그간 중동, 아시아, 중남미 등에서 발전소와 담수화 시설 등 대규모 프로젝트를 성공적으로 수행한 경험을 가지고 있음을 설명했다. 무가베는 짐바브웨의 에너지원인 카리바 호수에서 기존 수력발전소 증설 및 신규 발전소 건설 등 2가지 프로젝트를 추진하고 있다고 하면서 특히 신규 발전소 건설 프로젝트 타당성 조사에 한국 기업의 참여를 희망했다.

무가베는 짐바브웨의 열악한 도로 사정 및 교통 시스템, 그리고 과속 운전자 증가로 말미암아 교통사고가 빈발하여 사망자가 늘어나고 많은 가정이 비극에 처하고 있다고 개탄하면서 우리의 교통 통제 시스템에 대해 문의했다. 나는 우리나라에서도 과거 교통사고가 많이 있었지만 정부 차원에서 지능형 교통통제시스템을 도입하여 교통 체증을 완화하고 사망자 수를 감소시켜 나가는 등 큰 성과를 거두고 있다고 설명했다. 무가베가 동 시스템의 구체적 운영 방식에 대해 깊은 관심을 표명하자 나는 중앙 통제센터를 통한 실시간 교통통제 및 사고 발생 시 신속한 응급처리팀 파견 등에 관해 설명했다. 면담이 끝나자 밖에 기자들이 대기하고 있었다. 나는 대화가 주로 양국의 협력 방안 특히 경제 협력에 집중되었으며 무가베 대통령이 한국의 강점에 대해 잘 알고 있어 대화가 매우 유익했다고 말해주었다.

　신임장 제정 후 필자는 무가베를 수시로 만날 기회가 있었다. 여러 행사에 무가베가 필자를 초청했기 때문이다. 덕분에 그의 연설을 들을 기회도 많았다. 소문에 듣던 대로 무가베는 달변가이자 다변가였다. 영어와 쇼나어를 번갈아 써가면서 청중을 사로잡는 그의 연설 솜씨는 달인의 것이었다. 무가베의 연설을 자주 들으면서 착잡한 심정이었다. "이렇게 혜안이 있고 재주가 비상한 사람이 왜 망국의 길로 국민을 이끌었을까?", "무가베는 정말로 자신이 잘못하고 있다는 사실을 모르는 것일까?", "무가베는 대다수 국민이 아직도 자신을 지지하고 있다고 믿는 것일까?" 등등의 의문이 꼬리를 물고 떠올랐다. 이에 대한 답을 무가베로부터 직접 들어보고 싶은 생각이 들었지만 그러한 기회는 오지 않았다. 신임장 제정 시 단독 면담 이후 내가 다시 무가베 대통령을 홀로 만난 적은 없었기 때문이다. 3년 재임 기간 중 내가 대통령을 단독으로 만나 협의해야 할 만큼 중요한 이슈는 양국 간에 발생하지 않았다.

참고문헌

류광철, 「아프리카를 말한다」, 서울 : 세창미디어, 2014.

류광철, 「외교를 생각한다」, 서울 : 세창미디어, 2013

넬슨 만델라, 김대중 옮김, 「만델라 자서전 : 자유를 향한 머나먼 길」, 서울: 두레, 2006.

위니 만델라, 유혜자 옮김, 「넬슨 만델라의 삶과 투쟁」, 서울 : 한겨레, 1990.

김흥국, 「넬슨 만델라 : 위대한 조정자」, 서울 : 미래를 소유한 사람들, 2014.

자크 랑, 윤은주 옮김, 「넬슨 만델라 평전」, 서울 : 실천문학, 2007.

Richard Stengel, 「Nelson Mandela: Portrait of an Extraordinary Man」, London : Virgin Books, 2010.

Nelson Mandela, 「Long Walk to Freedom」, London : Abacus, 2013.

Heidi Holland, 「Dinner with Mugabe」, Johannesburg : Penguin Books, 2008.

Nelson Mandela, 「No Easy Walk to Freedom」, Cape Town : Kwela Books, 2013.

Martin Meredith, 「Mandela: A Biography」, London : Simon & Schuster, 1997.

Peter Hain, 「Mandela」, London : Spruce, 2010.

Peter Stiff, 「Cry Zimbabwe」, South Africa : Galago, 2000.

Ali A. Mazrui and Lindah L. Mhando, 「Julius Nyerere : Africa's Titan on a Global Stage」, Durham : Carolina Academic Press, 2013.

Paul Moorcraft, 「Mugabe's War Machine」, South Africa ; Jonathan Ball Publishers, 2012.

Duncan Clarke, 「Africa's Future: Darkness to Destiny」, London : Profile Books, 2012.

John Reader, 「Africa: A Biography of the Continent」, New York : Vintage Books, 1997.

Martin Meredith, 「The Fate of Africa: A History of the Continent Since Independence」, New York : PublicAffairs, 2011.

Peter Godwin, 「The Fear : The Last Days of Robert Mugabe」, London : Picador, 2010.

Peter Orner and Annie Holmes, 「Hope Deferred : Narratives of Zimbabwean Lives」, San Francisco : McSweeney's, 2010.

Philip Barclay, 「Zimbabwe : Years of Hope and Despair」, London : Bloomsbury, 2011.

Richard Dowden, 「Africa : Altered States : Ordinary Miracles」, New York : PublicAffairs, 2009.

여타 인터넷 자료

만델라와 무가베
아프리카의 극과극

초판 1쇄 인쇄   2016년 9월 30일
초판 1쇄 발행   2016년 10월 6일

지은이 | 류광철
펴낸이 | 박정태
편집이사 | 이명수   감수교정 | 정하경
편집부 | 김동서, 위가연, 조유민
마케팅 | 조화묵, 박명준, 최지성   온라인마케팅 | 박용대, 김찬영
경영지원 | 최윤숙

펴낸곳	BookStar
출판등록	2006. 9. 8. 제 313-2006-000198 호
주소	파주시 파주출판문화도시 광인사길 161 광문각 B/D 4F
전화	031)955-8787
팩스	031)955-3730
E-mail	kwangmk7@hanmail.net
홈페이지	www.kwangmoonkag.co.kr

ISBN	978-89-97383-88-7 03340
가격	18,000원